Astrid van Nahl

Einführung in das Altisländische

Ein Lehr- und Lesebuch

AF727273

Astrid van Nahl

Einführung in das Altisländische

Ein Lehr- und Lesebuch

BUSKE

Astrid van Nahl: promovierte Skandinavistin mit Schwerpunkt der alt- und neuisländischen Sprache und Literatur an der Rheinischen Friedrich-Wilhelms-Universität Bonn. Leitende Mitarbeit an mehreren DFG-Forschungsprojekten zur (alt)isländischen Sprache und Verbvalenz. Autorin und Herausgeberin einer Reihe von Fachbüchern, Artikeln und Lehrwerken, darunter „Isländisch – Ein Lehrbuch für Anfänger und Fortgeschrittene" (ISBN 978-3-87548-660-5).

Bibliografische Information der Deutschen Nationalbibliothek

Die Deutsche Nationalbibliothek verzeichnet diese Publikation in der Deutschen Nationalbibliografie; detaillierte bibliografische Daten sind im Internet über <http://portal.dnb.de> abrufbar.

ISBN 978-3-87548-704-6

2., überarbeitete Auflage

© Helmut Buske Verlag GmbH, Hamburg 2014. Alle Rechte, auch die des auszugsweisen Nachdrucks, der fotomechanischen Wiedergabe und der Übersetzung, vorbehalten. Dies betrifft auch die Vervielfältigung und Übertragung einzelner Textabschnitte durch alle Verfahren wie Speicherung und Übertragung auf Papier, Filme, Bänder, Platten und andere Medien, soweit es nicht §§ 53 und 54 URG ausdrücklich gestatten. Umschlaggestaltung: QART, Hamburg. Satz: Astrid van Nahl & Jan Alexander van Nahl. Druck und Bindung: Dimograf, Bielsko-Biala. Papier: alterungsbeständig nach ANSI-Norm resp. DIN-ISO 9706, hergestellt aus 100% chlorfrei gebleichtem Zellstoff. Printed in Poland. *www.buske.de*

INHALTSVERZEICHNIS

Vorwort XI

Abkürzungen XIII

Abbildungsnachweise XIII

KAPITEL 1

I. INDOGERMANISCH – GERMANISCH – ALTNORDISCH 1
Indogermanisch – Aufgabe – Vom Indogermanischen zum Germanischen – Germanisch – Altnordisch

II. WICHTIGE LITERATUR 12

III. TEXTTEIL 16
Das mittelalterliche Island und seine Literatur – Lektüre: Aus der Íslendingabók

KAPITEL 2

I. LAUTLEHRE 20
Entwicklungen vom Germanischen zum Altnordischen – Umlaute – Palatalumlaut (*i*-Umlaut – *iʀ*-Umlaut – *ʀ*-Umlaut – *g*|*k*-Umlaut) – Labialumlaut (*u*-Umlaut – w-Umlaut) – Aufgabe

II. FORMENLEHRE 25
Personalpronomen – Substantive – Konsonantische Deklination (*n*-Stämme – *nd*-Stämme – *r*-Stämme) – Aufgaben

III. TEXTTEIL 29
Zur Besiedlung Islands – Lektüre: Aus der Landnámabók

KAPITEL 3

I. LAUTLEHRE 33
a-Umlaut – Brechung – Kürzung – Dehnung

II. FORMENLEHRE 35
Das schwache Adjektiv – Substantive: Unterklassen der konsonantischen Deklination – Verben: *vera* und *hafa* im Indikativ – Aufgaben

III. TEXTTEIL 39
Snorri Sturluson und die Zeit der Sturlungar – Lektüre: Aus der Íslendinga saga

KAPITEL 4

I. LAUTLEHRE ... 45
Kombinatorischer Lautwandel – Vokale (Senkung) – Konsonanten (Gotonordische Schärfung – Konsonantengemination – *w*-Schwund – *j*-Schwund)

II. FORMENLEHRE ... 48
Schwache Verben (*ja*-|*ia*-Verben – *ō*-Verben – *ē*-Verben) – Unregelmäßige Verben mit schwachem Präteritum – Aufgaben – Übersicht über die Flexion der schwachen Verben

III. TEXTTEIL ... 54
Zum Begriff „Saga“ – Lektüre: Aus der Grettis saga Ásmundarsonar

KAPITEL 5

I. LAUTLEHRE ... 60
Synkope | Reduktion (Reduktion im Einzelnen – Gesetze der Synkope)

II. FORMENLEHRE ... 63
Substantive: Vokalische Deklination (*a*-Stämme) – Aufgaben

III. TEXTTEIL ... 67
Die Sagas und ihre Historizität – Lektüre: Aus der Hrafnkels saga Freysgoða

KAPITEL 6

I. LAUTLEHRE ... 72
Germanische Lautverschiebung – Vernersches Gesetz – Grammatischer Wechsel

II. FORMENLEHRE ... 75
Substantive: Vokalische Deklination (*ō*-Stämme) – Der bestimmte Artikel – Aufgaben

III. TEXTTEIL ... 78
Handschriften – Lektüre: Aus der Vǫluspá

KAPITEL 7

I. LAUTLEHRE ... 83
Assimilation und Dissimilation (Regressive Assimilationen – Progressive Assimilationen – Dissimilationen)

II. FORMENLEHRE ... 85
Starke Adjektivflexion – Possessivpronomen – Aufgaben

III. TEXTTEIL 91
Die Sagas und ihre Personen: Beispiel Laxdœla saga – Lektüre: Aus der Laxdœla saga

KAPITEL 8

I. LAUTLEHRE 96
Ablaut – Starke Verben
II. FORMENLEHRE 98
Starke Verben: Klassen 1–3 – Substantive: Vokalische Deklination (*i*-Stämme – *u*-Stämme) – Aufgaben
III. TEXTTEIL 104
Die Vínland sagas, oder: Die Entdeckung Amerikas – Lektüre: Aus der Eiríks saga rauða

KAPITEL 9

I. FORMENLEHRE 109
Starke Verben: Klassen 4–6 – *j*-Präsentien – Präsensbildung der starken Verben – Tabellarischer Überblick über die Ablautreihen der starken Verben – Tabellarischer Überblick über die Flexion der starken Verben – Übersicht über die Flexionsendungen starker und schwacher Verben – Flexion des Partizip Perfekt bei starken Verben – Aufgaben
II. TEXTTEIL 117
Fornaldarsǫgur I – Lektüre: Aus der Hrólfs saga kraka

KAPITEL 10

I. LAUTLEHRE 122
Reduplikation
II. FORMENLEHRE 123
Ehemals reduplizierende Verben – Aufgabe – Substantive: Wurzelnomina
III. TEXTTEIL 129
Fornaldarsǫgur II – Lektüre: Aus der Ǫrvar-Odds saga

KAPITEL 11

I. LAUTLEHRE 135
Primärer Berührungseffekt
II. FORMENLEHRE 136
Präterito-Präsentia – Flexionsbeispiele für Präterito-Präsentia – Aufgaben

III. Textteil ... 141
Konungasǫgur – Lektüre: Aus der Heimskringla

KAPITEL 12

I. Formenlehre und Satzlehre ... 148
Demonstrativpronomen – Interrogativpronomen – Indefinitpronomen – Relativpronomen – Aufgabe
II. Textteil ... 159
Konungasǫgur: vitae – Lektüre: Aus der Óláfs saga Tryggvasonar

KAPITEL 13

I. Formenlehre und Lautlehre ... 165
Zusammengesetzte Tempora: Perfekt und Plusquamperfekt – Passiv – Flexion der Partizipien bei schwachen Verben – Mediopassiv – Der AcI (Akkusativ mit Infinitiv) – Aufgaben
II. Textteil ... 173
Übersetzte Riddarasǫgur – Lektüre: Aus der Ívens saga

KAPITEL 14

I. Formenlehre ... 177
Konjunktiv (Endungen starker | schwacher Verben im Präsens | Präteritum – Flexionsbeispiele Präsens und Präteritum – Umlautmöglichkeiten)
II. Satzlehre ... 180
Konjunktiv (in Hauptsätzen – in Nebensätzen) – Aufgabe
III. Textteil ... 183
Originale Riddarasǫgur | isländische Märchensagas – Lektüre: Aus der Victors saga ok Blávus

KAPITEL 15

I. Formenlehre und Satzlehre ... 188
Steigerung der Adjektive – Steigerung des Komparativs und Superlativs – Deklination von Komparativ und Superlativ – Vergleiche und ihre syntaktische Verwendung – Adverbien – Steigerung der Adverbien – Aufgabe
II. Textteil ... 197
Rechtstexte – Lektüre: Aus der Grágás und der Járnsíða

KAPITEL 16

I. FORMENLEHRE UND SATZLEHRE 203
Numeralia (Kardinalzahlen – Ordinalzahlen) – Aufgabe
II. TEXTTEIL 210
Religiöse Literatur: Biskupasǫgur, Heilagramannasǫgur, Postolasǫgur – Lektüre: Aus der Árnar saga biskups

KAPITEL 17

I. SATZLEHRE 216
Präpositionen (mit einem Kasus – mit zwei Kasus – mit drei Kasus – sekundäre Präpositionen – Präpositionen aus erstarrten Kasus) – Präpositionaladverbien – Aufgabe
II. TEXTTEIL 232
Skaldik – Lektüre: Sonatorrek

Indices 237

Glossar 240

Þingvellir, die alte Thingebene, war der zentrale Ort für das öffentliche Geschehen im alten Island

VORWORT

Das vorliegende Buch ist die überarbeitete Fassung meiner 2003 erschienenen *Einführung in das Altisländische.* Es behandelt die Entwicklung der Sprache vor dem Hintergrund des Indogermanischen und Germanischen; Ausblicke auf die Weiterentwicklung zum Neuisländischen boten sich an, da manche Universitäten sinnvollerweise die Lehre der modernen Sprache neben die der historischen Sprachstufe stellen. Dieses Buch ersetzt in keiner Weise historische Grammatiken, Handbücher oder Einführungen in die diachronische Sprachwissenschaft, soll aber den Studierenden das dort oft sehr umfangreich präsentierte Wissen gliedern und verstehen helfen.

Das als Lehrbuch konzipierte Werk gliedert sich in 17 Kapitel, deren Umfang durch den jeweiligen Schwierigkeitsgrad des Stoffes bestimmt wird. Das Buch ist gedacht für den Einsatz im Unterricht an Universitäten, eignet sich aber auch für Studierende zum selbstständigen Vertiefen einzelner Bereiche und als erste Übersicht über Themenkomplexe im Studium der (Alt-) Skandinavistik. Der Schwerpunkt liegt auf der Laut- und Formenlehre des Altisländischen, mit Anmerkungen zur Syntax, bei fortschreitendem Textverständnis immer stärker veranschaulicht durch eine Vielzahl von Beispielsätzen aus der altisländischen Literatur. Die Beispielsätze wurden ‹www.snerpa.is/net/fornrit.htm›, der isländischen Webausgabe, entnommen, dabei jedoch von mir in normalisierte altisländische Schreibweise übertragen. Jedes Beispiel ist ins Deutsche übersetzt, wobei weniger auf „gutes Deutsch“, als vielmehr auf eine textnahe Übersetzung Wert gelegt wurde, die die Satzkonstruktion leichter durchschaubar macht; daraus resultieren auch (beabsichtigte) Inkongruenzen in Formen oder Tempuswechsel innerhalb eines Satzes. Zum eigenständigen Vertiefen und Nachbereiten der Grammatik bieten die Kapitel Aufgaben und Übungen zu den behandelten Themenbereichen.

Jedes Kapitel wird ergänzt durch einen „Textteil“ aus verschiedenen Bereichen der altisländischen Literatur, der neben einführenden literaturhistorischen Erläuterungen einen Überblick über die Forschung und damit punktuell einen ersten Einblick in die altisländische Literatur bietet. Die teils umfangreichen und nicht immer einfachen Textauszüge verstehen sich als Lesegrundlage für eigenständige Veranstaltungen wie weiterführende bzw. fortgeschrittene Lektürekurse; aus der Textfülle muss der Lehrende eine knappe Auswahl treffen.

Als Hilfestellung für Studierende sind die kontinuierlichen, umfassenden bibliografischen Angaben zu wichtiger weiterführender Literatur gedacht, deren Kenntnis zum Teil im Laufe eines Skandinavistikstudiums erwartet wird, die zudem aber auch eine selbstständige Vertiefung einzelner Gebiete und Themenbereiche erlauben. Diese Literaturangaben wurden überarbeitet und aktualisiert und bieten nun einerseits Ergebnisse aus der neuesten Forschung, andererseits listen sie grundlegende Publikationen zu den betreffenden Themen auf und geben einführende Überblicke; sie sind chronologisch nach ihrem Erscheinungsdatum angeordnet, die jüngste Publikation steht nunmehr an erster Stelle. Die Reihenfolge sagt also nichts über den Stellenwert der einzelnen Beiträge. Wie die bibliografischen Angaben entsprechen auch alle aufgeführten Webseiten dem Stand September 2014. Von den genannten digitalen Beiträgen (DOI-Nummern) sind die meisten über Universitäts- und Landesbibliotheken abzurufen; bei den GAO-Beiträgen lässt sich ersatzweise die Printausgabe des *Reallexikons der Germanischen Altertumskunde* (35 Bände) nutzen.

Der dreifach gegliederte Index schließlich ermöglicht rasches Nachschlagen der behandelten Lautveränderungen, der im Text genannten literarischen und historischen Quellen sowie namentlich genannter historischer Personen aus verschiedenen Bereichen.

Auf vielfachgeäußerten Wunsch wurde der zweiten Auflage dieses Buches nun ein Glossar zur Grammatik beigegeben, das vor allem für Anfänger die Fachbegriffe so einfach wie möglich zu beschreiben versucht und damit das häufige Nachschlagen in anderen Werken unnötig macht.

Der erste Dank geht an den wunderbaren Helmut Buske Verlag mit seinen fachkundigen Mitarbeitern: Ohne meine Lektorin Maureen Grönke und ihre Praktikantin Anna Franziska Horne, die sich durch das Manuskript arbeiteten, wären viel mehr Fehler stehen geblieben, und Axel Kopido hat mich geduldig durch die Raffinessen einer PDF Druckvorlage geführt. Meinem Sohn, Dr. Jan Alexander van Nahl (Árnastofnun Reykjavík), danke ich für seine fundierten Anmerkungen und bibliografischen Hinweise, meiner Tochter Ruth Katharina van Nahl M.A. (Uni Bonn) für fachkundiges Korrekturlesen; beide haben auch mit neuem Bildmaterial zu dem Buch beigetragen. Die Bilder wurden großzügig ergänzt durch meinen Kollegen Dr. Matthias Egeler (Uni München), derzeit zu einem Forschungsaufenthalt in Island – dafür mein ganz besonders herzlicher Dank!

Bonn, im Oktober 2014 Astrid van Nahl

ABKÜRZUNGEN

ahd.	althochdeutsch	Akk.	Akkusativ
aisl.	altisländisch	Dat.	Dativ
dt.	deutsch	Gen.	Genitiv
fränk.	fränkisch	Ind.	Indikativ
germ.	germanisch	Konj.	Konjunktiv
got.	gotisch	Nom.	Nominativ
idg.	indogermanisch	Part.	Partizip
lat.	lateinisch	Perf.	Perfekt
mhd.	mittelhochdeutsch	Pl.	Plural
oberdt.	oberdeutsch	Präs.	Präsens
schwed.	schwedisch	Prät.	Präteritum
urnord.	urnordisch	Sg.	Singular

ABBILDUNGSNACHWEISE

S. X — Þingvellir.
© Ruth van Nahl

S. 7 — Der Runenstein von Karlevi.
© Jan van Nahl

S. 11 — Dimmuborgir. Lavaformationen in Nordisland.
© Matthias Egeler

S. 17 — Kirchenfenster in Akureyri.
© Astrid van Nahl

S. 19 — oben: Þingvellir. Almannagjá, die Allmännerschlucht.
unten: Þingvellir. Die Thingebene.
© für beide: Matthias Egeler

S. 30 — Alter Leuchtturm. Landspitze der Halbinsel Reykjanes.
© Matthias Egeler

S. 31 — Ingólfr Arnarson, der erste Besiedler Islands. Reykjavík.
© Jan van Nahl

S. 32 — Víðimýrarkirkja.
© Astrid van Nahl

S. 41 — Snorri Sturluson. Reykholt.
© Astrid van Nahl

S. 42 Snorralaug. Snorris geothermale Quelle. Reykholt.
© Matthias Egeler

S. 44 Reykholt.
© Matthias Egeler

S. 58 Glaumbær.
© Astrid van Nahl

S. 59 Glaumbær. Wohnstube.
© Astrid van Nahl

S. 69 Goðafoss.
© Matthias Egeler

S. 71 An den Küsten von Nord-Ost-Island.
© Matthias Egeler

S. 81 Blick aus einer Steinhöhle im Lavafeld.
© Matthias Egeler

S. 95 Blick auf die fernen Westmännerinseln von Vík aus.
© Astrid van Nahl

S. 107 Leifr Eiríksson. Reykjavík.
© Jan van Nahl

S. 108 Gletscherlagune.
© Matthias Egeler

S. 120/121 Fyri – Fyrisån in Uppsala.
© Ruth van Nahl

S. 134 Die alte Kirche in Gamla Uppsala.
© Jan van Nahl

S. 146/147 In den Kirchenruinen von Sigtuna.
© Jan van Nahl

S. 162/164 © Abbildungen gemeinfrei

S. 187 Grabhügel in Gamla Uppsala.
© Jan van Nahl

S. 197 Alþingi, das Allthing, mit dem Gesetzesfelsen, *lǫgberg*.
© Matthias Egeler

S. 202 Blick über Þingvellir, die Thingebene.
© Matthias Egeler

S. 210 Surtshellir.
© Matthias Egeler

KAPITEL 1

I. Indogermanisch – Germanisch – Altnordisch

Schon in den letzten Jahrzehnten des 18. Jahrhunderts hatte der Engländer William Jones (1746–1794) – dem Kenntnis von 28 Sprachen nachgesagt wird – sein Studium des Sanskrits begonnen, der klassischen Literatursprache der alten Inder. Dabei fielen ihm immer stärker die Gemeinsamkeiten mit der griechischen und lateinischen Sprache auf. 1786 veröffentlichte er seine aus den Forschungen resultierende These der engen Sprachverwandtschaft von Sanskrit, Latein, Gotisch und Persisch. Seine Studien waren der Beginn einer historischen Beschäftigung mit dem indogermanischen Sprachstamm überhaupt; für die Forschung ergaben sich bald Fragen nach der Beziehung der einzelnen Sprachen zueinander. Im 19. Jahrhundert versuchte man vorwiegend in Deutschland, diese Sprachverwandtschaft wissenschaftlich zu fundieren. Weitere Sprachen wurden einbezogen, z.B. das Slawische, und so entstand die *Sprachvergleichung*, die komparative Linguistik als eigenständiger Zweig der Sprachwissenschaft.

Das Ergebnis war die These, dass sich eine beträchtliche Anzahl von Einzelsprachen aus einer gemeinsamen Ursprache entwickelt haben musste. Aufgrund umfassender Vergleiche von Wortschatz, Phonemik und grammatischen Strukturen gelang es so, sich dieser Ursprache anzunähern und sie teilweise zu rekonstruieren. Man nannte sie nach den geografischen Extrempunkten, dem östlichsten (Indien) und dem westlichsten („Germanien") Teil des Sprachraums *Indogermanisch*, auch *Indoeuropäisch*. Diese Grundsprache ist nirgendwo belegt, sondern ein wissenschaftliches Rekonstrukt aus dem Vergleich der Tochtersprachen; um diese wahrscheinliche Vorstufe als solche kenntlich zu machen, versieht man Wörter dieser (und aller übrigen) rekonstruierten Sprachstufen vorweg mit einem Sternchen (*). Ob es diese Grundsprache aber überhaupt je gegeben hat, ist sehr zweifelhaft. Bezweifelt wird mittlerweile auch, dass es je *das* indogermanische Volk gab, dessen Urheimat man lange zu finden suchte. Heute ist die Theorie von einer einheitlichen Sprache obsolet, man stellt sich die Indogermanen als einen lockeren Verband von Gentes vor, dessen Sprache vielleicht schon ein Verbund von Mundarten war.

Indogermanisch

Zum Indogermanischen werden folgende Sprachen gerechnet:

Albanisch	Armenisch	Baltisch	Germanisch
Griechisch	Hethitisch	Illyrisch	Indisch
Iranisch	Italisch	Keltisch	Pelasgisch
Phrygisch	Slawisch	Thrakisch	Tocharisch
Venetisch			

Zum Weiterlesen. Wolfgang Krause: Schriften zur Runologie und Sprachwissenschaft. Hg. von Heinrich Beck / Klaus Düwel / Michael Job / Astrid van Nahl. Berlin/Boston 2013. Michael Meier-Brügger: Indogermanische Sprachwissenschaft. Berlin/New York 2000. Anna Giacalone Ramat / Paolo Ramat (Hg.): The Indo-European languages. Routledge London/New York 1998. Hans H. Hock / Brian D. Joseph: Language history, language change and language relationship: An introduction to historical and comparative language. Berlin 1996. Anthony Fox: Linguistic Reconstruction: An introduction to theory and method. Oxford 1995. Philip Baldi: An introduction to the Indo-European languages. Edwardsville 1983. W.B. Lockwood: Indogermanische Sprachwissenschaft. Tübingen 1982. W.B. Lockwood: Überblick über die indogermanischen Sprachen. Tübingen 1979.

Aufgabe

Stellen Sie anhand von Sprachgeschichten oder anderen Nachschlagewerken fest, in welchen Gebieten die einzelnen indogermanischen Sprachen gesprochen wurden.

Die *komparative Linguistik* versucht, einzelne Sprachen in der Gesamtheit der idg. Sprachen verwandtschaftlich näher zu bestimmen. Über Schriftzeichen erschloss man Lautungen, aus den Lautungen erschloss man phonemische Systeme und deren Weiterentwicklung in den einzelnen Sprachen. Es entstand die *historische Lautlehre*, wie sie in den Einführungen in das Althochdeutsche, Gotische, Altnordische etc. noch heute vermittelt wird. Für jede einzelne Sprache wurde eine historische Grammatik erarbeitet. Mit der historischen Grammatik des Altwestnordischen, speziell des Altisländischen, beschäftigt sich dieses Buch.

Altindisch, Altgriechisch und Altiranisch (Avestisch) sind sehr alte Sprachen, die sich durch ihren Flexionsreichtum auszeichnen. Man darf daher mit Recht davon ausgehen, dass auch die idg. Sprache, die eine noch ältere Sprachstufe vertritt, mindestens ebenso flexionsreich war; dieses Sprachsystem war morphologisch also in hohem Grade differenziert.

Das Indogermanische hat sich in jeder seiner zur Familie gehörigen Sprachen anders weiterentwickelt; anders gesagt: Jede Sprache hat eine eigene Entwicklung durchlaufen. Im Rahmen dieses Buches ist einzig die Entwicklung zum Germanischen von Interesse.

Literatur (ab 1800) zum Weiterlesen erschließt sich über Frank Heidermanns: Bibliographie zur indogermanischen Wortforschung [...]. 3 Bde. Tübingen 2005 (Berlin 2011, Nachdruck in 1 Bd.). Online in den großen Bibliotheken.

Vom Indogermanischen zum Germanischen

Auf dem Weg vom Indogermanischen zum Germanischen vollzogen sich grundlegende Änderungen, die letztlich auch das Altnordische bestimmt haben; daher werden hier auch Entwicklungen zu besprechen sein, die weit vor der zu behandelnden Sprachstufe des Altwestnordischen liegen.

Die Weiterentwicklung aller idg. Sprachen ist geprägt von einer kontinuierlichen morphologischen Reduktion. Hiervon ist auch das Germanische betroffen. Zu beachten ist, dass nicht nur Indogermanisch, sondern auch Germanisch eine rekonstruierte Sprache ist.

Wesentliche Unterschiede zwischen dem Indogermanischen und dem Germanischen sind:

1. Festlegung des Wortakzents auf die Wurzelsilbe eines Wortes. Im Indogermanischen war dieser Wortakzent frei, d.h., er konnte auf verschiedene Silben fallen. Die nunmehrige Betonung der Wurzelsilbe – sehr häufig die erste Silbe, jedenfalls immer eine der ersten Silben eines Wortes – führte dazu, dass die folgenden Silben mit weniger Atemdruck gesprochen wurden. Durch diese Festlegung wurde in der germ. Dichtung auch der Stabreim möglich; die Folgen waren jedoch noch weitreichender und führten zu
2. Verlust oder zumindest Abschwächung der ausgeprägten indogermanischen Endsilben, wobei besonders die Auslautvokale betroffen waren;
3. Änderungen im Konsonantensystem
   - durch die Erste Germanische Lautverschiebung;
   - durch das Ersetzen der sonantischen Liquide *-l̥* und *-r̥* sowie der Nasale *-m̥* und *-n̥* durch *-ul*, *-ur*, *-um*, *-un*;

4. Änderungen im Vokalsystem
   – durch den Zusammenfall von idg. *-a* und *-o* zu *-a*;
   – durch den Zusammenfall von idg. *-ā* und *-ō* zu *-ō*;
5. Änderungen im Nominal- und Verbalsystem
   – Differenzierung in eine starke und eine schwache Adjektivflexion;
   – Differenzierung in eine starke und eine schwache Verbkonjugation;
   – Neusystematisierung bei Modus und Tempus;
   – systematischer Ausbau des Ablautsystems;
6. Änderungen im Kasussystem
   – Reduktion von ursprünglich acht Kasus auf vier: Ablativ, Instrumental und Lokativ fallen mit dem Dativ zusammen, der Vokativ fällt mit dem Nominativ zusammen.

Germanisch

Der sprachwissenschaftliche Begriff „Germanisch“ setzt sich erst im Laufe des 19. Jahrhunderts durch. J. Grimm gebrauchte den Terminus „deutsch“; im englischen Sprachgebiet begegnet auch gleichbedeutend der Terminus „teutonic“, im dänischen „gotisch“.

Lange Zeit nahm man an, das Germanische habe sich als Gesamtsprache kontinuierlich auf stammlicher Basis aus dem Indogermanischen entwickelt. Heute verstehen wir darunter eine Gesamtbezeichnung für die Sprachen einzelner Gentes und Völker Mitteleuropas und Skandinaviens, wobei Ethnos und Sprache nicht identisch sein müssen. Nach geographischen Gesichtspunkten unterteilte man die Germanen in folgende drei Großgruppen (mit ihren wichtigsten Vertretern):

- *Nordgermanen*: Dänen, Schweden, Norweger. Sprache: Altnordisch
- *Ostgermanen*: Burgunden, Gepiden, Goten, Rugier, Vandalen. Sprache: Gotisch; alle anderen Sprachen sind nur in Lehnwörtern erhalten
- *Westgermanen*: Angelsachsen, Friesen, Franken, Sachsen, Alemannen, Baiern. Jeweils eine eigene Sprache.

In diesem Konzept wurden gentile Reichsbildungen mit Einzeldialekten gleichgesetzt. Eine neue Gliederung des Germanischen spricht von fünf Gruppen:

- *Ostseegermanisch* (Gotisch, Burgundisch, Vandalisch, Herulisch, Gepidisch)
- *Nordgermanisch* (Schwedisch, Dänisch, Norwegisch, Isländisch, Färöisch)
- *Nordseegermanisch* | *Ingwäonisch* (Angelsächsisch, Friesisch, Altsächsisch, Niederdeutsch)
- *Weser-Rhein-Germanisch* | *Istwäonisch* („Mitteldeutsch“, Fränkisch, Thüringisch)
- *Elbgermanisch* | *Herminonisch* („Oberdeutsch“, Alemannisch, Bairisch)

Diese nach Zeit und Raum definierten Gruppen sind sicher keine festen Einheiten gewesen. Durch die so genannte Völkerwanderung wurden die Gruppen gemischt und wenigstens teilweise neu formiert; daher muss auch mit Übergängen sprachlicher Art gerechnet werden. Um 500 n.Chr. (nach Friedrich Maurer erst zwischen 600–800 n.Chr.) haben sich die Elbe-Weser-Rhein- und Nordsee-Germanen enger zusammengeschlossen, was zu einer Ausbreitung der als Westgermanisch bekannten Spracheigenschaften geführt haben könnte. Erst als sich eine neue sprachliche Einheit „Westgermanisch“ herausgebildet hat, lässt sich kontrastiv überhaupt auch von „Nordgermanisch“ – mit abweichenden Merkmalen – sprechen. Zwei archäologische Funde von 1639/1734, die Goldhörner von Gallehus von ca. 400 n.Chr., lassen noch keine eindeutige Zuweisung zu West- oder Nordgermanen erkennen:

Ek	Hlewagastiz	Holtijaz	horna	tawido
Ich	*Hlewagast*	*aus Holt*	*das Horn*	*schnitzte*

Unterscheidende Merkmale, die West- und Nordgermanisch trennen, sind etwa:

- *Flexion*: Die 2. Pers. Sg. Prät. der starken Verben endet in den westgermanischen Sprachen auf *-i* (im Nordgermanischen auf *-t*):

ahd.	neman:	nam – nāmi	nehmen: nahm – nahmst
aisl.	nema:	nam – namt	

Das *-i* ist vermutlich eine Neuerung des Westgermanischen; die älteren Präterito-Präsentia weisen noch die Endung *-t* auf – wie im Altisländischen: *þú veizt* (vgl. dazu Kap. 9).

– *Wortbildung*: Das Suffix *-haiduz* | *-heiðr* zur Bildung von Abstrakta gibt es in allen westgermanischen Sprachen. Es wird später ins Nordische entlehnt.

– *Wortschatz*: Einzelne Bezeichnungen lauten im Westgermanischen und Nordgermanischen verschieden, z.B.

dt. | *engl.*	Sprache | speech	=	*aisl.*	mál
	sprechen | speak	=		mæla; tala
	Schaf | sheep	=		fær

Einzelne germ. Lexeme sind erhalten in Berichten griechischer und römischer Schriftsteller; sie enthalten Wörter germanischer Herkunft. Zu nennen sind die Werke von Tacitus (ca. 55–115 n.Chr.), Caesar (100–44 v.Chr.) oder Plinius (ca. 23–79 n.Chr.). Auch finnische Dialekte haben germanische Wörter als Lehnwörter, die eine archaische Sprachstufe zu vertreten scheinen, übernommen (dazu J. Koivulehto: Finnland. Finnisch, in: Reallexikon der Germanischen Altertumskunde, Bd. 9, 1995).

Als heimische Sprachquellen dürfen z.T. die seit etwa 200 n.Chr. bezeugten Runeninschriften gelten. Diese sind geritzt, gehauen oder geprägt auf Gedenksteinen oder Gegenständen aus Stein, Metall, Knochen oder Holz. Sie zeigen eine kontinuierliche Sprachentwicklung. Bis ca. 800 bedienen sich alle Inschriften eines Zeicheninventars von 24 Runen; diese Runenreihe wird nach den ersten 6 Zeichen **fuþark** *Futhark* genannt.

ᚠ ᚢ ᚦ ᚨ ᚱ ᚲ ᚷ ᚹ ᚺ ᚾ ᛁ ᛃ ᛇ ᛈ ᛉ ᛊ ᛏ ᛒ ᛖ ᛗ ᛚ ᛜ ᛞ ᛟ

f u þ a r k g w h n i j ï p ʀ s t b e m l ŋ d o

Ab 800 verwenden die nordgermanischen Runenritzer eine verkürzte Runenreihe von 16 Zeichen, sodass mehrere Laute unter *einem* Zeichen subsumiert werden. Zur gleichen Zeit beginnt die Wikingerzeit mit ausgedehnten Handels-, Raub- und Beutezügen der Nordleute in weite Bereiche der alten Welt; folglich finden sich Runeninschriften im so genannten jüngeren Futhark auch in anderen Ländern, in denen die Wikinger waren. Es hat jedoch oft genug Fälschungen gegeben, die berühmteste der *Kensington Stone* in Minnesota. In Island sind Runensteine erst aus dem 13. Jahrhundert erhalten, als die Saga-Schreibezeit und damit die Buchkunst in voller Blüte standen und Runen generell kaum mehr benutzt wurden.

Der Runenstein von Karlevi.

Altnordisch

Innerhalb des Germanischen gehört das Altnordische zum nordgermanischen Sprachstamm; die nordische Sprache spaltet sich vom 9. Jahrhundert an in die beiden Hauptzweige Altwestnordisch (Altisländisch, Altnorwegisch) und Altostnordisch (Altschwedisch, Altdänisch). Die Nähe des Altisländischen zum Altnorwegischen ist einleuchtend erklärbar, weil Island zwischen 874 und 930 weitgehend von Südwestnorwegen aus besiedelt wurde; es ist also eine Tochtersprache (Kolonialsprache) des Norwegischen, und die beiden Sprachen stehen sich noch um 1200 recht nahe. Für das Altwestnordische wird bisweilen auch der Terminus *Norrön* benutzt. Altnordisch ist zwar die umfassende Bezeichnung für das Altwest- und Altostnordische, wird aber im Deutschen oft ausschließlich im Sinne von Altwestnordisch, speziell von Altisländisch gebraucht.

Westgermanisch	Nordgermanisch *dǫnsk tunga*			Ostgermanisch
	Altwestnord.	*Altostnord.*	*Altgutn.*	
Altenglisch	Altisländ.	Altdän.		Gotisch
Altsächsisch	Altnorweg.	Altschwed.		Langobardisch
Altfriesisch				Burgundisch
Althochdeutsch				Vandalisch
Altniederfränkisch				Krimgotisch

Für das Altnordische können zwei große Zeiträume angesetzt werden:

1. Die vorliterarische Sprache, die mit der Christianisierung (um 1000) endete. Belege dieser Sprachstufe finden sich z.B.
   - in nordischen Eigennamen bei fremden Autoren. Das altenglische Epos *Beowulf* berichtet z.B. von der Geschichte dreier nordischer Stämme: von den Dene in *Scedenig* [= Skáney = Skåne], den *Gēatas* [= Gautar, nördlich der Danir] und den *Swēon* [= Svíar, nördlich der Gautar]. Das Epos berichtet auch, dass der Gaute Hygelac bei einem Einfall ins Friesenland stirbt. Im 19. Jahrhundert entdeckt der Däne N.F.S. Grundtvig, dass *Hygelac* identisch ist mit *Chlochilaicus*: Gregor von Tour, ein fränkischer Geschichtsschreiber des 6. Jahrhunderts, berichtet, dieser sei ein Dänenkönig gewesen, der beim Überfall auf das Friesenland gestorben sei (zwischen 516 und 531);
   - in nordischen Lehnwörtern in fremden Sprachen, z.B. im Finnischen, in Orts- und Volksnamen bei lateinischen und griechischen Schriftstellern, besonders bei den Geschichtsschreibern Tacitus und Jordanes (6. Jahrhundert);
   - in nordischen Runeninschriften im älteren und jüngeren Futhark;
   - in norwegisch-isländischen Gedichten, die erst später aufgezeichnet wurden, aber vorliterarisch entstanden sind (z.B. die Gedichte von Bragi Boddason, einem Dichter des 9. Jahrhunderts). Durch die strengen Versgesetze skaldischer Dichtung wurden teilweise sehr alte sprachliche Formen bewahrt, die Rückschlüsse ermöglichen.

2. Die älteste literarische Sprache, von etwa 1170 bis ca. 1250.

   Sie ist insbesondere in gelehrten oder lehrhaften Werken aus geistlichem, religiösem oder juristischem Bereich erhalten, z.B. in Güterinventaren, Homilien, Gesetzestexten etc.

Die allmähliche Weiterentwicklung zum Mittelnordischen, das später in die einzelnen neunordischen Sprachen übergeht, wird fassbar in inhaltlich bedeutsamen Handschriften (Mitte 13. Jahrhundert) der Liederedda, der Snorra-Edda, von Einzelsagas sowie Sagasammlungen.

Um 1150 entsteht auf Island der so genannte *Erste Grammatische Traktat*, eine Rechtschreiblehre über lateinische Buchstaben, geschrieben von einem Geistlichen. Nach englischem Vorbild versucht der Verfasser, lateinische Buchstaben auf das Isländische zu übertragen. Einige Zeichen übernimmt der Verfasser aus dem Englischen, so den Akut | Akzent [´], die Vokale *y*, *ø*, *æ* (aus *ę*) sowie die Konsonanten *þ* und *ð*. Viele der Forderungen des Traktats bleiben jedoch in der Folge von den Schreibern unerfüllt; vielleicht waren sie zu wissenschaftlich oder nicht umsetzbar.

<table>
<tr><td>bis 200</td><td colspan="2">Nordwestgermanisch</td></tr>
<tr><td>200 – 500</td><td rowspan="2">Urnordisch</td><td>älteres Urnordisch
(älteres Futhark, 24 Runen)</td></tr>
<tr><td>500 – 700</td><td>jüngeres Urnordisch</td></tr>
<tr><td>700 – 1050</td><td rowspan="2">Altwestnordisch
(Norrön)</td><td>älteres Altwestnordisch
(ab 800: jüngeres Futhark, 16 Runen)</td></tr>
<tr><td>1050 – 1350</td><td>jüngeres Altwestnordisch
(Alphabet-Zeit)</td></tr>
<tr><td>1350 – 1550</td><td>Mittelnordisch</td><td></td></tr>
<tr><td>ab 1550</td><td colspan="2">Übergang zu den modernen Sprachen</td></tr>
</table>

Zum Weiterlesen. Heiko Steuer: Nordgermanen. In: RGA 21. DOI: 10.1515/gao_RGA_3999. Thorsten Andersson: Nordgermanisch. In: RGA 21. DOI: 10.1515/gao_RGA_4000.

Das Alphabet

Das altnordische Alphabet hat dieselben Zeichen wie das Deutsche plus einige weitere Konsonanten- und Vokalzeichen. Im heutigen wissenschaftlichen Umgang wird Altnordisch meist wie das Neuisländische ausgesprochen; diese Übereinkunft erleichtert die internationale Verständigung. Nach den überlieferten strikten Gesetzen der Dichtkunst hinsichtlich Alliteration und Reim muss man jedoch davon ausgehen, dass die Aussprache des Altisländischen sich wesentlich von der des Neuisländischen unterschieden hat.

Altnordische Konsonanten

ð stimmhafte Spirans (Reibelaut) [ð] nur im Wortinneren, gesprochen wie der Anlaut in engl. *the*: *ríða*, *verða*

þ stimmlose Spirans [θ] nur im Wort- oder Silbenanlaut, gesprochen wie der Anlaut in engl. *thick*: *þú*, *þing*

Für folgende Konsonanten gibt es unterschiedliche Aussprachen:

f stimmlose Spirans [f] (wie in dt. *fahren*)
- bei Dehnung (Verdopplung): *offra*
- vor stimmlosen Konsonanten: *haft*
- im Anlaut: *fara*

stimmhafte Spirans [v] (wie in dt. *Vase*)
- in allen anderen Fällen: *hafa*

g stimmhafte Spirans [γ] zwischen zwei Vokalen: *saga*, *segir*
stimmlose Spirans [χ] vor stimmlosem Konsonanten: *sagt*, *hœgt*
in allen anderen Fällen [g], wie im Deutschen

s immer stimmlose Spirans [s]: *saga*, *svá*, *sá*

r Zungenspitzen-*r*, aus dem stimmhaften [z] hervorgegangen und mit dem ererbten *r* zusammengefallen

Altnordische Vokale

Kurze Vokale:	*ǫ*	Lautwert	[ɔ] wird *neuisl.* zu ö [ö]
	ø		[ö]
Lange Vokale:	*ǫ́*		[ɔ:]
	æ		[ä:] *neuisl.* [ai]
	œ		[ö:]

-*i* und -*u* haben vor folgendem Vokal konsonantische Funktionen, entsprechen also in etwa -*j* und -*w*. In der Schriftsprache wird das bisweilen mit einem Bogen unter den Vokalen wiedergegeben: *i̯*, *u̯*.

Diphthonge:	*ai*	Lautwert	[ai]
	ei		[ei]
	ey		[ei, öi]

Dimmuborgir.
Bizarre Lavaformationen in Nordisland, östlich des Sees Mývatn.

II. Wichtige Literatur

Nachschlagewerke zur mittelalterlichen Kulturgeschichte

Dictionary of the Middle Ages. 12 Bde. New York 1982–1989.
GAO siehe RGA.
KLNM = Kulturhistorisk leksikon for nordisk middelalter fra vikingetid til reformationstid. 22 Bde. Kopenhagen 1956–1978, repr. 1980–1982.
Lexikon des Mittelalters. 9 Bde. München/Zürich. Nachdruck 2009. [in vielen Bibliotheken online zugänglich]
MS = Medieval Scandinavia. An encyclopedia. Hg. von Phillip Pulsiano / Kirsten Wolf. New York/London 1993.
NK = Nordisk kultur. 30 Bde. Stockholm u.a. 1931–1956.
RGA = Reallexikon der Germanischen Altertumskunde. 2., völlig neu bearb. und stark erw. Aufl., hg. von Heinrich Beck et al. 35 Bde + 2 Registerbde. Berlin/New York 1973–2008. Fortgesetzt als „Germanische Altertumskunde Online“ [www. degruyter.com/view/db/gao; die angeführten DOI-Nummern beziehen sich auf die GAO].
Sachwörterbuch der Mediävistik. Hg. von Peter Dinzelbacher. Stuttgart 1992.

Odd Einar Haugen (Hg.): Altnordische Philologie. Bd. 1. Norwegen und Island. Übers. von Astrid van Nahl. Berlin 2007 (stark erweiterte Neuauflage in Druckvorbereitung)
Rory McTurk (Hg.): A companion to Old Norse-Icelandic literature and culture. Malden, Mass. 2007.
Rudolf Simek: Lexikon der germanischen Mythologie. 3. völlig überarb. Auflage. Stuttgart 2006.

Wörterbücher

Walter Baetke: Wörterbuch zur altnordischen Prosaliteratur. 8., unveränd. Aufl. Berlin 2008. [http://emedien.ub.uni-greifswald.de/ebooks/altnord-wb/baetke_digital.pdf/ als kostenloser Download]
Richard Cleasby / Gudbrand Vigfusson: An Icelandic-English dictionary, 2nd edition with a suppl. by William A. Craigie. Oxford 1957. Nachdruck 1993. [www.ling.upenn.edu/%7Ekurisuto/germanic/oi_cleasby-vigfusson_about.html]

Johan Fritzner: Ordbog over Det gamle norske Sprog. 4 Bde. 2., verb. Aufl. Oslo u.a. 1973. [www.edd.uio.no/perl/search/search.cgi?appid =86&tabid=1275]

Ordbog over det norrøne prosasprog (ONP). Kopenhagen 1989 ff. Gedruckt Bd. 1–3 + Register, ab Bd. 4 nur digital: http://onp.ku.dk/

Jan de Vries: Altnordisches etymologisches Wörterbuch. 2., verb. Aufl. Leiden 1962, Nachdruck 2000.

Grammatiken, Sprachgeschichten, Abhandlungen, Lehrbücher

Michael Barnes / Anthony Faulkes: A new introduction to Old Norse. 4., überarb. Aufl. London 2007–2008. 3 Bde.: Grammar | Reader | Glossary and index of names.

Kurt Braunmüller: Die skandinavischen Sprachen im Überblick. 3., aktual. und erw. Aufl. Tübingen 2007.

Ríta Duppler / Astrid van Nahl: Isländisch. Ein Lehrbuch für Anfänger und Fortgeschrittene. Hamburg 2013.

Einar Haugen: Die skandinavischen Sprachen. Eine Einführung in ihre Geschichte. Übers. von Magnús Pétursson. Hamburg 1984 (Engl.: The Scandinavian languages. An introduction to their history. London 1976).

Odd Einar Haugen: Norröne Grammatik im Überblick. Altisländisch und Altnorwegisch. Übers. von Astrid van Nahl. Hamburg 2013.

Heusler = Andreas Heusler: Altisländisches Elementarbuch. 7. Aufl. Heidelberg 1967.

Nedoma = Robert Nedoma: Kleine Grammatik des Altisländischen. 3., erweit. und aktual. Aufl. Heidelberg 2010.

The Nordic languages. An international handbook of the history of the North Germanic languages (Handbücher zur Sprach- und Kommunikationswissenschaft 21 und 22). 2 Bde. Hg. von Oskar Bandle et al. Berlin 2002 und 2005.

Noreen = Adolf Noreen: Altisländische und altnorwegische Grammatik (Laut- und Flexionslehre) unter Berücksichtigung des Urnordischen. 4. Aufl. Halle/Saale 1923, 5., unveränd. Aufl. Tübingen 1970. [www.ling.upenn.edu/~kurisuto/germanic/oi_noreen_about.html]

Stefán Karlsson: The Icelandic language. Übers. von Rory McTurk. London 2004.

Runen

Elmer H. Antonsen: Runes and Germanic linguistics. Berlin/New York 2002.

Elmer H. Antonsen: A concise grammar of the older runic inscriptions. Tübingen 1975.

John Ole Askedal et al. (Hg.): Zentrale Probleme bei der Erforschung der älteren Runen. Akten einer internationalen Tagung an der Norwegischen Akademie der Wissenschaften, Oslo 2004. Frankfurt a.M. 2010.

Alfred Bammesberger / Gaby Waxenberger (Hg.): Das *fuþark* und seine einzelsprachlichen Weiterentwicklungen. Akten der Tagung in Eichstätt vom 20. bis 24. Juli 2003. Berlin/New York 2006.

Michael P. Barnes: Runes. A handbook. Woodbridge 2012.

Klaus Düwel: Runenkunde. 4., überarb. und aktual. Aufl. Stuttgart/Weimar 2008.

Karin Fjellhammer Seim: Runologie. In: Odd Einar Haugen (Hg.), Altnordische Philologie. Bd. 1. Norwegen und Island. Berlin 2007, S. 147–222.

Hans Frede Nielsen: The early runic language of Scandinavia. Studies in Germanic dialect geography. Heidelberg 2000.

Terje Spurkland: I begynnelsen var Futhark: norske runer og runeinnskrifter. Oslo 2001. Engl. Übers.: Norwegian runes and runic inscriptions. Woodbridge 2005.

RGA: Zahlreiche Runen-Artikel in Bd. 25 (2003), S. 499–604.

Literaturgeschichten und literaturhistorische Abhandlungen

Peter Foote: Skandinavische Dichtung der Wikingerzeit. In: Klaus von See (Hg.), Europäisches Frühmittelalter. Wiesbaden 1985, S. 317–357.

Jürg Glauser: Island. Eine Literaturgeschichte. Stuttgart 2011.

Jürg Glauser: Mittelalter (800–1500). In: Jürg Glauser et al. (Hg.), Skandinavische Literaturgeschichte. Stuttgart 2006, S. 1–50.

Jón Helgason: Norrøn litteraturhistorie. Kopenhagen 1934.

Eddas und Sagas = Jónas Kristjánsson: Eddas und Sagas. Übers. von Magnús Pétursson / Astrid van Nahl. Hamburg 1993.

Preben Meulengracht Sørensen: Saga and society. An introduction to Old Norse literature. Transl. by John Tucker. Odense 1992.

Kurt Schier: Anfänge und erste Entwicklung der Literatur in Island und Schweden: Wie beginnt Literatur in einer schriftlosen Gesellschaft? München 1991.

Kurt Schier: Die Literaturen des Nordens. In: H. Krauss (Hg.), Europäisches Hochmittelalter. Wiesbaden 1981, S. 535–575.

Rudolf Simek / Hermann Pálsson: Lexikon der altnordischen Literatur. Die mittelalterliche Literatur Norwegens und Islands. 2., wesentl. verm. und überarb. Aufl. Stuttgart 2007.

Sigurður Nordal: Sagalitteraturen. In: Litteraturhistorie. B. Norge og Island (Nordisk kultur VIII:B). Stockholm u.a. 1953, S. 180–273.

Stefán Einarsson: A history of Icelandic literature. New York 1957.

Heiko Uecker: Geschichte der altnordischen Literatur. Stuttgart 2004.

Vésteinn Ólason: Samræður við söguöld. Frásagnarlist Íslendingasagna og forntiðarmynd. Reykjavík 1997. Dt.: Die Isländersagas im Dialog mit der Wikingerzeit. Übers. von Angela Schamberger. Kiel 2011.

Vésteinn Ólason et al. (Hg.): Íslensk bókmenntasaga. 5 Bde. Reykjavík 1992–2006.

Jan de Vries: Altnordische Literaturgeschichte. 2 Bde., 3. Aufl. Berlin/New York 2000 (Vorwort von Stefanie Würth).

Gerd Wolfgang Weber: Die Literatur des Nordens. In: Willi Erzgräber (Hg.), Europäisches Spätmittelalter. Wiesbaden 1978, S. 487–519.

Bibliografien

Stefan Gippert / Britta Laursen / Hartmut Röhn: Studienbibliographie zur Älteren Skandinavistik. Berliner Beiträge zur Skandinavistik 1. Leverkusen 1991. Digital weitergeführt als *Studienbibliographie zur Altnordistik*: www.uni-koeln.de/phil-fak/nordisch/studbibmed/

III. Textteil

Das mittelalterliche Island und seine Literatur

Nach Island kommen Bücher erst mit der Annahme des Christentums im Jahre 1000; es sind daher zunächst Werke in Latein, vorwiegend religiöser Art, zur Durchführung der Messe und zur Seelsorge. 1056 entsteht im Süden Islands der erste Bischofssitz, *Skálholt*, 1106 folgt der zweite im Norden, *Hólar*. Bis in das späte 18. Jahrhundert bleiben sie mit ihren Klosterschulen die Haupterziehungszentren. Im Gegensatz zum Kontinent schreiben fast alle isländischen Verfasser direkt in ihrer Muttersprache, nicht in Latein. Neben religiösen Büchern sind das grammatische Abhandlungen und geschichtliche Werke.

Geschichtsschreibung hat auf Island zu allen Zeiten eine bedeutende Rolle gespielt. Das Land ist in der einmaligen Lage, seine Besiedlung sozusagen vom ersten Landnahmemann an zu verfolgen. Drei isländische Geschichtsschreiber heben sich besonders hervor:

Sæmundr Sigfússon (1056–1133)

Er war der erste isländische Geschichtsschreiber, doch ist keines seiner (in Latein verfassten) Werke erhalten geblieben. Er besuchte wahrscheinlich eine Schule in Paris und wurde Priester in Oddi, dem väterlichen Sitz, an dem er eine Schule errichtete, in der mehrere Gelehrte heranwuchsen.

Ari Þorgilsson (1067[68?]–1148)

Er wird auch *Ari inn fróði*, 'Ari der Gelehrte', genannt. Ari wuchs in Haukadalur bei einem Geistlichen auf und schrieb eine Geschichte Islands, die nur in einer zweiten Bearbeitung (oder vielleicht auch nur einem Auszug) erhalten ist, die so genannte *Íslendingabók*, die einen Geschichtsüberblick über Island bis ca. 1120 gibt (vgl. den Textauszug in diesem Kapitel). Vermutlich stützte sich Ari dabei auf Sæmundrs Werke.

Snorri Sturluson (1178/79–1241)

Er wuchs bei Jón Loptsson, einem Enkel Sæmunds, auf und besuchte später auch den Hof des norwegischen Königs Hákon Hákonarson. Zweimal übte er das wichtige Amt des Gesetzessprechers aus. Snorri ist der bedeutendste Historiker, ein beachtenswerter Dichter und Mythensammler Islands (vgl. auch den Textteil zu Kap. 3). Ca. 1230 verfasste Snorri die *Heimskringla*, 'Weltkreis', eine Geschichte Norwegens von den Anfängen bis zum Amtsantritt von König Sverrir 1177, beginnend mit der Vorgeschichte des Königshauses in Schweden, über 30 Generationen hinweg geführt (vgl. den Textteil zu Kap. 16).

Im Gegensatz zum Kontinent kommen in Island die Verfasser nicht nur aus dem geistlichen Bereich, sondern stammen auch aus anderen Schichten. Schreibstätten sind daher nicht nur die religiösen Zentren, sondern auch weltliche Sitze. Von der *Flateyjarbók*, einer großen Sammelhandschrift, weiß man z.B., dass sie in einem Bauerngehöft im Norden Islands entstand. Auch isländische Klöster sind weltlicher als auf dem Kontinent, die Geistlichen bleiben oft nebenher Bauern.

Geschichtsschreibung in den Klöstern. Kirchenfenster in Akureyri.

Die *Íslendingabók* ist eine Geschichte Islands von der Besiedlung bis zum Jahr 1118, verfasst von Ari Þorgilsson zwischen 1122 und 1133. Nach eigener Aussage im Vorwort hatte Ari bereits vorher eine Geschichte Islands geschrieben, die er nun auf Anraten u.a. von Sæmundr Sigfússon überarbeitet habe. Die erste Fassung ist nicht erhalten. Die *Íslendingabók* berichtet von der Geschichte der Besiedlung, von der Gründung des *alþingi*, des Allthings, im Jahr 930, von der Einteilung des Landes in Viertel, von der Zeitenrechnung und von der Besiedlung Grönlands. Zentralen Raum nimmt die Einführung des Christentums im Jahr 1000 ein. Die *Íslendingabók* ist chronologisch geordnet und orientiert sich an der Reihe der *lǫgsǫgumenn*, der Gesetzessprecher, die von der Gründung des Allthings an sogar namentlich aufgelistet werden. Erstaunlich bleibt auch hier die Tatsache, dass das Buch auf Isländisch, nicht auf Latein geschrieben ist.

Zum Weiterlesen. Jakob Benediktsson: Íslendingabók. In: MS, S. 332 f. (mit Literatur). Gudrun Lange: Die Anfänge der isländisch-norwegischen Geschichtsschreibung. Reykjavík 1989. Hans Kuhn: Ari Thorgilsson. In: RGA 1. DOI: 10.1515/gao_RGA_281. Jónas Kristjánsson: Eddas und Sagas, S. 124–128. Pernille Hermann: Spatial and Temporal Perspectives in Íslendingabók: Historiography and Social Structures. In: Viking and medieval Scandinavia 1, 2005, S. 73–90.

Íslendingabók. Jakob Benediktsson gaf út. Íslenzk fornrit 1, fyrri hluti. Reykjavík 1968, S. 1–28. Textauszug S. 8 f.

III. Kapítuli

Alþingi vas sett at ráði Ulfljóts ok allra landsmanna þar es nú es, en áðr vas þing á Kjalarnesi, þat es Þorsteinn Ingolfssonr landnámamanns, faðir Þorkels mána lǫgsǫgumanns, hafði þar ok hǫfðingjar þeir es at því hurfu. En maðr hafði sekr orðit of þræls morð eða leysings, sá es land átti í Bláskógum, hann es nefndr Þórir kroppinskeggi; en dóttursonr hans es kallaðr Þorvaldr kroppinskeggi, sá es fór síðan í Austfjǫrðu ok brenndi þar inni Gunnar bróður sinn. Svá sagði Hallr Órœkjusonr. En sá hét Kolr, es myrðr vas. Við hann es kennd gjá sú es þar es kǫlluð síðan Kolsgjá, sem hræin fundusk. Land þat varð síðan allsherjarfé, en þat lǫgðu landsmenn til alþingis neyzlu. Af því es þar almenning at viða til alþingis í skógum ok á heiðum hagi til hrossahafnar. Þat sagði Ulfheðinn oss.

Svá hafa ok spakir menn sagt, at á sex tegum vetra yrði Ísland albyggt, svá at eigi væri meirr síðan. Því nær tók Hrafn lǫgsǫgu Hœngssonr landnámamanns, næstr Ulfljóti, ok hafði tuttugu sumur; hann vas ýr Rangárhverfi. Þat vas sex tugum vetra eptir dráp Eadmundar konungs, vetri eða tveim áðr Haraldr enn hárfagri yrði dauðr, at tǫlu spakra manna. Þórarinn Ragabróðir, sonr Óleifs hjalta, tók lǫgsǫgu næstr Hrafni ok hafði ǫnnur tuttugu; hann vas borgfirzkr.

Þingvellir. Almannagjá, die Allmännerschlucht.

Þingvellir. Die Thingebene.

KAPITEL 2

I. Lautlehre

Entwicklungen vom Germanischen zum Altnordischen

Die Entwicklung der Diphthonge verläuft spontan oder in Abhängigkeit zu ihrer Umgebung:

Germanisch	*ei*	*ai*	*eu*		*oi*	*ou*	
Altnordisch	*ī*	*ei*	↙	↘	*ai*	↙	↘
			jó	*jú*		*au*	*o*

Umlaute

Umlaute sind Änderungen meist betonter Vokale, die sich durch bestimmte unbetonte Vokale in den Folgesilben ergeben; diese unbetonten Vokale sind im Laufe der Sprachentwicklung oft geschwunden, so dass man nur die Folgen, den Umlaut, sieht. Im Deutschen werden lediglich noch *ä*, *ö* und *ü* als Umlaute bezeichnet; zu germanischer Zeit haben sich jedoch viel umfassendere Lautveränderungen durch verschiedene Umlaute ergeben. Vom Germanischen zum Altisländischen sind dies (in Klammern Vergleiche zu entsprechenden deutschen Umlauten):

a-Umlaut:	i → e	niðr : neðan	
	u → o	*χurna > horn[a]	
i|*j*-Umlaut:	a → e	*gastiʀ > gestr	(Gast : Gäste)
	ā → æ	*māriʀ > mærr	(Saat : säen)
	u → y	þungr : þyngja	(Dung : düngen)
	ū → ý	*mūsiʀ > mýss	(Pflug : pflügen)
	o → ø	*soniʀ > sønir	(Forst : Förster)
	ō → œ	*bōtjan > bœta	(rot : röten)
	au → ey	aurar : eyrir	(Maus : Mäuse)
	iu → ý	*fliūgir > flýgr	
	io → œ	*hliōpi > hlœpi	
u-Umlaut:	a → ǫ	dagr : dǫgum	

w-Umlaut: a → ǫ e → ø i → y ī → ý ei → ey	balwa : bǫl *sinkwan > sekkwa > søkkva *þringwan > þryngva *strīkwan > strýkva *waikwar > veykr

In ältester Zeit bewirken die drei Vokale *a*, *i* und *u* Umlaute:

- *a*-Umlaut bewirkt ein *lowering* von i → e, u → o
- *i*-Umlaut bewirkt ein *fronting* von a → e, o → ø, u → y
- *u*-Umlaut bewirkt ein *backing* von a → o (speziell altnordisch ist der *u*-Umlaut von a → ǫ; vgl. unter *u*-Umlaut, S. 23)

Diese drei Umlaute kommen in allen germanischen Sprachen vor; sie sind gemeingermanisch. Durch den *u*-Umlaut von *-a* entsteht im Germanischen ein neues *-o*, da idg. *-o* zu germ. *-a* geworden war. Auffallend ist die besondere Umlautdisposition im gesamten Nordwestgermanischen.

Der Palatalumlaut

Wie viele andere Lautveränderungen vollzieht sich auch der Palatalumlaut in späturnordischer Zeit. Hierbei werden velare, d.h. nicht palatale, hintere Laute – *a*, *o*, *u* – palatalisiert. Im Einzelnen besteht der Palatalumlaut aus mehreren Einzel-Umlauten:

i-*Umlaut*

Der *i*-Umlaut ist gemeinnordisch; er gilt also für alle nordischen Sprachen. Durch ihn entsteht vom Urnordischen zum Altisländischen hin eine Reihe neuer Laute (Beispiele siehe Übersicht oben):

a → e	u → y	o → ø, œ	au → ey
ā → æ	ū → ý	ō → œ	iū → ý
			iō → œ

Dieser Umlaut vollzieht sich vom 7. bis zum 9. Jahrhundert, wahrscheinlich in bestimmten Stufen, die erstmals von Axel Kock systematisiert wurden. Nach dieser so genannten *Kockschen Hypothese* vollzog sich der *i*-Umlaut in drei Stufen, abhängig davon, ob das *-i* in kurzer oder langer Silbe stand (eine Silbe ist lang, wenn sie einen langen Vokal oder einen Diphthong hat oder auf einen kurzen Vokal mindestens 2 Konsonanten folgen):

– *älterer* i-*Umlaut*: -*i* schwindet nach langer Silbe und hinterlässt Umlaut:

*gasti > gest (*Gast*)
*hauʀiþō > heyrða (*hörte*)

– *mittlerer* i-*Umlaut*: später schwindet -*i* nach kurzer Silbe, hinterlässt aber keinen Umlaut (es gibt also eigentlich gar keinen „mittleren i-Umlaut“):

*staþi > stað (*Stätte*)
*taliþō > talða (*zählte*)

– *jüngerer* i-*Umlaut*: vor erhaltenem -*i* tritt immer Umlaut ein:

*karling > kerling (*alte Frau*)
*blauþi > bleyði (*Feigheit*)

Erkennbare Abweichungen von diesen Regeln führten dazu, dass man weitere Untergruppen des *i*-Umlautes festmachen konnte. Der Umlaut trat also zusätzlich zu den stufenmäßig formulierten Bedingungen unter bestimmten weiteren Bedingungen ein, manchmal jedoch nur in Teilen der nordgermanischen Sprachen.

iʀ-*Umlaut*

Diesen Umlaut, der sich im 9./10. Jahrhundert vollzieht, kennt nur das Westnordische. Nach kurzer Silbe verstummt -*i* in der Endung und hinterlässt (entgegen Kock) Umlaut, wenn dem -*i* ein -ʀ folgte (das aus urgerm. *-z hervorging, so genannter *Rhotazismus;* vgl. lat. **esam* > *eram*):

*duriʀ > dyrr (*Tür*)
*batiʀ > betr (*besser*)

ʀ-*Umlaut*

Er kommt ebenfalls nur im Westnordischen vor (9./10. Jahrhundert). Selbst das allein stehende -ʀ (ohne -*i*) bewirkt nach den velaren Vokalen -*a*, -*o*, -*u* deren Umlaut:

*glaʀa > gler (*Glas*)
*kuʀ > kýr (*Kuh*)

g|k-*Umlaut*

Dieser Umlaut begegnet besonders in der Substantivdeklination und der Verbkonjugation. Auch er vollzieht sich nur im Westnordischen, zur gleichen Zeit, also im 9./10. Jahrhundert. Dabei werden *-g* und *-k* durch ein *-i* der Folgesilbe so palatalisiert, dass sie selbst *i*-Umlaut des vorausgehenden Vokals bewirken; dieser Umlaut ist noch heute aktiv, wie die beiden folgenden Beispiele aus der alt- und neuisländischen Flexion belegen:

dag(u)r : degi	(Nom. : Dat. Sg.)
taka : tekinn	(Infinitiv : Partizip Perfekt)

Die drei letztgenannten Umlaute sind nicht so konsequent erfolgt wie der *i*-Umlaut selbst, sie wurden teilweise jedoch auch über ihr eigentliches lautgesetzliches Gebiet hinaus ausgedehnt.

Der Labialumlaut

Auch der Labialumlaut vollzieht sich in späturnordischer Zeit. Die Vokale *-a*, *-e*, *-i* sowie der Diphthong *-ai* bekommen durch den Labialumlaut Lippenrundung. Der Labialumlaut besteht aus zwei Umlauten:

u-*Umlaut*

Der *u*-Umlaut erstreckt sich nur auf *-a* und *-ā*: *a* → *ǫ*; *ā* → *ǫ́* (um die Mitte des 13. Jahrhunderts fallen jedoch *-ā* und *-ǫ́* zusammen, so dass dieser Umlaut orthographisch nicht nachweisbar ist). Der altnordische *u*-Umlaut ist nicht identisch mit dem *u*-Umlaut im Altenglischen; dieser entspräche mehr der Brechung (siehe dort) als dem Umlaut!

Auch dieser Umlaut verläuft nach Kock in einem Dreierschritt:

- *ältester* u-*Umlaut*: *-u* schwindet nach langer Silbe und hinterlässt Umlaut: *landu > lǫnd
- *älterer* u-*Umlaut*: *-u* schwindet nach kurzer Silbe und hinterlässt Umlaut: *saku > sǫk
- *jüngerer* u-*Umlaut*: (ab 900, nur in Island und Westnorwegen) überall dort, wo *-u* noch erhalten ist; er spielt noch in der Flexion des modernen Isländischen eine große Rolle: land : löndum (lǫndum).

w-*Umlaut*

Dem *w*-Umlaut sind die Vokale *-a*, *-e* und *-i* unterworfen:

a → ǫ	i → y	ei → ey
e → ø	ī → ý	

Der Umlaut vollzieht sich in zwei Stufen. Die ältere Stufe findet sich in allen nordischen Sprachen; hier schwindet *-w* und hinterlässt Umlaut. Auf jüngerer Stufe erfolgt später der Umlaut vor erhaltenem *-w*, doch nur in den westnordischen Sprachen. Im Neuisländischen steht *-ö* graphisch (und phonetisch) für *-ǫ* und *-ø*.

Alle Umlauterscheinungen kennen relativ viele Ausnahmen und werden auch oft durch Analogie-Auswirkungen beeinflusst.

Aufgabe

Erkennen Sie in den folgenden Wörtern die verschiedenen Umlaute und rekonstruieren Sie die alte, nicht umgelautete Form; versuchen Sie, die Grundformen der Wörter in einem der in Kap. 1 genannten Wörterbücher zu finden:

> ǫll – lýsa – gǫngu – rœð – kýr – lǫnd – bœta – mæla – segja – tǫflur – býr – bǫrn – heyra – skýtr – sæll – þættir – eyrir – tekinn – lǫg – dýr.

II. Formenlehre

Personalpronomen

Wie im Deutschen markieren die Personalpronomen der 1. und 2. Pers. kein Genus: *ek* 'ich' und *þú* 'du'; nur diese beiden Formen haben im Altisländischen zusätzlich auch den Dual bewahrt, eine eigene sprachliche Pluralform für zwei Personen. Sie flektieren wie folgt:

Sg.	*Nom.*	ek	*ich*	þú	*du*
	Gen.	mín	*meiner*	þín	*deiner*
	Dat.	mér	*mir*	þér	*dir*
	Akk.	mik	*mich*	þik	*dich*
Dual	*Nom.*	vit	*wir beide*	[þ]it	*ihr beide*
	Gen.	okkar	*unser beider*	ykkar	*euer beider*
	Dat.	okr	*uns beiden*	ykr	*euch beiden*
	Akk.	okr	*uns beide*	ykr	*euch beide*
Pl.	*Nom.*	vér	*wir*	[þ]ér	*ihr*
	Gen.	vár	*unser*	yðvar	*euer*
	Dat.	oss	*uns*	yðr	*euch*
	Akk.	oss	*uns*	yðr	*euch*

Das anlautende *þ-* der 2. Pers. Dual | Plural entstand durch enklitischen Anschluss des Pronomens an das vorausgehende flektierte Verb, das auf *-þ* bzw. *-ð* endete; ursprünglich lauteten die Formen *it* und *ér*: *eruð-it* > *eru(ð) þit*.

Enklise: das Verschmelzen eines unbetonten Wortes (Enklitikon) mit dem vorangehenden betonten.

Die Formen der geschlechtigen Pronomen der 3. Pers. Sg. lauten:

Sg.	*Nom.*	hann	*er*	hon	*sie*
	Gen.	hans	*seiner*	hennar	*ihrer*
	Dat.	honum	*ihm*	henni	*ihr*
	Akk.	hann	*ihn*	hana	*sie*

Für die fehlenden Neutra tritt das Demonstrativum *þat* (das) ein, mit den geschlechtlichen Pluralformen *þeir* (m.), *þær* (f.), *þau* (n.). Zur Flexion vgl. Kap. 12: Das Demonstrativpronomen *sá*.

Das reflexive Pronomen für beide Genera in Singular und Plural lautet:

Gen.	sín	*seiner, ihrer*
Dat.	sér	*sich*
Akk.	sik	*sich*

Substantive

Substantive lassen sich analysieren nach Wurzel und stammbildendem Suffix (beide zusammen bilden den Stamm) sowie einer Endung. Den Stamm eines Wortes erhält man also durch Streichen der Flexionsendung und anderer Elemente der Wortbildung, wie z.B. Präfixe oder Suffixe. Substantive werden nach Stämmen eingeteilt, die nach dem jeweiligen stammbildenden Suffix benannt sind; das kann ein Vokal oder ein Konsonant sein: Vergleiche z.B. lat. *hortu-s*, *hosti-s*, die nach ihrem stammbildenden Suffix als vokalisch, und *pater* : *patr-is*, *genus* : *gener-is*, die als konsonantisch bezeichnet werden.

hort-u-s:	*hort-*:	Wurzel oder Wurzelstock
	hort-u:	Stamm (=Wurzel + *u* als stammbildendes Suffix)
	-s:	Endung

Konsonantische Deklination

n-*Stämme*

Im germanischen Deklinationssystem gibt es Substantive mit den vokalischen Stammauslauten *-a*, *-ō*, *-i*, *-u* (mit ihren Unterarten *-ja*|*-wa* und *-jō*|*-wō*) und Substantive mit den konsonantischen Stammauslauten *-n*, *-nd* und *-r*. Die vokalische Deklination bezeichnet man auch als starke, die konsonantische auch als schwache oder als *n*-Deklination; die Klassen unterscheiden sich durch ihre Kasusendungen. Im Deutschen ist die konsonantische Deklination erkennbar an der Form *-en* der obliquen Kasus (d.h. der abhängigen Kasus Genitiv, Dativ und Akkusativ im Gegensatz zum *casus rectus*, dem unabhängigen Kasus Nominativ) im Singular und Plural, z.B. *Mensch* : *Menschen*.

Bei den *n*-Stämmen sind alle drei Genera vertreten: Maskulina, endend auf *-i*, Feminina auf *-a* und (wenige) Neutra auf *-a*. Die maskulinen *n*-Stämme unterteilen sich in *an-*, *wan-* und *jan*-Stämme (alle auf *-i* endend), die femininen in *īn-* und *ōn*-Stämme (alle auf *-a* endend). Die *ōn*-Stämme kommen wesentlich häufiger vor als die *īn*-Stämme.

Im Folgenden die Paradigmen für *an-* und *ōn*-Stämme:

		mask. (an)	*neutr.*	*fem. (ōn)*
Sg.	*Nom.*	han-i	aug-a	sag-a
	Gen.	han-a	aug-a	sǫg-u
	Dat.	han-a	aug-a	sǫg-u
	Akk.	han-a	aug-a	sǫg-u
Pl.	*Nom.*	han-ar	aug-u	sǫg-ur
	Gen.	han-a	aug-n̲-a	sag-n̲-a
	Dat.	hǫn-um	aug-um	sǫg-um
	Akk.	han-a	aug-u	sǫg-ur

Erläuterungen zu den Paradigmen:

- Bei den *n*-Stämmen haben die obliquen Kasus im Singular innerhalb ihres Genus immer die gleiche Endung.
- Bei allen Neutra und manchen Feminina ist das stammbildende *-n* der *n*-Stämme noch im Gen. Pl. erkennbar; bei den Maskulina ist es in der Regel ganz geschwunden (weitere Beispiele bei Heusler § 231.1; im Neuisländischen tritt es heute zunehmend bei den Feminina auf).
- Überall, d.h. in sämtlichen Deklinationsklassen, endet der Gen. Pl. ausnahmslos auf *-a*, der Dat. Pl. auf *-um*.
- Jedes betonte *-a* wird durch nachfolgendes *-u* umgelautet zu *-ǫ*.

nd-*Stämme*

nd-Stämme sind substantivierte Partizipien des Präsens; sie flektieren im Singular wie maskuline *n*-Stämme; der Plural hat dagegen unterschiedliche Formen bewahrt. Nom. Akk. Pl. zeigen *i*-Umlaut und enden immer auf *-r*. Im Deutschen lassen sich in Wörtern wie *Freund*, *Feind* alte *nd*-Stämme erkennen.

Sg. Nom.	gefand-i	*Pl.*	gefend-r
Gen.	gefand-a		gefand-a
Dat.	gefand-a		gefǫnd-um [auch: gefend-um]
Akk.	gefand-a		gefend-r

r-*Stämme*

Sie umfassen nur maskuline und feminine Verwandtschaftbezeichnungen.

	mask.		*fem.*		
Sg. Nom.	faðir	bróðir	móðir	dóttir	systir
Gen.	fǫður	bróður	móður	dóttur	systur
Dat.	fǫður	bróður	móður	dóttur	systur
Akk.	fǫður	bróður	móður	dóttur	systur
Pl. Nom.	feðr	brœðr	mœðr	dœtr	systr
Gen.	feðra	brœðra	mœðra	dœtra	systra
Dat.	feðrum	brœðrum	mœðrum	dœtrum	systrum
Akk.	feðr	brœðr	mœðr	dœtr	systr

Erläuterungen zu den Paradigmen:

- Alle Pluralformen haben *i*-Umlaut, sofern sie einen umlautfähigen Vokal haben.
- Zu *fǫður* im Dat. Sg. existiert die Nebenform *feðr.*

Zu den konsonantischen Stämmen gehören auch *Wurzelnomina*, die kein stammbildendes Element haben; sie werden in Kap. 10 behandelt.

Aufgaben

Flektieren Sie folgende Substantive:

nd-Stämme:	fjándi (*Feind, Teufel*; Pl. ohne Umlaut) – frændi (*Verwandter*) – bóndi (*Bauer*)
n-Stämme, neutr.	eyra (*Ohr*) – lunga (*Lunge*) – heima (*Heim*)
n-Stämme, fem.	kona (*Frau*; Gen. Pl. *kvenna*) – fata (*Eimer*), heilsa (*Gesundheit*)
n-Stämme, mask.	asni (*Esel*) – faxi (*Hengst mit Mähne*) – magi (*Magen*)

III. Textteil

Zur Besiedlung Islands

Die *Landnámabók* 'Buch der Landnahmen' ist neben der *Íslendingabók* das grundlegendste Werk zur Besiedlungsgeschichte Islands; sie ist in fünf bedeutenden Fassungen erhalten, die aber alle erst aus dem späteren Mittelalter stammen; den beiden wichtigsten Fassungen, *Sturlubók* (S) und *Hauksbók* (H), folgt auch die deutsche Übersetzung (von Walter Baetke, in: Thule, Bd. 23, 1967). Die *Sturlubók*, eine Pergamenthandschrift – die jedoch beim großen Brand von Kopenhagen 1728 verbrannt und nur in einer zuvor gemachten Abschrift erhalten ist –, ist nach ihrem Verfasser benannt, dem Gesetzessprecher und Geschichtsschreiber Sturla Þórðarson (Neffe von Snori Sturluson; gest. 1284), und wahrscheinlich gegen 1270 entstanden; *Hauksbók* ist eine Pergamenthandschrift des *lǫgmaðr* Haukr Erlendsson (gest. 1334), entstanden nach 1299.

Die *Landnámabók* ist fast wie ein Register angelegt, zählt in immer gleichen, fast formelhaft erscheinenden Wendungen von Islands Besiedlung im Jahre 874 an die Landnahmemänner namentlich auf, oft mit längeren Genealogien verbunden, und berichtet von den Gebieten, die diese besiedelt haben, im Uhrzeigersinn rund um das Land. Dabei werden mehr als 430 Personen samt den in Besitz genommenen Landbezirken genannt; insgesamt finden sich etwas mehr als 1000 Personen-, Orts- und Hofnamen, von denen noch heute viele verifizierbar sind.

Zum Weiterlesen. Sveinbjörn Rafnsson: Sögugerð Landnámabókar. Um íslenska sagnaritum á 12. og 13. öld. Reykjavík 2001. Eine Zusammenfassung seiner Ergebnisse findet sich in seinem deutschsprachigen Artikel „Landnámabók". In: RGA 17. DOI: 10.1515/gao_RGA_3222. Guðrún Ása Grímsdóttir (Hg.): Um landnám á Íslandi. Fjórtán erindi. Reykjavík 1996. Bjarni F. Einarsson: The settlement of Iceland. A critical approach. Granastaðir and the ecological heritage. Reykjavík 1995. Jakob Benediktsson: Landnámabók. In: MS, S. 373 f.

Landnámabók. Jakob Benediktsson gaf út. Íslenzk fornrit 1, fyrri hluti. Reykjavík 1968, S. 29–210. Textauszug S. 32–34 (S 2); S. 42 f. (SH 8); S. 88–90 (S 58–59).

(S 2) Þá er Ísland fannsk ok byggðisk af Nóregi, var Adríánus páfi í Róma ok Jóhannes eptir hann, sá er enn fimmti var með því nafni í postuligu sæti, en Hlǫðver Hlǫðversson keisari fyrir norðan fjall, en Leó ok Alexandr son hans yfir Miklagarði; þá var Haraldr hárfagri konungr yfir Nóregi, en Eiríkr

Emundarson í Svíþjóð ok Bjǫrn son hans, en Gormr enn gamli at Danmǫrk, en Elfráðr enn ríki í Englandi ok Játvarðr son hans, en Kjarvalr at Dyflinni, Sigurðr jarl enn ríki í Orkneyjum.

Svá segja vitrir menn, at ór Nóregi frá Staði sé sjau dœgra sigling í vestr til Horns á Íslandi austanverðu, en frá Snæfellsnesi, þar er skemmst er, er fjǫgurra dœgra haf í vestr til Grœnlands. En svá er sagt, ef siglt er ór Bjǫrgyn rétt í vestr til Hvarfsins á Grœnlandi, at þá mun siglt vera tylft fyrir sunnan Ísland. Frá Reykjanesi á sunnanverðu Íslandi er fimm dœgra haf til Jǫlduhlaups á Írlandi ‹í suðr; en frá Langanesi á norðanverðu Íslandi er› fjǫgurra dœgra haf norðr til Svalbarða í hafsbotn.

Alter Leuchtturm an der Landspitze der Halbinsel Reykjanes.

(SH 8) Sumar þat, er þeir Ingólfr fóru til at byggja Ísland, hafði Haraldr hárfagri verit tólf ár konungr at Nóregi; þá var liðit frá upphafi þessa heims sex þúsundir vetra ok sjau tigir ok þrír vetr, en frá holdgan dróttins átta hundruð ‹ára› ok sjau tigir ok fjǫgur ár. Þeir hǫfðu samflot, þar til er þeir sá Ísland; þá skilði með þeim.

Þá er Ingólfr sá Ísland, skaut hann fyrir borð ǫndugissúlum sínum til heilla; hann mælti svá fyrir, at hann skyldi þar byggja, er súlurnar kœmi á land. Ingólfr tók þar land, er nú heitir Ingólfshǫfði, en Hjǫrleif rak vestr fyrir land, ok fekk hann vatnfátt. Þá tóku þrælarnir írsku þat ráð at knoða saman mjǫl ok smjǫr ok kǫlluðu þat óþorstlátt; þeir nefndu þat minnþak. En er þat var tilbúit, kom regn mikit, ok tóku þeir þá vatn á tjǫldum. En er minnþakit tók at mygla, kǫstuðu þeir því fyrir borð, ok rak þat á land, þar sem nú heitir Minnþakseyrr.

Ingólfr Arnarson, der erste Besiedler Islands.
Seine Statue steht in Reykjavík.

(S 58) Sigmundr hét einn leysingi Skalla-Gríms; honum gaf hann land milli Gljúfrár ok Norðrár. Hann bjó at Haugum, áðr hann fœrði sik í Munaðarnes; við hann er kennt Sigmundarnes.

(S 59) Rauða-Bjǫrn keypti land at Skalla-Grími milli Gljúfrár ok Gufár; hann bjó at Rauða-Bjarnarstǫðum upp frá Eskiholti. Hans son var Þorkell trefill í Skarði ok Helgi í Hvammi ok Gunnvaldr, faðir Þorkels, er átti Helgu, dóttur Þorgeirs á Víðimýri.

„faðir Þorkils, er átti Helgu, dóttur Þorgeirs á Víðimýri."
Víðimýrarkirkja, die älteste Kirche Islands.

KAPITEL 3

I. Lautlehre

a-Umlaut

Der *a*-Umlaut ist der älteste aller Umlaute; er vollzieht sich schon in sehr früher Zeit in allen germanischen Sprachen, ist also nicht nur für das Altnordische gültig. Er betrifft ausschließlich die Kurzvokale -*i* und -*u*. Wie alle Umlaute ist auch er nach dem umlautenden Vokal benannt. Ein -*a* in der Folgesilbe bewirkt demnach einen Umlaut in Form einer Absenkung; es ist aber meist nicht mehr erhalten.

i	→ e	niðr : neðan (*nach unten* : *von unten*); beðinn (*gebeten*) <*biþanaʀ
u	→ o	horna < *χurna (*Horn*); holta < * hulta (*Anhöhe*)

Dieser Umlaut wird im Altisländischen verhindert durch bestimmte Konsonanten, die auf das -*i* folgen: durch Tektal (d.h. Palatal, Velar oder Labiovelar), Nasal oder Nasal + Konsonant; vgl. *humar*, *hunang* (vgl. deutsch mit *a*-Umlaut: *Honig*), *undan*, *innan*. Von manchen Wörtern sind beide Formen erhalten, mit und ohne *a*-Umlaut; bei ihnen handelt es sich immer um *a*-Stämme: fogl : fugl (*Vogel*); goð : guð (*Gott*).

Brechung

Bei der Brechung wird ein urnord. -*e* durch ein nachfolgendes unbetontes -*a* oder -*u* zu zwei Vokalen „gebrochen“, wobei das die Brechung verursachende -*a* bzw. -*u* vor allem in früher Zeit geschwunden sein kann. Die Brechung vollzieht sich nicht konsequent; sie unterbleibt oft bei Verben oder in kurzen oder unbetonten Wörtern. Oft wird sie auch verhindert durch ein dem -*e* vorausgehendes -*l*, -*r*, -*v* oder -*u̯* bzw. durch ein dem -*e* folgendes -*r* oder -*l* (vgl. z.B. die Verben der 3. bis 5. Ablautreihe mit -*e* als Stammvokal, wie *verpa*, *bresta*, *stela*; Näheres zu den starken Verben in Kap. 8 und 9). Je nach dem brechenden Vokal spricht man von einer *a*- bzw. *u*-Brechung:

a-Brechung: e → ja *helmar > hjalmr (später: hjálmr) (*Helm*)
*helpan > hjalpa (später: hjálpa) (*helfen*)

u-Brechung: e → jǫ *erþu > jǫrð (*Erde*)
*ferþur > fjǫrðr (*Fjord*)

Die Gesetze der Brechung gelten sogar noch im Neuisländischen, insbesondere bei der Flexion: *bjǫrn – bjarnar* (Bär : des Bären); *fjǫrðr – fjarðar* (Fjord : des Fjordes).

Kürzung

In später urnordischer Zeit, ab ca. 550, beginnt eine Kürzung langer Vokale und Diphthonge, die in anderen germanischen Sprachen erhalten blieben (vgl. unten das gotische und althochdeutsche Beispiel). Zwei wichtige Beispiele für die Kürzung sind:

1. Vor *geminiertem* (gedehntem) Konsonanten und Konsonantenverbindungen werden lange Vokale oder Diphthonge gekürzt, auch Konsonantengruppen, die durch Synkope (vgl. Kap. 6) entstanden sind:

   góðr : gott (*gut*, m. n.)
   mín : minn, mitt (*mein*, f. m. n.)
   *ailiðar > eldr (*Feuer*)

   vgl. *got.* maists : *an.* mestr (*meist-*); *ahd.* fleisk : *an.* flesk (*Fleisch*).

   Die Kürzung tritt nicht ein vor *-tt*, wenn dieses aus *-ht* entstanden ist (vgl. folgender Abschnitt unter Dehnung, Punkt 3).

2. Urnord. *-ō* im Auslaut (Feminina: *ō*-Stämme; Neutra: *a*-Stämme, im Nom. Sg. Pl.) wird zu *-u*, das Umlaut und Brechung hervorrufen kann:

   *landō > *landu > lǫnd (*Länder*)

Dehnung

Wie die Kürzung gehört auch die Dehnung teilweise zum *kombinatorischen Lautwandel* (vgl. Kap. 4): Unter dem Einfluss bestimmter Konsonanten ändern sich Vokale quantitativ oder qualitativ.

1. Im absoluten Auslaut wird ein kurzer, betonter Vokal gedehnt:

   sa > sá (*dieser*); swa > svá (*so*); þu > þú (*du*)

2. Vor ʀ (aus urgerm. *-z* entstanden) wird ein kurzer Vokal gedehnt:

   miʀ > mér (*mir*); uʀ > ór (*aus*) (mit Senkung vor -ʀ; vgl. Kap. 4)

3. Vor bestimmten Konsonantenverbindungen wird kurzer Vokal gedehnt:

- vor *ht* >*tt*

  urn.*ahtō > átta (*hatte*); *suhti > sótt (*Krankheit*)

- *vor l* + *m*, *f*, *p*, *g* oder *k* (nur kakuminales, d.h. gegen den Gaumen artikuliertes *l*), ca. 1200:

  hjalpa > hjálpa (*helfen*); hjalmr > hjálmr (*Helm*)

  vgl. Wolf : úlfr; Volk : fólk

4. Bei Schwund eines Konsonanten nach kurzem Vokal tritt *Ersatzdehnung* ein. Schwindende Konsonanten sind *-h*, *-w*, *-n*, *-m*, *-þ*.

   *feh > fé (*Vieh*); *fawaR > fár (*wenige*); *fimfila > fífl (*Narr*)

   vgl. got. maþl : mál (*Sprache*)

II. Formenlehre

Das schwache Adjektiv

Wie in allen germanischen Sprachen gibt es eine starke Adjektivflexion ('[ein] schwarzes Pferd') und eine schwache ('das schwarze Pferd'); die schwache Flexion ist einfacher, ihre Endungen stimmen im Singular mit denen der *n*-Stämme in der Substantivflexion überein; im Plural gelten hier für alle drei Genera die gleichen Formen. Zum Neuisländischen hin verliert auch der Dat. Pl. sein Endungs-*m* und endet auf *-u*.

		mask.	*neutr.*	*fem.*
Sg.	*Nom.*	spak-i	spak-a	spak-a (*klug*)
	Gen.	spak-a	spak-a	spǫk-u
	Dat.	spak-a	spak-a	spǫk-u
	Akk.	spak-a	spak-a	spǫk-u
Pl.	*Nom.*	→	spǫk-u	←
	Gen.	→	spǫk-u	←
	Dat.	→	spǫk-um	←
	Akk.	→	spǫk-u	←

Bei zwei- und mehrsilbigen Adjektiven können die Silben zusammengezogen werden (zu den Lautgesetzen vgl. Kap. 5, Synkope); dies gilt insbesondere für Adjektive, deren Stamm auf *-al*, *-il* oder *-ul* endet. Diese verlieren in allen schwachen Formen ihren unbetonten Vokal des Stamms (Mittelsilbenvokal):

gamall : gamli – gamla (*alt*)
þǫgull : þǫgli – þǫgla (*schweigsam*)
lítill : litli – litla (*klein*)
heiðinn : heiðni – heiðna (*heidnisch*)

Die schwache Form des Adjektivs steht bei einem Substantiv, das durch Artikel oder Demonstrativpronomen bestimmt ist, sowie im Beinamen:

Áli var konungr at Uppsǫlum tuttugu vetr áðr Starkaðr hinn gamli drap hann.
Áli war in Uppsala König, 20 Jahre bevor Starkaðr der Alte ihn erschlug.

Einige wenige Adjektive kennen nur die starke Flexion, z.B. allr (*all*), annarr (*anderer*), full (*voll*), hálfr (*halb*), sjálfr (*selbst*), sumr (*mancher*).

Substantive: Unterklassen der konsonantischen Deklination

Zu den Maskulina und Feminina der *n*-Stämme gehören neben den reinen *an*- und *ōn*-Stämmen (vgl. Kap. 2) auch die Untergruppen der maskulinen *wan*-|*jan*-Stämme sowie der femininen *jōn*-|*wōn*-Stämme und der *īn*-Stämme.

		wan (m.)	*jan (m.)*
Sg.	*Nom.*	mǫskv-i	skipver-i
	Gen.	mǫskv-a	skipver-j-a
	Dat.	mǫskv-a	skipver-j-a
	Akk.	mǫskv-a	skipver-j-a
Pl.	*Nom.*	mǫskv-ar	skipver-j-ar
	Gen.	mǫskv-a	skipver-j-a
	Dat.	mǫsk-um	skipver-j-um
	Akk.	mǫskv-a	skipver-j-a

mǫskvi (*Masche*); skipveri (*Schiffsbesatzungsmitglied*)

Erläuterungen zu den Paradigmen:

- Bei den *wan*-Stämmen ist das *-w* des Stammes vor *-i* und *-a* erhalten, vor *-u* (Dat. Pl.) geschwunden.
- *w*-Umlaut von *a* → *ǫ* ist in allen Kasus durchgeführt.

- Bei den *jan*-Stämmen ist das stammbildende Suffix *-j* vor *-a* und *-u* erhalten, nicht aber vor *-i* (Nom. Sg.).

		wōn (f.)	*jōn (f.)*		*īn (f.)*
Sg.	*Nom.*	vǫl-v-a	smið-j-a	kirk-j-a	ell-i
	Gen.	vǫl-u	smið-j-u	kirk-j-u	ell-i
	Dat.	vǫl-u	smið-j-u	kirk-j-u	ell-i
	Akk.	vǫl-u	smið-j-u	kirk-j-u	ell-i
Pl.	*Nom.*	vǫl-ur	smið-j-ur	kirk-j-ur	—
	Gen.	—	smið-j-a	kirk-n-a	—
	Dat.	vǫl-um	smið-j-um	kirk-j-um	—
	Akk.	vǫl-ur	smið-j-ur	kirk-j-ur	—

vǫlva (*Seherin*); smiðja (*Schmiede*); kirkja (*Kirche*); elli (*das Alter*)

Erläuterungen zu den Paradigmen:

- *wōn*-Stämme führen den *w*-Umlaut konsequent in allen Kasus durch; *-w* ist nur in Nom. Sg. erhalten (vor *-a*); der Gen. Pl. ist nicht belegt.
- *jōn*-Stämme zeigen erhaltenes *-j* in allen Kasus; der Gen. Pl. hat gegenüber den *ōn*-Stämmen kein *n*-Infix, es sei denn, ihr Stamm endet auf *-g* oder *-k*; in dem Fall fällt *-j* weg.
- Bei den *īn*-Stämmen handelt es sich meist um Abstrakta, zu denen es keinen Plural gibt: elli (*das Alter*), fræði (*die Kunde*), hylli (*Huld*), mœði (*Müdigkeit*). Der Stammvokal zeigt – sofern umlautfähig – in allen Kasus *i*-Umlaut.

Verben: *vera* und *hafa* im Indikativ

Abgesehen von ihrer Grundbedeutung ‘sein’ bzw. ‘haben’ werden beide Verben bei der Bildung der zusammengesetzten Zeiten (Perfekt, Plusquamperfekt mit *vera* oder *hafa*) sowie des Passivs (*vera* oder *verða*) gebraucht. Sie flektieren unregelmäßig.

vera (sein)

Präsens		*Präteritum*		*Partizip Perfekt*
Sg.|Pl.	1. em | erum	*Sg.|Pl.*	1. var | várum	verit (n.)
	2. ert | eruð		2. vart | váruð	
	3. er | eru		3. var | váru	

Erläuterungen zu den Formen:

- Die 1. Pers. Sg. Präs. *em* nimmt später die Form der 3. Pers. Sg. *er* an.
- In bestimmten Fällen (vgl. Noreen § 150.2) konnten die Präsens-Formen im Plural gekürzt werden zu *-(r)um*, *-(r)uð*, *-(r)u*.

hafa (haben)

Präsens		*Präteritum*		*Partizip Perfekt*
Sg.|*Pl.*	1. hefi | hǫfum	*Sg.*|*Pl.*	1. hafða | hǫfðum	haft (n.)
	2. hefir | hafið		2. hafðir | hǫfðuð	
	3. hefir | hafa		3. hafði | hǫfðu	

Die 1. Pers. Sg. Präs. hat in alten Texten manchmal die Form *hef*, die 2. und 3. Pers. Sg. oft *hefr*.

Aufgaben

1. Bilden und flektieren Sie die schwache Form des Adjektivs. Schlagen Sie die Bedeutungen nach:

   gulr – rauðr – svartr – djúpr – góðr – fróðr – fagr – bitr – vitr – harðr – vesall – mikill.

2. Benennen Sie Umlaut oder Brechung in folgenden Wörtern und erschließen Sie die alten Formen:

   fjǫrðr – gǫmlum – bjarnar – mæla – skjǫldr – ǫnnur – bœ – stǫðva – nǫkkurr – ætla – kvǫld – hǫfuð – mœðr – bryggja – býr – tekinn – nær.

3. Flektieren Sie die folgenden Substantive und schlagen Sie ihre Bedeutung nach:

   [*wan*-St.] nǫkkvi – vǫðvi
   [*jan*-St.] erfingi – illvirki – guðsifi
   [*wōn*-St.] slǫngva
   [*jōn*-St.] brynja – lilja
   [*īn*-St.] speki – helgi

III. TEXTTEIL

Snorri Sturluson und die Zeit der Sturlungar

Im 13. Jahrhundert spielen die Nachkommen von Sturla Þórðarson (Vater von Snorri Sturluson; genannt Hvamm-Sturla nach seinem Wohnort) eine bedeutende Rolle bei den politischen Auseinandersetzungen in Island. Nach ihnen wird diese Zeit oft *Sturlungaöld* 'Sturlungen-Zeitalter' genannt.

Zum Weiterlesen. Theodore M. Andersson: The politics of Snorri Sturluson. In: Journal of English and Germanic Philology 93, 1994, S. 55–78. Helgi Þorláksson: Sturlung age. In: MS, S. 615 f. (mit weiterer Literatur). Sverre Bagge: Snorri Sturluson und die europäische Geschichtsschreibung. In: Skandinavistik 20, 1990, S. 1–19. Einar Ól. Sveinsson: The age of the Sturlungs: Icelandic civilization in the thirteenth century. Übers. von Jóhann S. Hannesson. Ithaca/London 1953.

Um 1300 stellte ein Kompilator einzelne Sagas über Ereignisse oder bedeutende Personen der Zeit zu dem Großwerk der *Sturlunga saga* zusammen, die aus neun einzelnen Sagas besteht, darunter die *Þorgils saga ok Hafliða*, die den ältesten Beleg für mündlichen Sagavortrag beinhaltet, sowie die *Íslendinga saga* zur Geschichte Islands.

Zum Weiterlesen. Sverrir Tómasson: *Sturlungen und Sturlunga saga*. In: RGA 30. DOI: 10.1515/gao_RGA_5539. Peter Hallberg: *Sturlunga saga*. In: MS, S. 616–618. Stephen Norman Tranter: Sturlunga saga. The role of the creative compiler. Frankfurt 1987. Zu einer genauen Auflistung der einzelnen Sagas und ihrer Kapitel siehe unter https://notendur.hi.is//~eybjorn/ugm/skindex/sturs.html.

Die *Sturlunga saga* ist eine der bedeutendsten historischen Quellen zur mittelalterlichen Geschichte Islands, auch wenn sie erwartungsgemäß ihre Informationen nicht unparteiisch vermittelt. Sie bietet unschätzbares Vergleichsmaterial zur Bewertung der historischen Informationen in den *Íslendingasǫgur*, die lange Zeit weniger als literarische Kunstwerke gesehen wurden, sondern eher als historische Quellen galten. In den letzten Jahrzehnten hat sich jedoch mehr und mehr die Erkenntnis durchgesetzt, dass die im 9./10. Jahrhundert spielenden und erst im 13. Jahrhundert aufgezeichneten *Íslendingasǫgur* weniger ein Abbild der erzählten Zeit darstellen, als vielmehr ein Spiegelbild ihrer Entstehungszeit liefern und somit auch deren Wertmaßstäbe vermitteln. Geschrieben wurden diese Sagas sicher auch als Erinnerung an eine heroische Vergangenheit, die in schwierigen Zeiten zur eigenen Identitätsfindung bemüht wurde.

Eine der herausragenden Persönlichkeiten der Zeit ist *Snorri Sturluson*, Staatsmann, Historiker, Sagaschreiber und Skalde (1178/79–1241). Von

1206 an lebte er in *Reykjaholt* (heute *Reykholt*) im Borgarfjǫrður, einer der berühmtesten historischen Stätten Islands. Hier gab es seit 1118 eine Kirche, und hier entstand die älteste erhaltene Urkunde Islands, der *Reykjaholtsmáldagi* 'Vertrag von Reykjaholt'. Von 1569 an haben hier kontinuierlich Priester gesessen, denen wir ein reiches Erbe an gelehrten Schriften verdanken, wie die große Kirchengeschichte *Historia Ecclesiastica Islandiae*. 1983 wurde mit dem Bau einer neuen Kirche begonnen, der sich bald die *Snorrastofa* anschloss, ein Wissenschaftszentrum mit einer großen Bibliothek, das Gelegenheit zur Forschung und Räumlichkeiten für Konferenzen bietet. Ausstellungsräume informieren über Snorri in seiner Zeit.

Näheres siehe: http://www.reykholt.is. Angeregt von mehreren Arbeiten Heinrich Becks (siehe S. 41), liefert Jan Alexander van Nahl: Snorri Sturlusons Mythologie und die mittelalterliche Theologie (Berlin u.a. 2013), einen neuen Ansatz zum Verständnis Snorris. Ferner: Sverrir Tómasson: Snorri Sturluson. In: RGA 29. DOI: 10.1515/gao_RGA_5327 (mit reicher Literatur). Diana Whaley: Snorri Sturluson. In: MS, S. 602 f. Alois Wolf (Hg.): Snorri Sturluson. Kolloqium anläßlich der 750. Wiederkehr seines Todestages. Tübingen 1993. Sigurður Nordal: Snorri Sturluson. Reykjavík 1920, repr. 1973.

Snorri ist unter anderem der Verfasser einer Schrift, der *Edda*, die lange Zeit als Lehrbuch für Skalden galt. Unter dem Begriff *Edda* werden im Altnordischen zwei verschiedene Schriftwerke verstanden, die nichts miteinander zu tun haben. Um den Unterschied zu verdeutlichen, wird die eine als *Lieder-Edda* oder (fälschlicherweise, nach ihrem einst vermuteten Verfasser) auch *Sæmundar Edda* bzw. *Ältere Edda* bezeichnet, die andere nach ihrem Verfasser Snorri als *Snorra-Edda* oder auch *Prosa-Edda* oder *Jüngere Edda*. Rechtmäßig kommt der Name Edda nur dem Werk von Snorri zu; wenn wir heute jedoch von Edda und Saga als Gattungen sprechen, meinen wir damit immer die *Lieder-Edda*. Beide Eddas sind große Quellen für die nordische Mythologie.

Die *Snorra-Edda* besteht aus einem sog. Prolog und weiteren drei Teilen, *Gylfaginning*, *Skáldskaparmál* und *Háttatal*. *Gylfaginning* 'Die Verblendung, Betörung des Gylfi' erzählt, wie der Schwedenkönig Gylfi nach Ásgarðr wandert, dem Wohnort der Asen. Dort wird er von ihnen in Dialogform über die Entstehung der Welt und die Geschicke der Götter belehrt. Die Kenntnis dieser alten Mythen ist auch wichtig, um die Skaldenstrophen zu verstehen, die einen Begriff oft mythologisch-sagengeschichtlich umschreiben. Der zweite Teil, *Skáldskaparmál* 'Sprache der Dichtkunst', sammelt poetische Umschreibungen und Kenningar (Sg. *kenning*) sowie Synonyme (*ókend heiti*) mit Beispielen aus der skaldischen Dichtung. Auch hier finden sich mythologisch-sagengeschichtliche Exkurse wie etwa dieser: Einst streute ein König Goldstücke über das Fyrisfeld bei Uppsala; seitdem heißt Gold auch *Saat des Fyrisfeldes*. Der dritte Teil, *Háttatal* 'Aufzählung der Versmaße', ist ein Lobgedicht auf Hákon Hákonarson und dessen Schwiegervater Skuli Barðarson, mit 102 Strophen, jede in einem anderen Versmaß.

Zum Weiterlesen. Jan Alexander van Nahl: Gylfaginning. In: GAO 2013, DOI 10.1515/gao_13. Heinrich Beck: Gylfaginning. Anmerkungen zu Versionen und Interpretationen. In: W. Heizmann et al. (Hg.), Analecta Septentrionalia. Berlin/New York 2009, S. 86–92. Guðrún Nordal: Tools of literacy. The role of skaldic verse in Icelandic textual culture of the twelfth and thirteenth centuries. Toronto 2001. Anthony Faulkes: Snorra Edda. In: MS, S. 600–602. Margaret Clunies-Ross: Heinrich Beck: Snorri Sturlusons Sicht der paganen Vorzeit (Gylfaginning). Göttingen 1994. Skáldskaparmál. Snorri Sturluson's ars poetica and medieval theories of language. Odense 1987. Walter Baetke: Die Götterlehre der Snorra-Edda. Berlin 1952.

Snorri Sturluson.
Seine Statue in Reykholt.

Snorri ist auch der Verfasser der *Heimskringla*, einer umfassenden Geschichte der norwegischen Könige, und auch als Autor der *Egils saga Skallagrímssonar* ist er immer wieder in Betracht gezogen worden. Snorri war einer der einflussreichsten Politiker seiner Zeit, doch wurde seine Karriere drastisch beendet: Sein ehemaliger Schwiegersohn Gizurr Þorvaldsson ermordete ihn (vgl. den folgenden Text). Auf dem Friedhof in Reykholt kann man noch Snorris Grab sehen sowie *Snorralaug*, sein warmes Badebecken; ein unterirdischer Gang führte von dort zu seinem Gehöft.

Snorralaug, Snorris geothermale Quelle,
dahinter der Eingang zu dem unterirdischen Gang, der zu seinem Gehöft führte.

Der folgende Text der zugrunde gelegten Ausgabe folgt der neuisländischen Rechtschreibung. Er ist einfacher zu verstehen, wenn folgende Gesetzmäßigkeiten in der Lautentwicklung berücksichtigt werden:

altisl.	*neuisl.*	*Beispiel*
-r (m. Sg.)	-ur	maðr › maður; Kolr › Kolur
-k (Auslaut)	-g	ok › og; sik › sig
-t (Auslaut)	-ð	farit › farið; at › að; landit › landið
ǫ	ö	mǫnnum › mönnum; mjǫk › mjög
œ	æ	fœra › færa; brœðr › bræður; þœtti › þætti
á	o (oft)	svá › svo; kvámu › komu; hvárt › hvort
z	s	íslenzk › íslensk; Gizurr › Gissur

Íslendinga saga. In: Sturlunga saga I, ritstjóri Örnólfur Thorsson. Reykjavík 1988. Textauszug S. 439 f.

301. Þeir Kolbeinn ungi og Gissur fundust í þann tíma á Kili og gerðu ráð sín þau er síðan komu fram. Þetta sumar var veginn Kolur hinn auðgi. Árni er beiskur var kallaður vó hann. Síðan hljóp hann til Gissurar og tók hann við honom. Þá er Gissur kom af Kili stefndi hann mönnum að sér. Voru þar fyrir þeir bræður Klængur og Ormur, Loftur biskupsson, Árni óreiða. Hélt hann þá upp bréfum þeim er þeir Eyvindur og Árni höfðu út haft. Var þar á að Gissur skyldi Snorra láta utan fara hvort er honum þætti ljúft eða leitt eða drepa hann að öðrum kosti fyrir það er hann hafði farið út í banni konungs. Kallaði Hákon konungur Snorra landráðamann við sig. Sagði Gissur að hann vildi með öngu móti brjóta bréf konungs en kveðst vita að Snorri mundi eigi ónauðigur utan fara. Kveðst Gissur þá vildu til fara og taka Snorra. Ormur vildi ekki vera í þessi ráðagerð og reið hann heim á Breiðabólstað.

Gissur dró þá lið saman og sendi þá bræður vestur til Borgarfjarðar á njósn, Árna beisk og Svart, en Gissur reið frá liðinu með sjö tigu manna. En Loft biskupsson lét hann vera fyrir þvá liðinu er síðar fór. Klængur reið á Kjalarnes eftir liði og svo upp í herað.

Gissur kom í Reykjaholt um nóttina eftir Máritíusmessu. Brutu þeir upp skemmuna er Snorri svaf í. En hann hljóp upp og úr skemmunni og í hin litlu húsin er voru við skemmuna. Fann hann þar Arnbjörn prest og talaði við hann. Réðu þeir það að Snorri gekk í kjallarann er var undir loftinu þar í húsunum.

Þeir Gissur fóru að leita Snorra um húsin. Þá fann Gissur Arnbjörn prest og spurði hvar Snorri væri. Hann kvaðst eigi vita. Gissur kvað þá eigi sættast mega ef þeir fyndust eigi. Prestur kvað vera mega að hann fyndist ef honum væri griðum heitið.

Eftir það urðu þeir varir við hvar Snorri var og gengu þeir í kjallarann Markús Marðarson, Símon knútur, Árni beiskur, Þorsteinn Guðinason, Þórarinn Ásgrímsson. Símon knútur bað Árna höggva hann.

„Eigi skal höggva,“ sagði Snorri.

„Högg þú,“ sagði Símon.

„Eigi skal höggva,“ sagði Snorri.

Eftir það veitti Árni honom banasár og báðir þeir Þorsteinn unnu á honum.

Das heutige Reykholt hieß damals Reykjaholt.

KAPITEL 4

I. Lautlehre

Kombinatorischer Lautwandel

Man unterscheidet bei Vokalen und Konsonanten kombinatorischen (d.h. durch umgebende Laute bedingten) und spontanen (d.h. von der Lautumgebung offenbar unabhängigen) Lautwandel.

Vokale

1. *Senkung von* i → e *und* ī → é

– vor ursprünglich folgendem, später geschwundenem Nasal:

  līnript > *aisl.* lérept (*Leinwand*)

– in den Konsonantenverbindungen:

  kk < *nk* *got.* sinkwan : *aisl.* søkkva < sekkwa (*sinken*)
  dt. trinken : *aisl.* drekka
  tt < *nt* *got.* wintrus : *aisl.* vetr (*Winter*)
  pp < *mp* *mhd.* schrimpfen : *aisl.* skreppa (*zusammenziehen*)

– vor später geschwundenem *-h*; hier entsteht immer *-é*, als Ersatzdehnung für den geschwundenen Konsonanten:

  *fihiu > *aisl.* fé (*Vieh, Besitz*)
  ahd. rihten : *aisl.* rétta (*richten*)

– vor -R; auch hier entsteht immer *-é* (vgl. Kap. 3: Dehnung, S. 34):

  miR > mér (*mir*)

2. *Senkung von* u → ó

– vor Nasalgruppen, bei denen der Nasal später geschwunden ist:

  *wunsk > ósk (*Wunsch*)

– vor später geschwundenem *-h* (wenn *ht* > *tt* wird)

  ahd. fluht : *aisl.* flótti (*Flucht*)
  ahd. truhtin : *aisl.* drótt (*Herr*)

– vor -R

  *uR > ór (*aus*)

Beide Senkungen werden verhindert durch *-i* und *-j* der Folgesilbe:

got. igquis > *aisl.* ykr (*euch*) (mit *w*-Umlaut von *-i*)
got. þugkjan : *aisl.* þykkja (*dünken*)

Die Senkung von *u* → *ó* wird ebenfalls verhindert durch *-u* in der Folgesilbe, vgl. sukkum, drukkum ([*wir*] '*sanken, tranken*').

3. *Senkung von* ai → ā *und* au → ō

Vor ursprünglich folgendem, später geschwundenem *-h* erfolgt die Absenkung unter Ersatzdehnung:

*aihta > *āhta > átta (*hatte*)
got. þlauh : *aisl.* fló (*flog*)

Konsonanten

1. *Gotonordische Schärfung*

Die germ. Geminaten -i̯i̯ und -u̯u̯ entwickeln im Norden den zusätzlichen Verschlusslaut *-g*; das Gotische (vgl. den Namen der Lauterscheinung) durchläuft eine ähnliche Entwicklung zum Verschlusslaut *-d*. *-j* und *-w* sind teilweise nur in flektierten Formen (vor *-a*) erkennbar.

i̯i̯ → *ggj*	*tueiio > *aisl.* tveggja (got. tvaddje) (Gen. *zweier*) *aiio > *aisl.* egg (Gen. eggjar) (*Schwertscheide*)
u̯u̯ → *ggw*	*hauuan > *aisl.* hǫggva (*hauen*) *dauuo > *aisl.* dǫgg (Gen. dǫggvar) (*Tau*)

2. *Konsonantengemination*

Anders als bei der Westgermanischen Konsonantengemination werden in den nordischen Sprachen nur *-g* und *-k* nach kurzem Vokal durch nachfolgendes *-j* gedehnt, d.h. verdoppelt:

got. lagjan : *aisl.* leggja (*legen*)
as. beki : *aisl.* bekkr (*Bank*)

3. w-*Schwund*

Urnord. *w-* verstummt im Anlaut vor bestimmten Konsonanten | Vokalen:

– vor *-l* *got.* wlaitōn : *aisl.* leita (*suchen*)

– vor *-u*, *-y*, *-o* verpa – varp – urpum – orpinn (*werfen*)
vgl. *dt.* wirken : *aisl.* yrkja

Diese beiden Änderungen vollziehen sich vor der Wikingerzeit und sind daher gemeinnordisch. Der Schwund des *w-* [v] vor *-u*, *-y*, *-o* ist noch im Neuisländischen in der Flexion ablautender Verben auf *v-* deutlich zu erkennen: varð – urðum (*wurde – wurden*).

– vor *-r* *got.* wrikan : *aisl.* reka (*treiben*)

Dieser Vorgang fällt in die Zeit nach 900 und ist nur im Altisländischen und einigen Teilen des Altnorwegischen durchgeführt.

4. j-*Schwund*

Urnord. *j-* im Anlaut verstummt, wie Runeninschriften belegen, spätestens um 700. Dieser Schwund ist gemeinnordisch.

Vgl. *dt.* jung : *aisl.* ungr
Joch : *aisl.* ok
Jahr : *aisl.* ár

Nicht betroffen von dem Schwund ist das durch Brechung (vgl. Kap. 3) entstandene *j-* (jǫfurr *Eber* = *Fürst*, járn *Eisen*). Alle anderen anlautenden *j-* im Altisländischen sind spätere Neubildungen.

Im Inlaut verstummt *-j* vor *-i*, *-y*, *-e*, ist aber bewahrt nach *-k* und *-g* sowie im Silbenanlaut. Diese Regelung ist wichtig für die gesamte Flexion; sie gilt noch im Neuisländischen.

II. Formenlehre

Schwache Verben

Um die Flexion eines Verbs bestimmen zu können, muss man seine Stammformen kennen; diese setzen sich zusammen aus dem Infinitiv, Präteritum (bei schwachen Verben 1. Pers. Sg.; bei starken Verben 1. Pers. Sg. *und* Pl.) und Partizip Perfekt.

schwach: segja – sagða – sagt (*sagen – sagte – gesagt*)
stark: stela – stal – stálum – stolinn (*stehlen – stahl – stahlen – gestohlen*)

Schwache Verben sind meist sekundär gebildet, d.h. sie sind abgeleitet

- von starken Verben (*Deverbative*):
  fara (*fahren*) : fœra (*führen*, '*fahren machen*')
- von Adjektiven oder Substantiven (*Denominative*):
  tamr (*zahm*) : temja (*zähmen*)
  tal (*Zahl*) : telja (*zählen*)

Im Gegensatz zu starken Verben, deren Präteritum mit Ablaut oder Reduplikation gebildet ist, bilden schwache Verben ihre Vergangenheit mit Dental (*-t*, *-d* oder *-ð*); der Stammvokal bleibt dagegen unverändert (wenn kein sogenannter Rückumlaut eintritt; siehe S. 49).

Welcher Dental bei der Bildung des Präteritums zum Tragen kommt, hängt von den umgebenden Vokalen oder Konsonanten ab. Es steht

– *ð* nach Vokal, nach stimmhaftem *-r* und nach stimmhaftem Reibelaut:

trúa : trúða (*glauben*) segja : sagða (*sagen*)
gera : gerða (*machen*) horfa : horfða (*schauen*)

– *d* nach allen anderen stimmhaften Konsonanten, besonders *-l* und *-n*:

telja : talda (*zählen*) kenna : kennda (*kennen*)
þola : þolda (*dulden*)

– *t* nach stimmlosem Konsonant:

vaka : vakta (*wachen*) lýsa : lýsta (*erleuchten*)

Davon abweichend gelten folgende Regeln:

– Endet der Verbstamm auf Vokal + *ð*, steht im Präteritum Vokal + *dd*:

greiða : greidda (*ordnen*)   kveðja : kvadda (*begrüßen*)

– Endet der Verbstamm auf Konsonant + *ð*, *d*, *t*, steht im Präteritum -*t* und der vorausgehende Dental fällt weg:

herða : herta (*härten*)   benda : benta (*biegen*)
stytta : stytta (*kürzen*)

Nach den germanischen Suffixen unterscheidet man *ja*-, *ō*- und *ē*-Verben.

ja-|*ia*-Verben

Zum Weiterlesen. Jon Axel Harðarson: Das Präteritum der schwachen Verba auf -yia im Altisländischen und verwandte Probleme der altnordischen und germanischen Sprachwissenschaft. Innsbruck 2001.

1. *Kurzwurzlige ja-Verben* haben nur in den Präsensformen *i*-Umlaut. Das umlautende *j* ist bisweilen geschwunden, steht jedoch immer vor *a* und *u*. Im Präteritum zeigen diese Verben den *sogenannten Rückumlaut*. Die Bezeichnung 'Rückumlaut' setzt eigentlich voraus, dass der Vokal zu seiner ursprünglichen Qualität vor dem Umlaut zurückkehrt – aber der Umlaut wurde nicht rückgängig gemacht, sondern ist nach der Kockschen Hypothese (Schwund des *i* nach kurzer Silbe ohne Hinterlassen von Umlaut) gar nicht erst eingetreten.

*tal-ja-n   *tal-i-ð-ō   *tal-i-ð-aʀ   (*zählen*)
telja   talða   talðr

vgl. spyrja – spurða (*fragen*)
legja – lagða (*legen*)

Zu den kurzwurzligen *ja*-Verben gehören besonders:

– *Denominative* in faktitiver (bewirkender) Bedeutung. Sie sind mit *i*-Umlaut vom Stamm des jeweiligen Nomens abgeleitet:

val : velja (*Wahl* : *wählen*)
tamr : temja (*zahm* : *zähmen*)
vanr : venja (*gewohnt* : *gewöhnen*)
glaðr : gleðja (*froh* : *erfreuen*)

– *Deverbative* (auch: *Deverbalia*) in kausativer (veranlassender) Bedeutung. Sie sind mit *i*-Umlaut von der Wurzelform des Singular Präteritum vom jeweiligen starken Verb abgeleitet (vgl. dt.: *trinken – trank* : *tränken*):

sitja – sat : setja (*sitzen – saß* : *setzen* = *sitzen machen*)
kveða – kvað : kveðja (*sprechen – sprach* : *begrüßen*)

2. *Langwurzlige ia-Verben* haben in allen Tempora *i*-Umlaut, entsprechend der Kockschen Hypothese, dass *-i* (in jüngerer Graphie *-j*) nach langer Silbe schwindet und dabei Umlaut hinterlässt. Nach *-g* und *-k* bleibt *-j* erhalten, Konsonantengemination tritt dabei jedoch nur bei *-g* ein (vgl. leggja), nicht bei *-k* (vgl. vekja).

*fōr-ja-n	*fōr-i-ð-ō	*fōr-i-ð-aR (*führen*)
fœra	fœrða	fœrðr

Zu diesen Verben gehören:

– *Deverbative*, vom Stamm des Sg. Prät. abgeleitet (vgl. dt. *fahren – fuhr* : *führen*); *i*-Umlaut tritt ein, sofern das Präteritum einen umlautfähigen Vokal hat:

líða – leið : leiða (*sich bewegen* : *etwas in Bewegung setzen*)
fara – fór : fœra (*fahren – fuhr* : *führen* = *fahren machen*)

– *Denominative*, mit *i*-Umlaut vom Stamm des Nomens gebildet:

sár : særa (*Wunde* : *verwunden*)
draumr : dreyma (*Traum* : *träumen*)
fullr : fylla (*voll* : *füllen*)
lauss : leysa (*lose* : *lösen*)

Wichtige und häufige Verben dieser Gruppe sind:

bœta – bœtta – bœttr (*büßen*)
fœða – fœdda – fœddr (*gebären*)
heyra – heyrða – heyrðr (*hören*)
mæla – mælta – mæltr (*sprechen*)
skíra – skírða – skírðr (*taufen*)

ō-Verben

Das stammbildende urnord. -*ō* wurde im Altnordischen zu -*a*. Es erscheint nur noch im Präsens und Präteritum Singular. Im Präteritum Plural ist es zu *u* umgelautet und ruft selbst *u*-Umlaut (des unbetonten -*a*) hervor. In der *ō*-Klasse ist der Dental zur Bildung des Präteritums immer -*ð*.

*kall-ō-n	*kall-ō-ðō	*kall-ō-ð-aʀ	(*rufen*)
kalla	kallaða	kallaðr	

Einige Verben der Klasse enden auf -*ja*; sie sind Denominative von *ja*-| *jo*-Stämmen und haben von dort das umlautende -*j* übernommen.

dys: dysja – dysjaða – dysjaðr (*Steinhaufen* : *Steine anhäufen*)
vit: vitja – vitjaða – vitjaðr (*Besuch* : *jemanden besuchen fahren*)

Zu den *ō*-Verben gehören auch die auf -*na* endenden Inchoative, die den Beginn einer Handlung ausdrücken:

vakna – vaknaða – vaknaðr (*erwachen, wach werden*)
hvítna – hvítnaða – hvítnaðr (*weiß werden*)
roðna – roðnaða – roðnaðr (*erröten, rot werden*)

Bei einsilbigen Verben, die auf -*á* enden, fällt das *a*-Suffix weg:

spá – spáða – spáðr (*weissagen*)

ē-Verben

Zu dieser Gruppe gehören fast alle intransitiven Verben, darunter viele *Durative*, die eine Dauer ausdrücken (siehe Beispiel); wegen der intransitiven Bedeutung hat das Partizip meist die Neutrum-Form. Da sich urnord. -*ē* aus germ. -*ai* entwickelt hat, werden die Verben bisweilen auch *ai*-Verben genannt. Das stammbildende -*ē* entwickelte sich weiter zu -*i*, das vor -*a* schwindet und im Präteritum synkopiert wird (nach kurzer Silbe, ohne Hinterlassen von Umlaut):

*vak-ē-n	*vak-ē-ð-o [> vak-i-ð-a]	*vak-ē-ð-at >	(*wach sein*)
vaka	vakða	vakat	

Einige Verben dieser Klasse bilden ihr Partizip Präteritum auf abweichende Art, und manchmal kommt es auch zu Unregelmäßigkeiten bei der Bildung des Präteritums. Der folgende Abschnitt erläutert zwei Beispiele.

Unregelmäßige Verben mit schwachem Präteritum

Unter Einfluss verschiedener anderer Klassen weisen einige – häufig genutzte, daher wichtige – Verben zwar ein schwaches Präteritum auf, zeigen aber weitere Lauterscheinungen (z.B. Umlaut im Präsens wie die starken Verben oder sogenannten Rückumlaut) aus anderen Verbgruppen. Hierher gehören z.B.

– *die Verben mit sogenanntem Rückumlaut*

  segja – segi – sagða – sagt (*sagen*)
  þegja – þegi – þagða – þagt (*schweigen*)

– *die Verben mit Umlaut*

  hafa – hef – hafða – haft (*haben*)
    (Umlaut im Singular Präsens : hef – hefr – hefr)
  kaupa – kaupi – keypta – keypt (*kaufen*)
    (Umlaut im Präteritum und Partizip Perfekt)

Aufgaben

1. Ordnen Sie folgende schwache Verben den einzelnen Klassen zu (Hinweise auf das Präteritum unter dem Verbeintrag bei Baetke) und schreiben Sie die Stammformen auf:

   ætla – banna – berja – byrja – duga – dæma – gera – hlusta – hreyfa – hylja – klyfja – lifa – lýsa – reyna – safna – smyrja.

2. Flektieren Sie diese Verben im Präsens und Präteritum Indikativ und versuchen Sie sich die Bedeutungen einzuprägen.

3. Beginnen Sie mit dem Erstellen einer Tabelle aller schwachen Verben (Stammformen und Bedeutung), die Sie in den Texten von Kapitel 2 bis 4 finden, und ergänzen Sie diese für jedes weitere Kapitel.

Übersicht über die Flexion der schwachen Verben

	Präs. Ind.	*Präs. Konj.*	*Prät. Ind.*	*Prät. Konj.*	*Part. Prät.*
telja					
1. Sg.	tel	tel-j-a	talð-a	telða	talð-r
2.	tel-r	tel-ir	talð-ir	telðir	
3.	tel-r	tel-i	talð-i	telði	
1. Pl.	tel-j-um	tel-im	tǫlð-um	telðim	
2.	tel-ið	tel-ið	tǫlð-uð	telðið	
3.	tel-j-a	tel-i	tǫlð-u	telði	
heyra					
1. Sg.	heyr-i	heyr-a	heyrð-a	heyrð-a	heyrð-r
2.	heyr-ir	heyr-ir	heyrð-ir	heyrð-ir	
3.	heyr-ir	heyr-i	heyrð-i	heyrð-i	
1. Pl.	heyr-um	heyr-im	heyrð-um	heyrð-im	
2.	heyr-ið	heyr-ið	heyrð-uð	heyrð-ið	
3.	heyr-a	heyr-i	heyrð-u	heyrð-i	
kalla					
1. Sg.	kall-a	kall-a	kallað-a	kallað-a	kallað-r
2.	kall-ar	kall-ir	kallað-ir	kallað-ir	
3.	kall-ar	kall-i	kallað-i	kallað-i	
1. Pl.	kǫll-um	kall-im	kǫlluð-um	kallað-im	
2.	kall-ið	kall-ið	kǫlluð-uð	kallað-ið	
3.	kall-a	kall-i	kǫlluð-u	kallað-i	
vaka					
1. Sg.	vak-i	vak-a	vakt-a	vekt-a	vakat (n.)
2.	vak-ir	vak-ir	vakt-ir	vekt-ir	
3.	vak-ir	vak-i	vakt-i	vekt-i	
1 Pl.	vǫk-um	vak-im	vǫkt-um	vekt-im	
2.	vak-ið	vak-ið	vǫkt-uð	vekt-ið	
3.	vak-a	vak-i	vǫkt-u	vekt-i	

III. Textteil

Zum Begriff „Saga“

Saga bedeutet allgemein ‘Aussage, Mitteilung, Bericht’ mündlicher oder schriftlicher Art, im Neuisländischen bedeutet das Wort ‘Geschichte, Historie’. Zur Sagaliteratur wird die erzählende Prosa von der Mitte des 12. Jahrhunderts bis ins 14. Jahrhundert gerechnet; nicht dazu gehören wissenschaftliche Literatur (z.B. aus den Bereichen der Geographie, Grammatik, Poetik usw.), Rechtstexte (*Grágás*, *Jónsbók*, also Gesetzesbücher usw.), religiöse Literatur (wie Homilien und Legenden), Übersetzungen historischer Werke (ausgenommen historische Sagas wie *Rómverja saga*) und didaktischer Schriften aus dem Lateinischen (*Physiologus*, *Elucidarius*) sowie Geschichtswerke (z.B. *Íslendingabók*, *Landnámabók*).

Fast alle Sagas sind anonym überliefert; über Verfasser einzelner Sagas ist häufig spekuliert worden. Die traditionelle Gliederung erfolgt weitgehend nach dem Inhalt der Sagas. Diese werden eingeteilt in *Íslendingasǫgur* (Isländersagas), *Konungasǫgur* (Königssagas), *Fornaldarsǫgur* (Vorzeitsagas), *Biskupasǫgur* (Bischofssagas); am Rande stehen Gattungen wie die der *Riddarasǫgur* (Rittersagas), *Lygisǫgur* (Märchensagas), *Heilagramannasǫgur* (Heiligensagas) und die *Sturlunga saga*. Eine solche Gliederung lässt sich zwar in einigen Sammelhandschriften in Grundzügen wiedererkennen, aber eine klare Trennung ist nicht zu ziehen; die Gruppen überschneiden sich fortlaufend. Mittelalterliche Literatur lässt sich mit heutigen Gattungsbezeichnungen nur schwer erfassen.

Die Gattung der *Íslendingasǫgur* ist in der Regel gemeint, wenn generell von „Saga“ gesprochen wird; sie steht seit jeher im Mittelpunkt altnordistischer Forschung. Erhalten sind ca. 35 größere Prosawerke, die alle anonym überliefert sind. Schauplatz ist vorwiegend Island; die geschilderten Ereignisse liegen zwischen 870 und 1030 in der *sǫguǫld*, der Sagazeit. Sie behandeln die Geschichte einer Person (z.B. *Egils saga Skallagrímssonar*, *Gísla saga Súrssonar*, *Brennu-Njáls saga*, die Sagas von Egill, Gísli, Njáll), einer Familie oder der Bewohner einer Gegend (z.B. *Laxdœla saga*, *Eyrbyggja saga*, *Vápnfirðinga saga*, die Sagas von den Leuten aus dem Laxártal, aus Eyr, aus dem Vápnfjǫrðr). Die erhaltenen Handschriften stammen alle frühestens aus dem 13. Jahrhundert.

Zum (ersten) Weiterlesen. Margaret Clunies Ross: The Cambridge introduction to the Old Norse-Icelandic saga. Cambridge 2010. Else Mundal: Sagaliteratur. In: Odd Einar Haugen (Hg.), Altnordische Philologie. Berlin 2007, S. 340–390. Kurt Schier: Sagaliteratur. Stuttgart 1970.

Eine andere Unterteilung der Sagaliteratur versuchte 1953 der isländische Gelehrte Sigurður Nordal; ohne Berücksichtigung des Inhalts gliederte er die Sagas nach der Zeit der geschilderten Ereignisse in

1. *Gegenwartssagas* („samtidssagaer“): Sagas, deren Verfasser Zeitgenossen der geschilderten Ereignisse um 1100 und später sind. Hierzu gehören die *Sturlunga saga*, die *Biskupasǫgur* und einige *Konungasǫgur*. Erzählzeit und erzählte Zeit sind hier in etwa gleich.

2. *Vergangenheitssagas* („fortidssagaer“): Der Sagaverfasser berichtet aus der Vergangenheit Islands und Norwegens. Hierzu gehören alle Sagas, die zwischen 850 und 1100 spielen, also alle *Íslendingasǫgur* und die meisten *Konungasǫgur*.

3. *Vorzeitsagas* („oldtidssagaer“): Der Sagaverfasser berichtet über eine ferne graue Vorzeit, ähnlich wie im Märchen. Hierzu gehören alle Sagas, die vor 850 spielen, also alle *Fornaldarsǫgur* und *Riddarasǫgur*.

Durch diese Gliederung Nordals werden manche nach traditioneller Gliederung zusammengehörigen Sagagruppen (z.B. *Konungasǫgur*) nunmehr verschiedenen Gruppen zugeordnet. Nordals Einteilung liegt seine Auffassung von Saga als eigenständigem Kunstwerk zugrunde, das ein bestimmter Autor bewusst geschaffen hat: Saga als schriftlich fixierte Literatur.

Zum Einlesen in die „klassische“ Forschungsliteratur. Paul Schach: Saga. In: MS, S. 561. Preben Meulengracht Sørensen: Saga og samfund. Kopenhagen 1977. Walter Baetke (Hg.): Die Isländersaga. Darmstadt 1974. Theodore M. Andersson: The Icelandic family saga. Cambridge/Mass. 1967. Theodore M. Andersson: The problem of Icelandic saga origins. New Haven 1964.

Befasste sich die Sagaforschung über lange Jahrzehnte mit Fragen der Herkunft und Entstehung vor allem der *Íslendingasǫgur*, so traten ab den 60er Jahren des 20. Jahrhunderts andere Forschungsfragen in den Vordergrund. Dies spiegeln auch die folgenden Literaturangaben.

Neuere Forschungsansätze und Fragestellungen. Alois Wolf: Die Saga von der Njálsbrenna und die Frage nach dem Epos im europäischen Mittelalter. Tübingen 2014. Klaus Böldl: Eigi einhamr. Beiträge zum Weltbild der Eyrbyggja und anderer Isländersagas. Berlin/New York 2005. Heimir Pálsson: Lykill að Íslendingasögum. Reykjavík 1998 (norwegische Übers. von Gro Tove Sandsmark: Nøkkel til islendingesagaene. Oslo 2000). Margaret Clunies Ross: The intellectual complexion of the Icelandic Middle Ages. Towards a new profile of Old Icelandic saga literature. In: Scandinavian Studies 69, 1997, S. 443–453. Thomas Fechner-Smarsly: Krisenliteratur. Zur Rhetorizität und Ambivalenz in der isländischen Sagaliteratur. Frankfurt u.a. 1996. Gísli Pálsson (Hg.): From sagas to society. Comparative approaches to early Iceland. Enfield Lock 1992. Carol J. Clover / John Lindow (Hg.): Old Norse-Icelandic literature. A critical guide. Ithaca/London 1985. Carol J. Clover: The Medieval saga. Ithaca/N.Y. 1982.

Mit der Gründung der beiden großen Handschriften-Institute, *Det Arnamagnæanske Institut* in Kopenhagen und *Stofnun Árna Magnússonar í íslenskum fræðum* in Reykjavík, wurden die Grundlagen für bedeutende Texteditionen geschaffen, die Untersuchungen ermöglichten, die sich mit engerer philologischer Ausrichtung auf einzelne Sagas statt auf Gattungen beziehen und z.B. Fragen der Quellenforschung oder der Datierung aufgreifen. Andere Untersuchungen, z.B. mit literatursoziologischem Ansatz, beschäftigen sich etwa mit der Bedeutung der Saga innerhalb ihrer Entstehungs- und Rezeptionszeit im 13. Jahrhundert.

Zum Weiterlesen. Judy Quinn / Emily Lethbridge (Hg.): Creating the medieval saga: versions, variability and editorial interpretations of Old Norse saga literature. Odense 2010. Stefanie Würth: Die Entstehung der *Altnordischen Literaturgeschichte.* Vorwort zum Nachdruck von Jan de Vries: Altnordische Literaturgeschichte. 3. Aufl. Berlin/New York 2000.

Eine der großen *Íslendingasǫgur* ist die *Grettis saga Ásmundarsonar*, die Saga von Grettir, Sohn des Ásmundr. Grettir ist die Hauptperson des Familienromans; der Verfasser erzählt chronologisch die Geschichte von Grettirs Lebens, von den Vorfahren bis zu den Nachkommen, von den Jugendabenteuern bis zu Grettirs Tod. Die aneinandergereihten Ereignisse sind leitmotivisch verbunden durch das Motiv der *ógæfa*, der Glücklosigkeit, und des *gørvigleikr*, der mutigen Tapferkeit, gipfelnd in der Erkenntnis (Kap. 34): *en satt er þat sem mælt er at sitt er hvárt, gæfa eða gørvigleikr* – ‘es ist wahr, wie man sagt: Jedes ist eine Sache für sich, Glück und Tapferkeit.’ Schon früh erweist sich Grettir als streitsüchtiges, einsilbiges, unfreundliches Kind; als Jugendlicher begeht er seinen ersten Totschlag, dem viele folgen sollten; deswegen wird er drei Jahre außer Landes verwiesen. Jahre später wird der Kampf mit dem Wiedergänger Glámr zum Wendepunkt in seinem Leben; auf dem Höhepunkt seiner Stärke und Macht trifft ihn der Fluch des Wiedergängers, der ihn seiner Kräfte beraubt: „Dann verfluche ich dich dazu, dass du immer diese Augen vor dir siehst, wie ich sie habe, und da wird es dir schwer fallen, allein zu sein, und das wird dich zum Tode ziehen“. Dieser Fluch, Höhepunkt der Saga, bestimmt den Gang der Ereignisse. Bei seinen weiteren Fahrten und Taten bleibt er glücklos; nach seiner Rückkehr nach Island Jahre später beginnt eine ruhelose Flucht von einem Versteck ins andere, da er in Abwesenheit wegen Mordbrand geächtet worden war. Die Angst vor der Dunkelheit und den Augen lässt ihn nicht mehr los.

Die folgende Textpassage berichtet von seinem Auftauchen in Glaumbœr und seinem Entschluss, sich während der Verbannung auf die unzugängliche Felseninsel Drangey zurückzuziehen.

Zum Weiterlesen. Grettis saga. Die Saga von Grettir dem Starken. Hg. und aus dem Altisländischen übers. von Hubert Seelow. München 1998, bes. S. 243–258. Robert Cook: Grettis saga. In: MS, S. 241–243.

Grettis saga Ásmundarsonar. Guðni Jónsson gaf út. In: Íslenzk fornrit 7. Reykjavík 1936, S. 1–290. Folgender Textauszug S. 224–226.

Þeir fóru nú norðr um sveitir ok hittu frændr sína; dvǫlðusk svá á haust fram til vetrar. Þá sneru þeir til Skagafjarðar ok fóru norðr Vatnsskarð ok svá til Reykjaskarðs ok svá ofan Sæmundarhlíð ok svá á Langholt. Þeir kómu til Glaumbœjar at áliðnum degi. Grettir hafði kastat hetti sínum á ǫxl sér; svá gekk hann jafnan úti, hvárt sem var betra eða verra. Þaðan fóru þeir, ok er þeir kómu skammt á veg, kom maðr til móts við þá, hǫfuðmikill, hár ok mjór ok illa klæddr. Hann heilsaði þeim, ok spurðu hvárir aðra at nafni. Þeir sǫgðu til sín, en hann nefndisk Þorbjǫrn; hann var einhleypr maðr ok nennti ekki at vinna ok skrumaði mikit, ok var hent at honum gaman mikit eða dáruskapr af sumum mǫnnum. Hann gerði sér við þá dælt ok sagði mart ofan ór héraði frá byggðarlagsmǫnnum. Gretti þótti gaman mikit at honum. Hann spurði, hvárt þeir þœttisk eigi þurfa þess manns, er starfaði fyrir þeim; „vilda ek gjarna fara með ykkr,“ segir hann. Svá fekk hann um talat, at þeir létu hann fylgja sér; var fjúkanda mjǫk ok kalt. En með því, at þessi maðr var umfangsmikill ok inn mesti gárungr, átti hann kenningarnafn ok var kallaðr glaumr [sic]. „Mikit fannsk þeim um í Glaumbœ, er þú gekkt þar heim hettulaus í því illviðri,“ sagði Glaumr, „hvárt þú myndir því hraustari, sem þú vart ókulvísari; en hér váru bóndasynir tveir, afburðarmenn allmiklir, ok kvaddi sauðamaðr þá til fjár með sér, ok þóttusk varla geta klætt sik fyrir kulða.“ Grettir mælti: „Sá ek einn ungan mann inn í durum, ok dró þar á sik vǫttu sína, en annarr gekk á milli fjóss ok haugs, ok mun ek hvárigan þeira hræðask.“ Eptir þat fóru þeir ofan til Reyniness ok váru þar um nóttina. Þaðan fóru þeir út á strǫndina til þess bœjar, er at Reykjum hét. Þar bjó sá maðr, er Þorvaldr hét ok var góðr bóndi. Bað Grettir hann á sjá ok sagði honum fyrirætlan sína, at hann vildi komask út í Drangey. Bóndi sagði, at Skagfirðingum myndi þat þykkja engi vinsending, ok talðisk undan. Grettir tók þá fésjóð, er móðir hans hafði gefit honum, ok fekk bónda. Hann varð léttbrýnn við féit ok fekk til húskarla sína þá at flytja þá um nóttina í tunglsljósi. Frá Reykjum er skemmst til eyjarinnar, ok er þat vika sjávar.

Glaumbær.

Glaumbær ist einer der am besten erhaltenen Höfe in Torfbauweise, bis Ende des 19. Jahrhunderts der typische ländliche Baustil, da Holz als Baustoff nur in begrenzter Menge zur Verfügung stand. Die tragende Konstruktion war häufig aus Treibholz errichtet, das durch die Einwirkung des Meerwassers sehr haltbar war. Die Außenwände bestanden aus dicken Torfschichten, das Dach war mit Gras gedeckt. Torf ist unter den klimatischen Bedingungen Islands ein haltbarer Baustoff, die Konstruktionen überdauerten bei richtiger Technik problemlos 100 Jahre. Die Wände wurden meistens im Fischgrätenmuster aufgeschichtet, was ihnen die notwendige Stabilität verlieh.

En er þeir kómu í eyna þótti Gretti þar gott um at litask, því at hon var grasi vaxin, en sjábrǫtt, svá at hvergi mátti upp á komask, nema þar sem stigarnir váru við látnir, ok ef upp var dreginn inn efri stiginn, þá var þat einskis manns fœrleikr, at komast á eyna. Þar var þá ok fuglberg mikit á sumrum. Þar var þá áttatigi sauða í eynni, er bœndr áttu; þat váru mest hrútar ok ær, er þeir ætluðu til skurðar. Settisk Grettir þar nú um kyrrt. Þá hafði hann fimmtán vetr eða sextán í sekð verit, at því sem Sturla Þórðarson hefir sagt.

Glaumbœr. Wohnstube.

KAPITEL 5

I. Lautlehre

Synkope | Reduktion

In neuerer Terminologie verwendet man statt des Begriffs Synkope oft den Terminus *Reduktion*, weil unter Synkope meist nur der Schwund eines Buchstabens verstanden wird, nicht seine Kürzung. Behält man den Begriff der Synkope bei, muss darunter also die Reduktion von Endungen, Vorsilben und unbetonten Satzpartikeln ebenso gefasst werden wie das Ausstoßen von Vokalen und Konsonanten.

Die Reduktion ist eine gemeingermanische Erscheinung, von der die einzelnen Sprachen unterschiedlich stark betroffen sind; besonders nachhaltig hat die Synkope aber das Altisländische betroffen.

Die Synkope betrifft ausschließlich schwach- und nebentonige Vokale. Sie vollzieht sich in zwei Stufen:

1. Nebentonige kurze Vokale schwinden;
2. nebentonige lange Vokale werden gekürzt (nicht vor Nasal).

Durch die Reduktion ergeben sich gravierende Sprachkürzungen, die sich durch den Vergleich von Runeninschriften mit dem späteren Altisländischen erkennen lassen. Als Beispiel hier die Inschrift auf einem der Goldhörner von Gallehus (von ca. 400 n.Chr.) im Vergleich mit der altisländischen Form, die sie um ca. 1200 gehabt hätte:

Ek	Hlewagastiz	holtijaz	horna	tawido (*Runeninschrift*)
Ek	Hlégestr	hyltir	horn	taða (*rekonstr. Altisl.*)
Ich	*Hlewagast*	[*aus*] *Holt*	*Horn*	*schnitzte*

Die Reduktion im Einzelnen

Die Reduktion kann unterschiedliche Silben eines Wortes betreffen. Die letzte Silbe eines Wortes heißt *Ultima*, die vorletzte *Pänultima*, die vorvorletzte *Antepänultima*. Die urnordischen Ultimalangvokale bleiben erhalten, allerdings in gekürzter und teilweise umgefärbter Form:

ār	→ *ar*		*winār > vinar
ē	→ *e*		*haitē > heiti
	→ *a*	vor *n* oder *nn*	*saʒēnn > saga
ī	→ *e*		*frōðī > frœðe
ō	→ *a*		*rūnōr > rúnar
	→ *o*	vor *m* (*nn*?)	*kallōm > kǫllom (*Umlaut möglich*)
ā	→ *e*		*hanā > hane
i*u*	→ *e*		*suniu > syne

Zum Altnordischen hin blieben von diesen urnordischen Ultima-Langvokalen also nur drei Kurzvokale übrig, *-a*, *-e* und *-o*. Für *-e* und *-o* trat ab ca. 1250 die altisländische Schreibung *-i* und *-u* ein; ob sich die Aussprache änderte, ist unsicher.

Die urnordischen Ultimakurzvokale *-a*, *-e*, *-i*, *-u* sind zum Altisländischen hin im Auslaut sowie vor -R, *-s*, *-t* und *-ð* weitgehend geschwunden (vgl. Heusler § 104. 105); sie blieben erhalten vor urnord. *-n*, *-m* und *-r*.

*fiskar > fiskr (*Fisch*)	aber: *bindan > binda (*binden*)
*mīne > mín (*mein*)	aber: *bundum > bundum (*banden*)
*landu > lǫnd (*Länder*)	aber: faður > fǫður (*Vater*; *obl. Kasus*)

Zeitliche Abfolge der Reduktionen nach Heusler (§ 108):

1. Schwund von *-a*, Schwund von *-i* nach langer Silbe
2. Schwund von *-u* nach langer Silbe
3. Schwund von *-i* nach kurzer Silbe
4. Schwund von *-u* nach kurzer Silbe

Den Schwund des *-a* datiert Heusler auf etwa 650, also gegen Ende der urnordischen Sprachform; der Schwund des *-u* vollzieht sich vermutlich erst um die Mitte des 9. Jahrhunderts. Der Schwund von *-e* fehlt in Heuslers Tabelle, da er nicht datierbar sei.

Gesetze der Synkope

Für die Synkope in den einzelnen Silben gelten zwei feste Regeln:

1. Fällt der Vokal in Ultima weg, bleibt der Kurzvokal in Pänultima und schwindet in Antepänultima:

   *mikillumu > miklum_ (*groß*; *Dat.*)
   *daniskanu > danskan_ (*dänisch*; *Akk.*)

2. Fällt der Vokal in Ultima nicht weg, schwindet der Kurzvokal in Pänultima und bleibt in Antepänultima:

   *faginōn > fagna (*begrüßen*)
   *fōriþēr > fœrðir (*führen*; *2. Sg. Konj. Prät.*)

Die Synkope spielt noch im Neuisländischen eine aktive Rolle bei der Flexion. Ergeben sich durch das Anhängen von Endungen mehrere Silben, so wird (auch heute noch) nach den genannten Gesetzen gekürzt:

hamarr (*Hammer*):	*Dat. Sg.*	*hamarē > hamri
lykill (*Schlüssel*)		*lukilē > lykli (*mit Umlaut*)

Durch die Reduktion ergeben sich für das Altisländische systematische Änderungen:

1. Reduktion der meisten Präfixe bei Verben; Ausnahmen:
   - *frá-*, *for-*, *fyrir-*

     frá: erhalten in Partizipien; fráfallinn (*dahingeschieden*)
     for: forvitna (*zu wissen verlangen*); forljúga (*verleumden*)
     fyrir: fyrirdœma (*verurteilen*); fyrirvega (*verwirken*)

     Vgl. dagegen den Verlust der Präfixe, z.B.:

     gráta (*weinen, beweinen*)
     heita (*heißen, verheißen*)
   - die Expletivpartikel *of*, *um*:

     Unter Expletiv versteht man ein Füllwort, das für den Sinn des Satzes entbehrlich ist; vgl. im Deutschen „da kommt er *ja*“; „ob er *wohl* Zeit hat?“

     Vgl. die Beispiele aus der Edda:

     var saldrótt of sofin (*das Hausgesinde war ein-geschlafen*)
     Erps of barmar (*Erps Ge-brüder*)

   Möglicherweise beruhen die präfigierten Verben der neuskandinavischen Sprachen auf deutschem Vorbild.

2. Reduktion der Präfixe auch bei anderen Wörtern:

   got. swaleiks : *aisl.* slíkr (*solch*; *germ.* ei > *aisl.* í)
   galeiks : glíkr (*gleich*)

   Bei dem Schwund kann es zu falschen Abtrennungen kommen:
   *at-augjan > teygja (*verlocken, anreizen*)

3. Reduktion der pro- und enklitischen Silben:

   Unter *Proklise* versteht man die Anlehnung eines unbetonten Wortes an ein folgendes betontes, unter *Enklise* die Anlehnung eines unbetonten Wortes an ein vorausgehendes betontes.

   tunga-in > tungan (*die Zunge*; *die Sprache*)

4. Reduktion der Verneinungspartikel *ni* | *ne*:

   urnord. *ne aldri > *aisl.* aldri (*niemals*)
   ne ekki > ekki (*nicht*)
   ne eigi > eigi (*nicht*)

   Das ursprünglich Verneinte ist durch die Reduktion selbst zur Verneinung geworden.

II. Formenlehre

Substantive: Vokalische Deklination

Die vokalische Deklination wird häufig auch als „starke Deklination" bezeichnet. Die Einteilung der zugehörigen Substantive erfolgt – wie bei der konsonantischen bzw. „schwachen" Deklination – nach Stämmen, die nach dem Auslautvokal des Stamms in germanischer Zeit benannt sind. Durch die teils gravierenden Auswirkungen von Synkope und Umlauten ist diese Stammeszugehörigkeit im Altisländischen oft schwer zu erkennen. Sie zeigt sich bei den vokalischen Stämmen am deutlichsten im Akk. Pl.

Im germanischen Deklinationssystem gibt es Substantive mit den vokalischen Stammauslauten *-a*, *-ō*, *-i*, *-u* und ihren Untergruppen *-ja*, *-wa* und *-jō*, *-wō*. Zu den einzelnen Stämmen gehören nie alle, sondern maximal zwei verschiedene Genera, also Maskulina und Feminina (wie z.B. bei den *i*-Stämmen) oder Maskulina und Neutra (wie z.B. bei den *a*-Stämmen) oder nur eines der drei Genera (wie z.B. die *o*-Stämme, die nur Feminina enthalten).

a-*Stämme*

Zu den *a*-Stämmen gehören Maskulina und Neutra.

Maskulina

	a-*Stämme*	ja-*Stämme*		wa-*Stämme*
Sg. Nom.	arm-r	nið-r	hirði-r	sæ-r
Gen.	arm-s	nið-s	hirði-s	sæ-v-ar | sjó-v-ar
Dat.	arm-i	nið-	hirði-	sæ-[v-i] | sjó-[v-i]
Akk.	arm-	nið-	hirði-	sæ- | sjó-
Pl. Nom.	arm-ar	nið-j-ar	hirð-ar	sæ-v-ar | sjó-v-ar
Gen.	arm-a	nið-j-a	hirð-a	sæ-v-a | sjó-v-a
Dat.	ǫrm-um	nið-j-um	hirð-um	sæ-[v]-um | sjó-v-um
Akk.	arm-a	nið-j-a	hirð-a	sæ-v-a | sjó-v-a

armr (*Arm*); niðr (*Verwandter*); hirðir (*Hirte*); sær (*See, Meer*)

Einige Gesetzmäßigkeiten erleichtern das Erlernen der Flexionsendungen:

- Alle Substantive enden im Gen. Pl. auf *-a*, im Dat. Pl. auf *-um*
- Akk. Sg. entspricht dem (endungslosen) Wortstamm
- Akk. Pl. entspricht dem Nom. Pl. ohne *-r*

Die Endung *-um* im Dat. Pl. löst immer *u*-Umlaut aus; das Endungungs-*i* im Dat. Sg. ruft dagegen nie Umlaut hervor, da es zu Zeiten des aktiven Umlauts noch unreduziertes *-ē* war. Dativformen, die dennoch Umlaut zeigen (vgl. *dagr* : *degi*), sind auf den bis ins Neuisländische aktiven *g*|*k*-Umlaut zurückzuführen (vgl. Kap. 2: Palatalumlaut, bes. S. 23).

Erläuterungen zu den Paradigmen:

- Bei zweisilbigen *a*-Stämmen tritt Synkope ein, wenn sich durch Anhängen der Endung drei Silben ergeben würden: z.B. *hamarr – hamri* (Dat. Sg. aus **hamar-i*) sowie alle Pluralformen *hamrar – hamra – hǫmrum – hamra*; die Synkope tritt vor allen Endungen auf Vokal ein.
- Endet der Stamm auf *-r*, bleibt dieses in allen Kasus erhalten: *hafr* (Ziegenbock) – *hafrs – hafri – hafr*.
- Substantive auf *-nn* (steinn *Stein*), *-ll* (ketill *Kessel*) oder *-ss* (íss *Eis*) haben diese Doppelkonsonanz aus *-nr*, *-lr* und *-sr* durch Assimilation gebildet (vgl. Kap. 7: Progressive Assimilationen, S. 84).

- Es gibt kurzwurzlige und langwurzlige *ja*-Stämme; da im Urnordischen beide auf *-ja* endeten, ist der *i*-Umlaut konsequent durchgeführt. Bei langwurzligen *ja*-Stämmen ist das *-j* ganz geschwunden; bei kurzwurzligen steht es vor *-a* und *-u* der Flexionsendung, also im gesamten Plural. Kurzwurzlige *ja*-Stämme sind einsilbig.
- Fast alle maskulinen *ja*-Stämme sind in die *i*-Deklination übergegangen; nur *niðr* weist noch die korrekte Flexion von *ja*-Stämmen auf.
- Bei den *wa*-Stämmen bleibt *-w* nur vor *-a* und *-i* der Flexionsendung erhalten; im Auslaut (Akk. Sg.), regelmäßig vor *-u* (Dat. Pl.) und vor Konsonant (Nom. Gen. Sg.) schwindet es. Von *wa*-Stämmen existieren oft mehrere Formen nebeneinander, die durch Akzentverschiebung und Assimilation entstanden sind. Sehr viele maskuline *wa*-Stämme haben im Genitiv die Endung *-var* statt *-s* (vgl. die Flexion der *u*-Stämme, Kap. 8, S. 103); manchmal gibt es sogar beide Formen.

Neutra

	a-Stämme	*ja-Stämme*		*wa-Stämme*
Sg. Nom.	land	kyn	kvæð-i	fræ
Gen.	land-s	kyn-s	kvæð-is	fræ-s
Dat.	land-i	kyn-i	kvæð-i	fræ
Akk.	land	kyn	kvæð-i	fræ
Pl. Nom.	lǫnd	kyn	kvæð-i	fræ
Gen.	land-a	kyn-j-a	kvæð-a	fræ-v-a
Dat.	lǫnd-um	kyn-j-um	kvæð-um	fræ-[v]-um
Akk.	lǫnd	kyn	kvæð-i	fræ

land (*Land*); kyn (*Geschlecht*); kvæði (*Gedicht*); fræ (*Samen*)

Gesetzmäßigkeit bei den Neutra:

Nom. Akk. Sg. und Pl. sind gleich; hat die Singularform *-a* als Stammvokal, lautet dieses im Plural zu *-ǫ* um.

Erläuterungen zu den Paradigma:

- Für zweisilbige Neutra gelten die gleichen Gesetze der Synkope wie für die Maskulina: *sumar* : *sumri* (Dat. Sg.) sowie im Plural *sumra* (Gen.) und *sumrum* (Dat.).

– Bei einsilbigen Neutra, die auf betonten Vokal enden, fällt im Dat. Pl. meist das *-u* der Endung weg: bú : búm (*Hof*); strá : strám (*Strohhalm*).
– Auch die neutralen *ja*-Stämme giedern sich in kurzwurzlige und langwurzlige; der *i*-Umlaut ist auch bei ihnen konsequent durchgeführt. Bei den langwurzlichen *ja*-Stämmen ist *-j* überall geschwunden, bei kurzwurzligen erscheint es vor *-a* und *-u* der Flexionsendung, also im Gen. Dat. Pl.
– *wa*-Stämme sind äußerst selten; wie bei den maskulinen Stämmen gibt es eine Reihe von Nebenformen, die aus Akzentverschiebungen resultieren. Auch hier bleibt *-w* nur vor *-a* und selten vor *-u* erhalten.

Aufgaben

1. Deklinieren Sie die folgenden Substantive und schlagen Sie ihre Bedeutungen nach:
   ár (*n.*) – barn (*n.*) – borð (*n.*) – dagr (*m.*) – draumr (*m.*) – hestr (*m.*) – ketill (*m.*) – hús (*n.*) – líf (*n.*) – munnr (*m.*) – prestr (*m.*) – verð (*n.*)
2. Suchen Sie aus den Texten der Kapitel 1 und 2 alle Substantive im Dativ Plural heraus und schlagen Sie ihre Grundformen und Bedeutungen in Baetkes Wörterbuch nach.
3. Erklären Sie die Gesetzmäßigkeiten, nach denen sich der *i*-Umlaut bei *fœrðir* (**fōriþēr*) und *lukli* (**lukilē*) vollzieht bzw. nicht vollzieht.

   Suchen Sie fünf weitere Beispiele für *i*-Umlaut in den bisherigen Texten und geben Sie auch hier die Gesetzmäßigkeiten an.

III. Textteil

Die Sagas und ihre Historizität

Die Aufzeichnungszeit der *Íslendingasǫgur* beginnt im 13. Jahrhundert (Erzählzeit), das Erzählte spielt etwa 930–1030 (erzählte Zeit); dazwischen liegen also bis zu dreihundert Jahre. Lange Zeit hat sich die Forschung daher mit der Frage nach dem Ursprung der Saga beschäftigt. Die eine Richtung glaubte an eine ungebrochene mündliche Tradition über die Jahrhunderte hinweg; nach dieser Auffassung hätte sich die Saga seit ihrem Entstehen im 10. Jahrhundert nahezu unverändert gehalten, bis sie schließlich Jahrhunderte später zur Aufzeichnung gekommen ist. Der historische Wahheitsgehalt wäre durch diese ungebrochene Tradition als sehr hoch anzusehen. Dem Schreiber käme dabei jedoch nur die Rolle eines Sammlers und Kompilators zu, nicht die eines literarischen Verfassers. Diese Anschauung wurde als die *Freiprosatheorie* bezeichnet. Eine andere Richtung sah in der Saga ein schriftstellerisch-künstlerisches Produkt; demnach wäre der Wahrheitsgehalt allein durch die dichterische Freiheit als wesentlich geringer anzusetzen. Der Schreiber wäre in diesem Fall Verfasser und Dichter, die Saga sein eigenes Kunstwerk. Diese Anschauung nennt man *Buchprosatheorie*.

Zum Weiterlesen. Else Mundal / Jonas Wellendorf (Hg.): Oral art forms and their passage into writing. Kopenhagen 2008. Klaus Böldl: Eigi einhamr. Beiträge zum Weltbild der Eyrbyggja und anderer Isländersagas. Berlin/New York 2005. Else Mundal: Refleksjonar kring historie, sanning og dikting. Metodiske problem med å bruke sagalitteraturen som historiske kjelde. In: Tradisjon og historieforskning. Århus 1987, S. 15–26. Vésteinn Ólason: Norrøn litteratur som historisk kildemateriale. In: Gunnar Karlsson (Hg.), Kilderne til den tidlige middelalders historie 1. Reykjavík 1987, S. 30–47.

Die *Hrafnkels saga Freysgoða* ist ein erzählerischer Höhepunkt unter den *Íslendingsasǫgur*; sie entstand vermutlich Ende des 13. Jahrhunderts, ist als vollständiger Text aber nur in jungen Papierhandschriften erhalten. Bemerkenswert an dieser Saga sind die vielen minutiösen Orts-, Gebiets- und Wegebeschreibungen; zusammen mit dem bereits zu Anfang der Saga beschriebenen historischen Hintergrund und der lebendigen, realistisch anmutenden Personenbeschreibung haben sie dazu beigetragen, dass die Saga lange Zeit als geschichtlich zuverlässig gegolten hat. 1940 legte Sigurður Nordal sein berühmtes Werk zur Hrafnkatla vor (*Hrafnkels saga Freysgoða*, in englischer Übersetzung von R. G. Thomas, Cardiff 1958), in dem er die Saga als literarisches Kunstwerk und somit als erzählerische Fiktion bestimmte. Dieser Ansatz sollte unter dem Begriff „Isländische Schule" in den folgenden Jahrzehnten richtungsweisend für die weitere Sagaforschung werden. Das Infragestellen des Quellenwertes der Saga für isländische Verhältnisse blieb nicht unwidersprochen. In jedem Fall hat die Saga aber auch altes, mündlich tradiertes Erzählgut verarbeitet und trägt so, wie die meisten *Íslendingasǫgur*, einen historischen Kern in sich. Um diesen Kern näher zu bestimmen, vergleicht ein Zweig der Forschung gern einzelne Sagas z.B. mit zeitgenössischen Gesetzestexten, historiographischen Werken, *Konungasǫgur*, *Biskupasǫgur* etc., wobei jedoch weder Übereinstimmungen noch Diskrepanzen als eindeutiger Beweis für Historizität bzw. Literarizität der Saga angesehen werden können.

Hrafnkell kommt als Fünfzehnjähriger nach Ostisland und gründet dort nach einiger Zeit eine eigene Familie. Mit rücksichtsloser Gewalt erzwingt er sich eine politisch führende Stellung in der Gegend und steigt zum Goden auf. Die ausgeprägte Verehrung des Gottes Freyr bringt ihm den Beinamen Freysgoði, 'Gode des Freyr', ein. Er baut einen Tempel für den Gott, weiht ihm unter anderem seinen Hengst Freyfaxi, 'Freyrs Mähne', (d.h. er gibt ihm dem Gott „zur Hälfte") und verbindet damit das Gelöbnis, alle zu töten, die das Pferd ohne seine Erlaubnis reiten.

Als sein Schafhirte Einarr eines Tages Freyfaxi reitet, erfüllt Hrafnkell seinen Schwur und tötet den Knecht. Einars Familie lehnt einen Vergleich ab, es kommt zu dramatischen Verhandlungen vor dem Alþingi, und nur mit Mühe wird die Ächtung Hrafnkels erreicht.

Der folgende Textabschnitt erzählt die Geschichte von Einars unerlaubtem Ritt.

Zum Weiterlesen. Philipp Zöllner: Zwischen den Fronten: Hrafnkels saga Freysgoða. Eine Analyse. München 2009 (Online Ressource). Dirk Huth: Hrafnkels saga Freysgoða. In: RGA 15. DOI: 10.1515/gao_RGA_2595 (mit weiterführender Literatur). Henry Kratz: Hrafnkels saga Freysgoða. In: MS, S. 301. Dietrich Hofmann: Hrafnkels und Hallfreðs Traum: Zur Verwendung mündlicher Tradition in der Hrafnkels saga Freysgoða. In: Skandinavistik 6, 1976, S. 19–36.

Hrafnkels saga Freysgoða. Jón Jóhannesson gaf út. In: Íslenzk fornrit 11. Reykjavík 1950, S. 95–133. Auszug S. 102–105.

Þat var einn morgin, at Einarr gekk út snimma, ok er þá létt af allri sunnanþokunni ok úrinu. Hann tekr staf í hǫnd sér, beizl ok þófa. Gengr hann þá fram yfir ána Grjótteigsá. Hon fell fyrir framan selit. En þar á eyrunum lá fé þat, er heima hafði verit um kveldit. Hann støkkði því heim at selinu, en ferr at leita hins, er vant var áðr. Hann sér nú stóðhrossin fram á eyrunum ok hugsar at hǫndla sér hross nǫkkurt til reiðar ok þóttisk vita, at hann mundi fljótara yfir bera, ef hann riði heldr en gengi. Ok er hann kom til hrossanna, þá elti hann þau, ok váru þau nú skjǫrr, er aldri váru vǫn at ganga undan manni, nema Freyfaxi einn. Hann var svá kyrr sem hann væri grafinn niðr. Einarr veit, at líðr morguninn, ok hyggr, at Hrafnkell mundi eigi vita, þótt hann riði hestinum. Nú tekr hann hestinn ok slær við beizli, lætr þófa á bak hestinum undir sik ok ríðr upp hjá Grjótárgili, svá upp til jǫkla ok vestr með jǫklinum, þar sem Jǫkulsá fellr undir þeim, svá ofan með ánni til Reykjasels.

„... *þar sem Jǫkulsá fellr undir þeim*". Goðafoss.

Hann spurði alla sauðamenn at seljum, ef nǫkkurr hefði sét þetta fé, ok kvazk engi sét hafa. Einarr reið Freyfaxa allt frá eldingu ok til miðs aptans. Hestrinn bar hann skjótt yfir ok víða, því at hestrinn var góðr af sér. Einari kom þat í hug, at honum mundi mál heim ok reka þat fyrst heim, sem heima var, þótt hann fyndi hitt eigi. Reið hann þá austr yfir hálsa í Hrafnkelsdal. En er hann kemr ofan at Grjótteigi, heyrir hann sauðajarm fram með gilinu, þangat sem hann hafði fram riðit áðr. Snýr hann þangat til ok sér renna í móti sér þrjá tigu ásauðar, þat sama sem hann vantat hafði áðr viku, ok støkkði hann því heim með fénu. Hestrinn var vátr allr af sveita, svá at draup ór hverju hári hans, var mjǫk leirstokkinn ok móðr mjǫk ákaflega. Hann veltisk nǫkkurum tólf sinnum, ok eptir þat setr hann upp hnegg mikit. Síðan tekr hann á mikilli rás ofan eptir gǫtunum. Einarr snýr eptir honum ok vill komask fyrir hestinn ok vildi hǫndla hann ok fœra hann aptr til hrossa, en hann var svá styggr, at Einarr komsk hvergi í nándir honum. Hestrinn hleypr ofan eptir dalnum ok nemr eigi stað, fyrri en hann kemr á Aðalból. Þá sat Hrafnkell yfir borðum. Ok er hestrinn kemr fyrir dyrr, hneggjaði hann þá hátt. Hrafnkell mælti við eina konu, þá sem þjónaði fyrir borðinu, at hon skyldi fara til duranna, því at hross hneggjaði, – „ok þótti mér líkt vera gnegg Freyfaxa." Hon gengr fram í dyrrnar ok sér Freyfaxa mjǫk ókræsiligan. Hon sagði Hrafnkeli, at Freyfaxi var fyrir durum úti, mjǫk óþokkuligr. „Hvat mun garprinn vilja, er hann er heim kominn?" segir Hrafnkell. „Eigi mun þat góðu gegna." Síðan gekk hann út ok sér Freyfaxa ok mælti við hann: „Illa þykki mér, at þú ert þann veg til gǫrr, fóstri minn, en heima hafðir þú vit þitt, er þú sagðir mér til, ok skal þessa hefnt verða. Far þú til liðs þíns." En hann gekk þegar upp eptir dalnum til stóðs síns. Hrafnkell ferr í rekkju sína um kveldit ok svaf af um nóttina. En um morguninn lét hann taka sér hest ok leggja á sǫðul ok ríðr upp til sels. Hann ríðr í blám klæðum. Øxi hafði hann í hendi, en ekki fleira vápna. Þá hafði Einarr nýrekit fé í kvíar. Hann lá á kvíagarðinum ok taldi fé, en konur váru at mjólka. Þau heilsuðu honum. Hann spurði, hversu þeim fœri at. Einarr svarar: „Illa hefir mér at farit, því at vant varð þriggja tiga ásauðar nær viku, en nú er fundinn." Hann kvazk ekki at slíku telja. „Eða hefir ekki verr at farit? Hefir þat ok ekki svá opt til borit sem ván hefir at verit, at fjárins hafi vant verit. En hefir þú ekki nǫkkut riðit Freyfaxa mínum hinn inn fyrra dag?" Hann kvezk eigi þræta þess mega. Hrafnkell svarar: „Fyrir hví reiztu þessu hrossi, er þér var bannat, þar er hin váru nóg til, er þér var lofat? Þar munda ek hafa gefit þér upp eina sǫk, ef ek hefða eigi svá mikit um mælt, en þó hefir þú vel við gengit." En við þann átrúnað, at ekki verði at þeim mǫnnum, er heitstrengingar fella á sik, þá hljóp hann af baki til hans ok hjó hann banahǫgg. Eptir þat ríðr hann heim við svá búit á Aðalból ok segir þessi tíðindi. Síðan lét hann fara annan mann til smala í selit. En hann lét fœra Einar vestr á hallinn frá selinu ok reisti vǫrðu hjá dysinni. Þetta er kǫlluð Einarsvarða, ok er þaðan haldinn miðr aptann frá selinu.

An den Küsten von Nord-Ost-Island.

KAPITEL 6

I. Lautlehre

Die germanische Lautverschiebung

In vorhistorischer Zeit zeichnet sich der Beginn gravierender Änderungen im Konsonantensystem ab; da diese Erscheinungen alle germanischen Sprachen betrafen, werden sie unter dem Begriff *Germanische Lautverschiebung* zusammengefasst oder bisweilen auch als *Erste Lautverschiebung* bezeichnet (im Gegensatz zur zweiten, hochdeutschen, die nur innerhalb der deutschen Sprache stattfand). Die Germanische Lautverschiebung vollzog sich vermutlich zwischen 500 bis 0 v.Chr. und ihre Auswirkungen führten (neben weiteren) zur Differenzierung zwischen den germanischen und den übrigen indogermanischen Sprachen.

Im Prozess dieser Lautveränderungen verschieben sich auf dem Weg zum Germanischen bestimmte indogermanische Konsonanten, nämlich *p*, *t*, *k*. Die Gesetzmäßigkeiten dieser Verschiebungen wurden von R.C. Rask erkannt und von Jacob Grimm in Regeln gefasst.

Überblick

- Die stimmlosen idg. Tenues (Verschlusslaute) *p – t – k* verschieben sich zu den germanischen stimmlosen Spiranten (Reibelauten) *f – þ – χ* (althochdeutsch zu *f – d – h*, englisch zu *f – th – h*).
- Die stimmhaften Mediae *b – d – g* werden zu den stimmlosen Tenues *p – t – k*.
- Die aspirierten (behauchten) Mediae *bh – dh – gh* werden zu stimmhaften Spiranten und gehen über in deren stimmhafte Mediae *b – d – g*.

Im Einzelnen sehen diese Entwicklungen so aus:

1. Indogermanische Tenues → germanische stimmlose Spiranten

p	*por	→	*f*	fara
t	*treies	→	*þ* /th/	þrír
k	lat. capio	→	*χ* /h/	hafjan [*an*. hefja]

Weitere Beispiele aus dem Lateinischen als Vertreter des Indogermanischen und dem Englischen als Vertreter der germanischen Sprachstufe:

lat.	pater	vgl.	*engl.*	father
	piscis		*engl.*	fish
	tres		*engl.*	three
	cornu		*got.*	haúrn
	centum		*dt.*	hundert

Im Anlaut sind diese Spiranten *f*, *þ*, *χ* immer erhalten; im Inlaut waren sie hingegen gewissen Veränderungen unterworfen, die von der Betonung im Indogermanischen abhingen. 1875 beschrieb der dänische Sprachwissenschaftler Karl Verner eine Ausnahme in den Gesetzmäßigkeiten: Die stimmlosen Spiranten in Wörtern des gleichen Stammes oder innerhalb eines konjugierten oder deklinierten Wortes wurden zu stimmhaften Spiranten, wenn der unmittelbar vorausgehende Vokal im Indogermanischen nicht den Hauptton trug:

f → *ƀ*
þ → *đ* oder *ð*
χ → *ʒ*

Diese Ausnahme in der Gesetzmäßigkeit der Lautverschiebung wird seitdem *Vernersches Gesetz* genannt.

Karl Verner: Eine Ausnahme der ersten Lautverschiebung. Kopenhagen 1875. Formuliert wurde das Gesetz von Hermann Paul in seinem Aufsatz „Beiträge zur Geschichte der Lautentwicklung und Formenassociation“. In: Beiträge zur Geschichte der deutschen Sprache und Literatur 6, 1879, S. 538–566.

Eine weitere Ausnahme:

In Verbindung mit *s* bleiben *p* – *t* – *k* unverändert erhalten:

lat.	spuo :	*aisl.*	spýja (*speien*)
	stella :		stjarna (*Stern*)
	piscis :		fiskr (*Fisch*)

2. Indogerm. aspirierte Mediae → germanische stimmhafte Spiranten

b^h	*b^{h}u	→	*ƀ*	[v]	búa
	nebula	→			nifl
d^h	*d^{h}ur	→	*đ*	[ð]	dýrr
g^h	*g^{h}ostis	→	*g̱*	[ɣ]	gestr
	*steig^h	→			stíga

Mediae sind stimmhafte Verschlusslaute; *Aspiration* bezeichnet die Behauchung in der Aussprache eines Lautes. Die Aspiration wird gewöhnlich mit einem (hochgestellten) ^{h} wiedergegeben. In der Schriftsprache gehen im Wortanlaut die stimmhaften Spiranten oft und früh in die entsprechenden Mediae *b*, *d* und *g* über.

3. Indogermanische Mediae → germanische Tenues

b	*birso	→	*p*	pirschen
d	dvā	→	*t*	tveir
g	gelidus	→	*k*	kalt

Grammatischer Wechsel

Mit dem Vernerschen Gesetz verwandt ist der grammatische Wechsel; darunter versteht man, dass in Wörtern gleichen Stammes oder innerhalb eines flektierten Wortes bestimmte stimmlose Spiranten mit den entsprechenden stimmhaften wechseln; Verner wandte die von ihm entdeckte Regel auch auf die Konsonanten *s* und *z* an.

þ : *đ* – *h* : *g* – *f* : *ƀ* – *s* : *z*

In der Schriftsprache wechseln oft *d* : *ð*; *f* : *b*; *h* : *g*; *s* : *r* (aus *z*). Vgl. im Deutschen etwa *erkiesen* : *erkor*. Der Wechsel ist heute manchmal auch noch an der Aussprache festzustellen; vgl. z.B. auch im Deutschen *Nerven* [f] : *nervös* [v] sowie *Hannover* [f] : *Hannoveraner* [v].

Das Wort „grammatisch" hat hier nichts mit dem „klassischen" Begriff der Grammatik zu tun, sondern bezieht sich auf die Grundbedeutung von griech. *tò grámma* 'der Buchstabe', bedeutet also 'Wechsel der Buchstaben'. Im Altisländischen ist der grammatische Wechsel vor allem bei der Flexion der starken Verben von Bedeutung.

II. FORMENLEHRE

Substantive: Vokalische Deklination

ō-*Stämme*

ō-Stämme umfassen ausschließlich Feminina. Ähnlich den *a*-Stämmen gliedern sie sich in reine *ō*-Stämme sowie in *jō*- und *wō*-Stämme.

	ō-*Stämme*		jō-*Stämme*		wō-*Stämme*
Sg. Nom.	skǫr	gjǫf	ben	heið-r	dǫgg
Gen.	skar-ar	gjaf-ar	ben-j-ar	heið-ar	dogg-v-ar
Dat.	skǫr	gjǫf	ben	heið-i	dǫgg
Akk.	skǫr	gjǫf	ben	heið-i	dǫgg
Pl. Nom.	skar-ar	gjaf-ar	ben-j-ar	heið-ar	dǫgg-v-ar
Gen.	skar-a	gjaf-a	ben-j-a	heið-a	dǫgg-v-a
Dat.	skǫr-um	gjǫf-um	ben-j-um	heið-um	dǫgg-v-um
Akk.	skar-ar	gjaf-ar	ben-j-ar	heið-ar	dǫgg-v-ar

skǫr (*Rand*); gjǫf (*Gabe*); ben (*Wunde*); heiðr (*Heide, Hochland*); dǫgg (*Tau*)

Das stammbildende urnord. -*ō* war in -*u* übergegangen; es ruft somit bei allen *ō*-Stämmen, die einen umlautfähigen Vokal haben, Umlaut (*skǫr*) bzw. Brechung (*gjǫf*) hervor.

Erläuterungen zu den Paradigmen:

- Bei den Feminina der vokalischen Stämme sind in der Regel Nom. Dat. Akk. Sg. von der Form identisch, ebenso Nom. Akk. Pl.
- Nom. Akk. Pl. kennen auch die von den *i*-Stämmen übernommene Endung -*ir* statt -*ar*; beide Formen können ohne Bedeutungsunterschied nebeneinander existieren: *gjǫf* : *gjafar* | *gjafir*; *sǫk*: *sakar* | *sakir*.
- Feminina, die auf -*ing* enden, hängen im Dat. Sg. ein -*u* an (*kerling-u*).
- *jō*-Stämme gliedern sich wie *ja*-Stämme in kurz- und langwurzlige; die kurzwurzligen zeigen -*j* nur noch vor -*a* und -*u* der Endung, bei den langwurzligen ist -*j* unter Hinterlassen von Umlaut geschwunden.
- Einige *jō*-Stämme enden im Dat. Sg. ebenfalls auf -*u*; vgl. *ey* : *eyju*; *hǫll* : *hǫllu*; es handelt sich dabei oft um Ortsbezeichnungen.
- Langwurzlige *jō*-Stämme, deren Stamm auf -*g* endet, schieben vor -*a* und -*u* der Endung als Gleitlaut -*j* ein: *gýgr* : *gýg-j-ar*.

– *wō*-Stämme sind relativ selten. Alle Kasus im Singular und Plural zeigen konsequent *w*-Umlaut. Das -*w* ist erhalten vor -*a* und -*u* der Endung.

Der bestimmte Artikel

Es gibt im Alt- und Neuisländischen keinen unbestimmten Artikel. Der bestimmte Artikel kann auf zwei verschiedene Arten angewendet werden:

1. Wie in den modernen nordischen Sprachen wird der Artikel bereits im Altisländischen an die flektierte Form des Substantivs gehängt und zusätzlich auch selbst flektiert; er bildet mit dem Substantiv zusammen eine einzige Form: *maðr-inn* 'Mann-der'; *manns-ins* 'Mannes-des'. Diese Art des bestimmten Artikels heißt *postponierter* oder *suffigierter* Artikel.

2. Als so genannter *Adjektivartikel* wird *inn* (auch *hinn*) vor dem Adjektiv gebraucht: *inn gamli maðr* 'der alte Mann'; insbesondere begegnet der Artikel in dieser Form in Verbindung mit Beinamen: *Magnús [h]inn góði* ('Magnús der Gute'); *Þorbjǫrg in digra* ('Þorbjǫrg die Dicke').

		mask.	*fem.*	*neutr.*
Sg.	*Nom.*	-inn	-in	-it
	Gen.	-ins	-innar	-ins
	Dat.	-inum	-inni	-inu
	Akk.	-inn	-ina	-it
Pl.	*Nom.*	-inir	-inar	-in
	Gen.	→	-inna	←
	Dat.	→	-inum	←
	Akk.	-ina	-inar	-in

Erläuterungen zu den Formen:

– In den suffigierten Formen bleibt das anlautende -*i* des Artikels immer erhalten, wenn Doppelkonsonanz, also -*nn* oder -*ns* folgt:

hestr-inn, *hests-ins*, aber: *hestar-nir*

– Nach vokalischer Flexionsendung des Substantivs fällt das anlautende -*i* des Artikels immer weg:

hesta-nna; *saga-n*; *konu-nnar*

– Im Dat. Pl. fällt vor suffigiertem Artikel das -*m* der Substantivendung weg:

hestu-num; *bǫrnu-num*

Einige Gesetzmäßigkeiten erleichtern das Erlernen der Artikelformen; sie gelten auch für die Flexion des starken Adjektivs:

- Nom. Akk. Sg. Maskulinum sind identisch
- Nom. Akk. Pl. Femininum sind identisch
- Nom. Akk. Sg. und Nom. Akk. Pl. Neutrum sind jeweils identisch
- Nom. Akk. Pl. Neutrum und Nom. Sg. Femininum sind identisch
- Gen. Sg. Maskulinum und Neutrum ist identisch
- Gen. Dat. Pl. sind für alle Genera gleich
- Akk. Pl. Maskulinum und Akk. Sg. Femininum sind identisch.

Zum Weiterlesen. Gail P. Johnsen: The Development of the definite article in Old Norse. Microfilms International 1976. Fotomech. Nachdr. der Diss. Ann Arbor 1975.

Aufgaben

1. Vollziehen Sie anhand der folgenden lateinischen Wörter, die noch indogermanischen Lautstand zeigen, einige Gesetze der Germanischen Lautverschiebung nach: *persicus – tectum – celare.* Suchen Sie weitere Beispiele.
2. Deklinieren Sie für jedes Genus zwei starke und zwei schwache Substantive mit suffigiertem Artikel.
3. Suchen Sie in den Texten des 5. und 6. Kapitels jeweils 15 Substantive mit suffigiertem Artikel und bestimmen Sie diese nach Genus, Kasus und Numerus.

III. TEXTTEIL

Handschriften

Unter *Handschrift* (Hs., *Pl.* Hss.) versteht man ein – wie der Name sagt: von Hand geschriebenes – *Manuskript* des Mittelalters in Form eines *Codex* (Pl. *Codices*), also in Buchform. Der Codex tritt in Spätantike und Mittelalter an die Stelle der frühantiken Buchrolle. Er besteht aus mehreren Lagen von Pergamentblättern zwischen Holzdeckeln, die mit Leder oder Edelmetall überzogen sein können, wie z.B. beim *Codex argenteus* aus dem 6. Jahrhundert, einer Evangelienübersetzung des *Wulfilas*, die in der Bibliothek Carolina in Uppsala besichtigt werden kann.

Handschriften bestehen aus Pergament, ab dem 14. Jahrhundert oft auch aus Papier. Pergament ist bearbeitete Ziegen- oder Kalbshaut. In den größten Büchern (Folianten) gibt eine an den Seiten begradigte Kalbshaut nur ein Blatt her. Es wird in der Mitte gefaltet und bildet so zwei Blätter im Format *Folio* (fol.). Wird der Bogen noch einmal gefaltet zu 4 Blättern (8 Seiten), spricht man von *Quart* (4° oder 4to), bei 8 Blättern (16 Seiten) von *Oktav* (8vo). Die Anordnung der Zeilen ist sehr gerade, der Rand ausgeglichen (ähnlich dem Blocksatz). Oft sind noch vorgezeichnete Spalten und Linien erkennbar. Auf großen Blättern ist der Text häufig in doppelten Spalten geschrieben – wie heute z.B. noch in Lexika.

Beim Schreiben wurde oft Platz ausgespart für den Anfangsbuchstaben (Initiale) eines Kapitels, der dann später künstlerisch ausgestaltet wurde: entweder nur mit Farben ausgemalt oder zusätzlich mit Illustrationen versehen. Die ältesten Handschriften haben nur wenige Ausmalungen und Illustrationen; diese beginnen erst Ende des 13. Jahrhunderts und erreichen ihre Blütezeit vom 14.–16. Jahrhundert. Am reichsten verziert sind religiöse Texte oder Gesetzesbücher; Saga-Handschriften sind fast nie geschmückt (nur *Flateyjarbók*). Die Isländer waren bei der Gestaltung auf eigene Materialien angewiesen (Wasserfarben) und verwendeten kein Blattgold oder Silber. In Island sind keine frühmittelalterlichen Originalhandschriften vorhanden. Einige Fragmente stammen aus dem 13. Jahrhundert, die Vielzahl der Handschriften aber erst aus dem 14.–16. Jahrhundert.

Da Handschriften ständigem Verschleiß unterlagen und die Nachfrage groß war, wurden kontinuierlich neue Abschriften angefertigt. Ihre Anzahl liefert gute Anhaltspunkte bei Rezeptionsfragen. Oft hat man es mit mehreren Kopisten zu tun, die unbewusst oder bewusst Änderungen vornahmen. Hierzu gehören z.B. Schreibfehler, *Interpolationen* (Einschalten von

Wörtern oder Sätzen in das Original), Glättungen, Tilgungen verfänglicher Stellen, religiöse Ermahnungen, Quintessenzen, Einflüsse aus der Mundart des Kopisten, Missverständnisse. Dies kann zu Textvarianten führen.

Die originalgetreue, fotoartige Wiedergabe eines Manuskriptes in einer Textausgabe nennt man *Faksimile*. Wird eine Handschrift ohne Veränderung oder Normalisierung gedruckt, spricht man von einem *diplomatischen Abdruck*. Gegenüber dem Faksimile löst der diplomatische Abdruck jedoch alle Kürzel auf und gibt diese Ergänzungen kursiv wieder. Wird die Orthographie zu einem idealisierten System stilisiert, handelt es sich um eine *normalisierte Ausgab*e.

Zum Weiterlesen. Jon Gunnar Jørgensen: Handschriften- und Archivkunde. | Odd Einar Haugen: Textkritik und Textphilologie. Beide in: Odd Einar Haugen (Hg.), Altnordische Philologie. Berlin 2007, S. 33–98 und S. 99–146.

Auf dem Kontinent begann das systematische Sammeln von Handschriften in der Renaissance, motiviert durch den Wunsch, die eigene Vergangenheit zu entdecken, und diese glaubte man in den alten Handschriften zu finden. In Skandinavien wurden die alten Handschriften aus Island weggeholt – und damit wohl auch gerettet. Die bedeutendste Gestalt ist *Árni Magnússon* (gest. 1730), isländischer Professor in Kopenhagen, der jahrelang als dänischer Gesandter in Island umherreiste, Handschriften sammelte und sie nach Dänemark brachte. Ein großer Teil seiner beträchtlichen Sammlung verbrannte 1728 beim großen Feuer von Kopenhagen. Árni vermachte alle Handschriften der Kopenhagener Universität, die damals auch Universität von Island war. Später wurde dort eine eigene Institution, Det Arnamagnæanske Institut, eingerichtet. Im 19. Jahrhundert erwachte mit Islands Unabhängigkeitsbestrebungen der Wunsch, die alten Handschriften wieder selbst zu besitzen. Dies stieß auf heftigen dänischen Widerstand, und erst 1961 und 1965 beschloss das dänische Parlament die Rückgabe einiger Manuskripte nach Reykjavík, wo dafür ein eigenes Gebäude, Stofnun Árna Magnússonar (í íslenskum fræðum), errichtet wurde. Im April 1971 erreichten die ersten Manuskripte Island: die *Flateyjarbók* und die berühmteste Handschrift, der *Codex Regius* der *Lieder-Edda*. Mittlerweile wurden mehr als 3 000 Handschriften zurückgegeben. Ein großer Teil kann heute in Ausstellungen in Þjóðmenningarhúsið, dem Kulturhaus in Reykjavík, bewundert werden.

Isländische Handschriften tragen oft Eigennamen, nach ihrem Äußeren, wie z.B. *Fagr-* bzw. *Morkinskinna* 'schönes' bzw. 'verdorbenes Pergament' oder *Eirspennill* 'Kupferspange', nach ihrem Besitzer, wie *Hauksbók* 'Buch des Haukr', oder nach ihrem Entstehungsort, wie *Þingeyrabók* 'Buch von Þingeyrar'.

Zum Weiterlesen. Kolbrún Haraldsdóttir: Fagrskinna. In: RGA 8. DOI: 10.1515/gao_RGA_1474. Kari Gade: Morkinskinna. In: RGA 20. DOI: 10.1515/gao_RGA_3791. Gunnar Harðarson / Stefán Karlsson: Hauksbók. In: MS, S. 271 f.

Alle Handschriften sind heute archiviert und mit einer Sigle versehen, der eine Nummer und die Größenangabe folgen, z.B. AM 556a,4°. Die Sigle gibt zugleich Auskunft über den Ort, an dem sich die Handschrift befindet:

AM	Det Arnamagnæanske Institut *Kopenhagen*, seit 1971 auch Island
DG	Delagardieske Samling, *Uppsala* Universitätsbibliothek
GKS	Gammel Kongelig Samling, Königl. Bibl. *Kopenhagen*
NKS	Ny Kongelig Samling, Königl. Bibl. *Kopenhagen*
NRA	Norges Riksarkiv, *Oslo*
Sthm.	*Stockholm* Manuskriptsamling (Pergamenthandschriften)
Skokl.	Manuskriptsamling från *Skokloster*

Der folgende Textauszug stammt aus einem Lied des *Codex Regius* der *Lieder-Edda*, die trotz ihres Namens nichts mit der von Snorri Sturluson verfassten *Snorra-Edda* (vgl. Kap. 3, Textteil) zu tun hat. Im Jahr 1643 kam der isländische Bischof *Brynjólfur Sveinsson* in den Besitz einer alten Handschrift mit Liedern, die er dem Dänenkönig Frederik III. schenkte; für sich selbst ließ er eine Abschrift erstellen, in die er „Edda Sæmundi multiscii 1643" hineinschrieb, da er glaubte, ein Werk des Gelehrten Sæmundr Sigfússon (1056–1123) vor sich zu haben. Er hielt es für die Vorlage, die seiner Meinung nach Snorri beim Schreiben seiner Edda benutzt hatte. Da Snorri tatsächlich Strophen daraus zitiert, hielt Brynjólfur die *Snorra-Edda* für einen Auszug aus der „älteren" Edda. Seine Vermutungen sind jedoch falsch. Doch obwohl Sæmundr eindeutig nichts mit der Lieder-Edda zu tun hat, hält sich der Name hartnäckig bis heute.

Die *Lieder-Edda* ist eine Sammlung von Liedern in strophischer Form. Sie gliedert sich in *Götterlieder*, d.h. Lieder mythologischen Inhalts, und in *Heldenlieder*. Ihre Originalhandschrift, nach der die Lieder hauptsächlich ediert sind, ist der *Codex Regius* [R], der 1971 von Dänemark an Island zurückgegeben wurde. Der Codex besteht aus 45 Blättern, wobei ab Blatt 32 eine Lücke von mindestens 8 Blättern besteht. Die Lieder auf diesen Blättern sind wohl für immer verloren; man nennt sie „Lieder der Lücke". Zur gleichen Zeit wie der *Codex Regius* (1260/80) entstand auf Island die

Vǫlsunga saga, eine Saga, die die Heldenlieder des *Codex* nacherzählt und aus der sich der Inhalt der *Lieder der Lücke* rekonstruieren lässt.

Die *Vǫluspá* ('Weissagung der Völva'; dt. Der Seherin Gesicht) ist das erste Lied im *Codex Regius*, eine prophetische Vision über die Erschaffung der Welt und den Untergang der Götter (*Ragnarǫk*).

Zum Weiterlesen. Árni Björnsson: Die Völuspá aus einem neuen Blickwinkel. In: Wilhelm Heizmann et al. (Hg.): Analecta Septentrionalia. Berlin/New York 2009, S. 3–27. Gísli Sigurðsson: Vǫluspá. In: RGA 35. DOI: 10.1515/gao_RGA_6811. Rudolf Simek: Die Edda. München 2007. Einar G. Pétursson: Codex Regius. In: MS, S. 100 f. Peter Hallberg: Eddic Poetry. In: MS, S. 149–152. John McKinell: Vǫluspá. In: MS, S. 713–715. Jenny M. Jochens: Vǫluspá: Matrix of Norse Womanhood. In: Journal of English and Germanic Philology 88, 1989, S. 344–362. Kurt Schier: Die Erdschöpfung aus dem Urmeer und die Kosmogonie der Voluspá. In: Hans Kuhn / Kurt Schier (Hg.): Märchen, Mythos, Dichtung. München 1963, S. 303–334.

Zur Übersetzung ist ein spezielles Wörterbuch nötig: Hans Kuhn: Edda. Die Lieder des Codex regius nebst verwandten Denkmälern. Bd. 2: Kurzes Wörterbuch. 3., umgearb. Aufl. Heidelberg 1968; engl. Neufassung von Beatrice LaFarge / John Tucker: Glossary to the Poetic Edda. Based on Hans Kuhn's Kurzes Wörterbuch. Heidelberg 1992. Übersetzung: Die Götter- und Heldenlieder der älteren Edda. Übers., komment. und hg. von Arnulf Krause. Stuttgart 2004.

Blick aus einer Steinhöhle im Lavafeld.

Vǫluspá. In: Edda. Die Lieder des Codex Regius nebst verwandten Denkmälern. Hg. v. Gustav Neckel. I. Text. 5., verb. Aufl. v. Hans Kuhn. Heidelberg 1983, S. 1–16; Auszug S. 1 f., Strophen 3–6.

Ár var alda, þat er Ymir bygði,
vara sandr né sær né svalar unnir;
iǫrð fannz æva né upphiminn,
gap var ginnunga, enn gras hvergi.

Áðr Burs synir biǫðom um ypþo,
þeir er miðgarð, mœran, scópo;
sól scein sunnan á salar steina,
þá var grund gróin grœnum lauki.

Sól varp sunnan, sinni mána,
hendi inni hœgri um himiniǫður;
sól þat né vissi, hvar hon sali átti,
stiǫrnor þat né visso, hvar þær staði átto,
máni þat né vissi, hvat hann megins átti.

Þá gengo regin ǫll á rǫcstóla,
ginnheilog goð, oc um þat gættuz:
nótt oc niðiom nǫfn um gáfo,
morgin héto oc miðian dag,
undorn oc aptan, árom at telia.

KAPITEL 7

I. Lautlehre

Assimilation und Dissimilation

Neben Synkope und Reduktion ist die Sprachentwicklung vom Germanischen zum Ur- und Altnordischen geprägt von vielfältigen Assimilationen und (seltener) Dissimilationen.

Assimilationen sind Anpassungen eines Konsonanten (oder Vokals) an einen anderen Konsonanten; wird der Konsonant an den folgenden angepasst, spricht man von *regressiver Assimilation* (z.B. *mp* → *pp*; vgl. Noreen § 257–264), wird er an den vorausgehenden assimiliert, von *progressiver Assimilation* (z.B. *lr* → *ll*; vgl. Noreen § 265–268). Im Folgenden werden nur die wichtigsten Assimilationen behandelt.

Regressive Assimilationen

Hiervon betroffen sind vor allem Nasale, die sich an einen Tenuis anpassen; die Assimilation wird am besten sichtbar im Vergleich mit dem entsprechenden Wort einer anderen germanischen Sprache.

mp	→	*pp*	*dt.*	Kampf	:	*aisl.*	kapp
nt	→	*tt*	*schwed.*	brant	:		brattr
nk	→	*kk*	*dt.*	trinken	:		drekka

Die Assimilation fand auch statt, wenn *-nt* vorher durch Auslautverhärtung aus *-nd* entstanden war:

vgl. bind → bint → bitt (*binden*; Imperativ)

Aktiv ist die Assimilation auch in den Neutrumformen der Adjektive und Perfektpartizipien auf *-inn*:

vgl. bundinn : *bundin-t → *bundit-t → bundit (*gebunden*; zur Kürzung des *-tt* in schwachtonigen Endungssilben vgl. Noreen § 275.5)

und in den Neutrumformen des Possessivpronomens:

vgl. minn : *min-t → mitt (*mein*)

Assimilationen finden unregelmäßig statt; Ausnahmen hängen einerseits mit der Entstehung der Konsonantenverbindung (Synkope, Verhärtung) zusammen, andererseits mit der Häufigkeit im Gebrauch eines Wortes sowie seiner Betonung.

Nach Konsonant wird ein Doppelkonsonant in der Regel auf einen Konsonanten reduziert („Dreikonsonantengesetz“):

svart-r (m.) : *svart-t (n.) → svart (*schwarz*)

Auch andere Konsonanten als Nasale können assimiliert werden, darunter besonders *-d* und *-ð*:

dt, ddt	→	*tt*	blindr	:	*blind-t	→	blint	(*blind*)
			fœddr	:	*fœdd-t	→	fœtt	(*geboren*)
ðt	→	*tt*	glaðr	:	*glað-t	→	glatt	(*froh*)
ðl	→	*ll*	brúðlaup			→	brullaup	(*Hochzeit*)

Progressive Assimilationen

Von der progressiven Assimilation sind vor allem Konsonantenverbindungen mit *-r* betroffen, darunter am häufigsten:

lr	→	*ll*	*urnord.*	*mikilaʀ	→	*aisl.*	mikill	(*groß*)
nr	→	*nn*		*manniʀ	→		menn	(*Männer*)
sr	→	*ss*		*lausaʀ	→		lauss	(*lose, frei*)

Die beiden ersten Assimilationen treten nur ein, wenn die Silbe vor der Synkope lang oder unbetont war; andernfalls bleibt *-lr* oder *-nr* erhalten (vgl. *aisl.* falr, vanr). Die Assimilation zu *-ss* findet hingegen immer statt.

Da viele Substantive, Adjektive und Pronomen ursprünglich ein Endungs-ʀ aufwiesen, findet sich die progressive Assimilation besonders häufig innerhalb deren Flexion, vgl. z.B. folgende altisländische Formen:

– *Substantive*: ketill < *katilaʀ (*Kessel*), íss < *īsaʀ (*Eis*), steinn < *steinaʀ (*Stein*)

– *Adjektive*: lauss < *lausaʀ (*frei*), heill < *hailaʀ (*heil*), heitinn < *haitinaʀ (*genannt*)

Dissimilationen

Zu den Dissimilationen rechnet man den Wechsel von:

mn → *fn* über [ƀn]	*schwed.*	namn : *aisl.*	nafn	(*Name*)
nnr → *ðr*		*mannr	maðr	(*Mann*)

Bisweilen kommen dissimilierte und nicht dissimilierte Formen nebeneinander vor: vgl. sannr : saðr (*wahr*); kunnr : kuðr (*bekannt*). Die dissimilierten Formen sind seltener und begegnen eher im poetischen Wortschatz (z.B. der Lieder-Edda).

II. Formenlehre

Starke Adjektivflexion

Im Gegensatz zur schwachen Adjektivflexion bei bestimmten Formen – die also den bestimmtem Artikel haben: *der* alte Mann – steht die starke Adjektivflexion bei den unbestimmten Formen, die also keinen bestimmten Artikel haben: [*ein*] alter Mann. Einen unbestimmten Artikel gibt es im Altisländischen nicht; das Wort *einn* (m.), *ein* (f.), *eitt* (n.) wird nur im Sinne eines Zahlwortes oder in der Bedeutung 'allein' verwendet. Abweichend vom Deutschen steht das starke Adjektiv im Altisländischen auch in prädikativer Stellung: *Maðrinn er gamall* ('Der Mann ist alt').

Die schwache Adjektivflexion übernimmt in allen drei Genera die Endungen der schwachen Substantivdeklination (vgl. *n*-Stämme, Kap. 2, S. 27); die starke Adjektivflexion entspricht der starken Deklination (vgl. maskuline und neutrale *a*-Stämme sowie feminine *ō*-Stämme, Kap. 5, S. 64 f.; Kap. 6, S. 75).

		mask.	*fem.*	*neutr.*
Sg.	*Nom.*	spak-r	spǫk-	spak-t (*klug*)
	Gen.	spak-s	spak-rar	spak-s
	Dat.	spǫk-um	spak-ri	spǫk-u
	Akk.	spak-an	spak-a	spak-t
Pl.	*Nom.*	spak-ir	spak-ar	spǫk-
	Gen.	→	spak-ra	←
	Dat.	→	spǫk-um	←
	Akk.	spak-a	spak-ar	spǫk-

Alle starken Adjektive mit betontem *-a* lauten dieses im Nom. Sg. Femininum und Nom. Akk. Pl. Neutrum generell um zu *-ǫ*.

Bis auf eine Ausnahme – Nom. Akk. Sg. Maskulinum sind in der Adjektivflexion *nicht* identisch – gelten die gleichen Gesetzmäßigkeiten wie beim suffigierten Artikel:

- Nom. Akk. Pl. Femininum sind identisch
- Nom. Akk. Sg. sowie Nom. Akk. Pl. Neutrum sind jeweils identisch
- Nom. Akk. Pl. Neutrum und Nom. Sg. Femininum sind identisch
- Gen. Dat. Pl. sind für alle Genera gleich
- Gen. Sg. Maskulinum | Neutrum ist identisch
- Akk. Pl. Maskulinum und Akk. Sg. Femininum sind identisch

Die meisten starken Adjektive enden im Nominativ Singular auf *-r* (= neuisl. *-ur*); hierzu gehören auch die Partizipien Perfekt der schwachen Verben.

Adjektive auf *-ll*, *-nn* und *-ss* haben das ursprüngliche *-r* der Endung durch Assimilation angeglichen (*lr* > *ll*, *nr* > *nn*, *sr* > *ss*; z.B. heill (*gesund*), grœnn (*grün*), lauss (*lose, frei*) (vgl. oben, S. 84).

Zu geringen Abweichungen in der Flexion kommt es bei Adjektiven, deren Stamm auf *-al* (gamal-l *alt*), *-il* (heimil-l *verfügbar*), *-ul* (þǫgul-l *schweigsam*), auf *-n* (græn-n *grün*) oder Vokal (blá-r *blau*; grá-r *grau*; há-r *hoch*) endet, sowie bei endungslosen Adjektiven (fagr- *schön*):

		mask.	*fem.*	*neutr.*
Sg.	*Nom.*	gamal-l	gǫmul-	gamal-t
	Gen.	gamal-s	gamal-lar	gamal-s
	Dat.	gǫml-um	gamal-li	gǫml-u
	Akk.	gaml-an	gaml-a	gamal-t
Pl.	*Nom.*	gaml-ir	gaml-ar	gǫmul-
	Gen.	→	gamal-la	←
	Dat.	→	göml-um	←
	Akk.	gaml-a	gaml-ar	gǫmul-

Vor Endung auf Vokal synkopieren mehrsilbige Adjektive den Mittelsilbenvokal; vgl. als Beispiel die jeweiligen Dativformen:

mikill: miklum (< *mikilum)
lítill: litlum (< *litilum)
þǫgull: þǫglum (< *þagulum)

Bei Endung auf Konsonant bleibt der Mittelsilbenvokal dagegen in allen Kasus erhalten, sodass das Adjektiv dreisilbig wird; im Gen. Dat. Sg. Femininum und Gen. Pl. zeigt sich progressive Assimilation von *lr* → *ll*:

heimill: heimillar, heimilli

		mask.	*fem.*	*neutr.*	
Sg.	*Nom.*	blá-r	blá-	blá-tt	(*blau*)
	Gen.	blá-s	blá-[r]rar	blá-s	
	Dat.	blá-um	blá-[r]ri	blá-u	
	Akk.	blá-an	blá-a	blá-tt	
Pl.	*Nom.*	blá-ir	blá-ar	blá-	
	Gen.	→	blá-[r]ra	←	
	Dat.	→	blá-um	←	
	Akk.	blá-a	blá-ar	blá-	

Nach 1100 ist ein Langvokal im Wurzelauslaut oft mit dem folgenden schwachtonigen Vokal verschmolzen: *bláum* : *blám*; *bláan* : *blán*. Die bis zum Neuisländischen konsequent durchgeführte Verdoppelung des *-r* bei den Feminina im Gen. Dat. Sg. und generell im Gen. Pl. ist ungeklärt (vgl. Heusler § 187.5 Anm. 2).

Weitere Besonderheiten in der Adjektivflexion:

– Adjektive, bei denen das *-r* nicht Endung, sondern Stammauslaut ist, behalten dieses *-r* in allen Kasus:

  fagr: fagrs, fǫgrum, fagran (*schön*)

– Adjektive auf *-inn* sowie das Partizip Perfekt der starken Verben flektieren wie der bestimmte Artikel, zeigen im Akk. Sg. Maskulinum also die Endung *-inn* statt *-an* (vgl. Kap. 9, Flexion des Partizips, S. 116).

– Adjektive, die zu den *ja-* oder *jō-*Stämmen gehören, zeigen vor Endung auf *-a* bzw. *-u* ein *-j*:

miðr: miðjan, miðjum (*mittlerer*)
nýr: nýjan, nýjum (*neu*)
sekr: sekjan, sekjum (*geächtet*)

– Adjektive, die zu den *wa-* oder *wō-*Stämmen gehören, zeigen bei umlautfähigem Vokal in sämtlichen Kasus konsequent durchgeführten *w*-Umlaut; *-w* [v] erscheint nur vor Endung auf *-a* und *-i*:

fǫlr: fǫlum; aber: fǫlvan, fǫlvir (*fahl*)

– Einige Adjektive weisen Nebenformen auf, die darauf hindeuten, dass sie von einer Klasse in eine andere übergegangen sind:

myrkr: myrkan, myrkjan, myrkvan (*dunkel*)

Possessivpronomen

Die Flexion der Possessivpronomen entspricht der des suffigierten Artikels und der starken Adjektivflexion. Zu beachten ist der quantitative Wechsel des Wurzelvokals (*í* : *i*); vor den Doppelkonsonanten *-nn* und *-tt* wird der Vokal gekürzt.

		mask.	*fem.*	*neutr.*
Sg.	*Nom.*	minn	mín	mitt (*mein*)
	Gen.	míns	minnar	míns
	Dat.	mínum	minni	mínu
	Akk.	minn	mína	mitt
Pl.	*Nom.*	mínir	mínar	mín
	Gen.	→	minna	←
	Dat.	→	mínum	←
	Akk.	mína	mínar	mín

Wie *minn* 'mein' flektieren auch *þinn* 'dein' und *sinn* 'sein | ihr'. *Sinn* wird auch für die 3. Pers. Pl. gebraucht; es bezieht sich in Singular und Plural immer auf das Subjekt des Satzes zurück:

Fór hverr heim til síns ríkis.
Jeder begab sich nach Hause in sein [= eigenes] Reich.

Bezieht sich das Possessivpronomen nicht auf das Subjekt, steht stattdessen *hans* (m.), *hennar* (f.), *þess* (n.) in unveränderlichen Formen:

Konungr gekk um nóttina til hvílu Ólafar og lá þar at óvilja hennar.
Nachts ging der König zum Bett der Ólǫf und lag dort gegen ihren Willen.

Ist das Possessivpronomen Teil des Subjekts, stehen ebenfalls die unflektierbaren Formen:

Þat réðu Haraldi frændr hans ok vinir at hann fœri ór landi í brott.
Das rieten Harald seine Verwandten und Freunde, dass er das Land verließe.

Das Possessivpronomen steht in der Regel *nach* dem Substantiv, das manchmal zusätzlich den suffigierten Artikel hat. *Vor* dem Substantiv steht das Possessivpronomen nur, wenn es ausdrücklich betont ist.

Er Haraldr Eiríksson fóstrsonr minn og knésetnifngr.
Haraldr Eiríksson ist mein Zieh- und Pflegesohn.

Þú munt vilja taka kristni ok gerask síðan minn maðr.
Du wirst Christ werden wollen und später zu meinem Gefolgsmann gemacht werden.

		mask.	*fem.*	*neutr.*
Sg.	*Nom.*	várr	vár [ór]	várt (*unser*)
	Gen.	várs	várrar	várs
	Dat.	várum [órum]	várri	váru [óru]
	Akk.	várn	vára [óra]	várt
Pl.	*Nom.*	várir [órir]	várar	vár [ór]
	Gen.	→	várra	←
	Dat.	→	várum [órum]	←
	Akk.	vára [óra]	várar	vár [ór]

Die Formen ohne anlautendes *v* sind die älteren; noch älter sind die selten auftretenden Formen mit einem Stamm auf *oss-* (vgl. *ossir*, *ossar*). Von den Endungen her flektiert *várr* 'unser' wie ein normales starkes Adjektiv.

		mask.	*fem.*	*neutr.*
Sg.	*Nom.*	yð[v]arr	yður	yð[v]art (*euer*)
	Gen.	yð[v]ars	yð[v]arrar	yð[v]ars
	Dat.	yðrum	yð[v]arri	yðru
	Akk.	yð[v]arn	yðra	yð[v]art

Pl. Nom.	yðrir	yðrar	yður
Gen.	→	yð[v]arra	←
Dat.	→	yðrum	←
Akk.	yðra	yðrar	yður

yð[v]arr 'euer' zeigt Synkope des *-a* vor vokalisch anlautender Endung, wenn das Pronomen sonst durch diese Endung dreisilbig würde (*yðrir*, *yð[v]arra*); *v* schwindet vor *-u* (vgl. *w*-Schwund) und zwischen Vokalen. Zu den Dual-Formen *vit* 'wir beide' und *þit* 'ihr beide' gehören die Possessivpronomen *okkar* 'unser beider' und *ykkar* 'euer beider'; sie flektieren wie *yðvarr* mit Synkope des Mittelsilbenvokals vor vokalisch anlautender Endung und werden später unveränderlich (Duppler / van Nahl 4B4).

Für die 3. Pers. Pl. wird wie im Singular *sinn* als Possessivpronomen gebraucht; auch hier bezieht es sich immer auf das Subjekt des Satzes zurück; andernfalls steht der Genitiv des Personal-Demonstrativpronomens *þeir*[*r*]*a* in unveränderlicher Form. Dies gilt auch wieder, wenn das Possessivpronomen als Teil des Subjekts steht (siehe oben S. 89).

En er þeir komu til skipa sinna sagði hver þeirra hvernug líkat hafði aðferð kristinna manna.
Und als sie zu ihren Schiffen kamen, erzählte jeder von ihnen, wie das Verhalten der christlichen Männer gefallen hatte.

Hákon jarl gekk at eiga konu þá er hét Þóra [...]. Þóra var allra kvinna fríðust. Þeirra synir váru Sveinn ok Hemingr.
Hákon Jarl nahm sich die Frau, die Þóra hieß [...]. *Þóra war die schönste aller Frauen. Ihre Söhne waren Sveinn und Hemingr.*

Aufgaben

1. Flektieren Sie die starken Adjektive in Singular und Plural und schlagen Sie ihre Bedeutungen nach:

   rauðr – svartr – danskr – feigr
   hár – grár – smár – mjór
   fagr – magr – bitr – vitr (Stamm endet auf *-r*)
   þǫgull – vesall – lítill

2. Suchen Sie aus den Texten Kap. 3 und 4 alle Possessivpronomen heraus und bestimmen Sie sie nach Genus, Numerus und Kasus. Notieren Sie die dazugehörigen Substantive und setzen Sie Substantiv und Pronomen jeweils in den Nominativ Singular.

3. Suchen Sie aus dem folgenden Text der *Harðar saga ok Hólmverja* alle Adjektive heraus und schlagen Sie ihre Bedeutungen nach.

Leið nú svá fram, þar til er Geirr var sextán vetra gamall, en Hǫrðr fimmtán. Hann var þá hǫfði ǫllu hærri, en aðrir menn flestir. Honum mátti ǫngvar sjónhverfingar gera í augum, því at hann sá allt eptir því sem var. Hann var hærðr manna best ok rammr at afli, syndr manna best ok um alla hluti vel at íþróttum búinn. Hann var hvítr á hǫrund, en bleikr á hár. Hann var breiðleitr ok þykkleitr, liðr á nefi, bláeygr ok snareygr ok nǫkkut opineygr, herðibreiðr, miðmjór, þykkr undir hǫndina, útlimasmár ok at ǫllu vel vaxinn.

III. Textteil

Die Sagas und ihre Personen: Beispiel Laxdœla saga

Die *Laxdœla saga* gehört zu den großen *Íslendingasǫgur*. Sie spielt überwiegend im westlichen Island im Gebiet des Breiðafjǫrður; die Handlung erstreckt sich über fast 200 Jahre. In dieser Saga wird der Einfluss der höfischen Literatur des Kontinents sichtbar, weniger jedoch in der Lebenshaltung, als in der Ausgestaltung von Äußerlichkeiten und dem Ausmalen von höfischer Pracht:

Kjartan gerir, svá sem faðir hans beiðisk, ok tekr hann nú upp skarlatsklæði sín, þau er Óláfr konungr gaf honum at skilnaði, ok bjó sik við skart; hann gyrði sik með sverðinu konungsnaut; hann hafði á hǫfði hjálm gullroðinn ok skjǫld á hlið rauðan, ok dreginn á með gulli krossinn helgi; hann hafði í hendi spjót, ok gullrekinn falrinn á. Allir menn hans váru í litklæðum. Þeir váru alls á þriðja tigi manna.

Kjartan tut das, so wie sein Vater es erbittet, und er nimmt nun seine Scharlachkleidung heraus, die König Óláfr ihm beim Abschied gab, und stattete sich prachtvoll aus. Er gürtet sich mit dem Schwert, der Königsgabe; er hatte auf dem Haupt einen vergoldeten Helm und an der Seite einen roten Schild, darauf mit Gold das heilige Kreuz gemalt; er hatte einen Speer in der Hand, mit einer goldgetriebenen Tülle daran. All seine Männer waren in farbiger Kleidung. Sie waren zusammen fast 30 Mann.

Eine wichtige Rolle spielen in der *Laxdœla saga* Frauen, die alle von der Gestalt Guðrúns überragt werden. So nimmt denn auch die Liebes- und spätere Rachegeschichte zwischen Guðrún und Kjartan in der Abfolge von Konflikten bei den Bewohnern des Laxárdalr eine zentrale Stellung ein. Guðrún liebt Kjartan; als er verkündet, dass er nach Norwegen reisen werde und sie drei Jahre auf ihn warten solle, ist sie empört, doch später erklärt sie Kjartans Freund und Ziehbruder Bolli, der ebenfalls um ihre Liebe wirbt, sie werde nie einen anderen heiraten, solange sie Kjartan am Leben wisse. Durch eine von Bolli vermittelte (zweideutige) Botschaft über Kjartans Verbleib in Norwegen – der König erlaubt nicht dessen Rückkehr nach Island zum vereinbarten Zeitpunkt, doch stellt Bolli das als Kjartans eigene Entscheidung wegen einer Liebesgeschichte in Norwegen dar – fühlt Guðrún sich betrogen und gibt der Werbung Bollis nach. Als Kjartan dies bei seiner verspäteten Rückkehr nach Island erfährt, fühlt er sich seinerseits von Guðrún hintergangen und heiratet Hrefna. Die betrogene Liebe der beiden erlaubt keine Versöhnung. Der Konflikt, gefördert durch eine Vielzahl von Intrigen, gipfelt in Kjartans gewaltsamem Tod durch seinen Ziehbruder Bolli; weitere dramatische Totschläge auf beiden Seiten sind die Folge.

Wie in vielen *Íslendingasǫgur* fallen auch in der *Laxdœla* bestimmte Eigentümlichkeiten in der Personendarstellung der Sagas auf. Wird eine Person neu in die Geschichte eingeführt, so beschreibt der Verfasser in meist stereotypen Worten das Äußere und nennt ein, zwei vorherrschende Charaktereigenschaften:

> Hann var snimmendis mikill ok sterkr, er hann óx upp; var hann ok hverjum manni betr í vexti, hár ok herðibreiðr, miðmjór ok limaðr vel með hǫndum ok fótum. Hrútr var allra manna fríðastr sýnum, eptir því sem verit hǫfðu þeir Þorsteinn, móðurfaðir hans, eða Ketill flatnefr; inn mesti var hann atgørvimaðr fyrir allra hluta sakar.
>
> *Er war schon früh groß und stark, als er aufwuchs; er war jedem Mann überlegen in Wuchs, groß und breitschultrig, schmal in der Taille und ebenmäßig an Händen und Füßen. Hrútr war vom Äußeren her der schönste aller Männer, ganz nach dem, wie sie gewesen waren, Þorsteinn, sein Muttervater, oder Ketill Flachnase; der allertüchtigste Mann war er in allen Dingen.*

Oft wird die soziale Stellung der Menschen beschrieben oder sie werden durch Nennung ihrer Vorfahren oder Nachkommen in eine bestimmte Genealogie hineingestellt; ihre Einschätzung erfolgt eher von außen, „objektiviert“, durch die Augen anderer:

Þar gipti hon Gró, dóttur Þorsteins rauðs; hon var móðir Greilaðar, er Þorfinnr jarl átti, sonr Torf-Einars jarls, sonar Rǫgnvalds Mœrajarls; þeira sonr var Hlǫðvér, faðir Sigurðar jarls, fǫður Þorfinns jarls, ok er þaðan komit kyn allra Orkneyinga jarla.

Dort verheiratete sie Gróa, Tochter von Þorsteinn rauðr; sie war die Mutter Greilǫðs, die Jarl Þorfinnr (zur Frau) hatte, der Sohn von Jarl Torf Einarr, Sohn des Mœrajarls Rǫgnvaldr; ihr Sohn war Hlǫðvér, Vater von Jarl Sigurðr, Vater von Jarl Þorfinnr, und von da stammt das Geschlecht aller Orkney-Jarle.

Das Bild vom Charakter der Menschen formt sich weniger durch Beschreibungen als vielmehr durch Taten und Worte. Der Verfasser beschreibt Emotionen nicht mit Worten; der Leser muss psychische Reaktionen indirekt aus äußerem Verhalten erschließen – so ist auch im folgenden Textausschnitt die Reaktion Guðrúns zu verstehen: ihr heftiges Erröten, das ihren Satz, das sei eine gute Nachricht, Lügen straft.

Zum Weiterlesen. Anita Sauckel: Die literarische Funktion von Kleidung in den Íslendingasǫgur und Íslendingaþættir. Berlin/Boston 2014. Judy Quinn: Women in Old Norse poetry and sagas, sowie Vésteinn Ólason: Family Sagas. Beide in: Rory McTurk (Hg.), A companion to Old Norse-Icelandic literature and culture. Malden, Mass. 2005, S. 518–535 und S. 101–118. Jenny Jochens: Old Norse images of women. Philadelphia 1996. Jenny Jochens: Women in Old Norse society. Ithaca/London 1995. Else Mundal: Women in sagas. In: MS, S. 723–725. William Ian Miller: Emotions and the sagas. In: Gísli Pálsson (Hg.): From sagas to society. Approaches to early Iceland. Enfield Lock 1992, S. 89–109. Rolf Heller: Die literarische Darstellung der Frau in den Isländersagas. Halle 1958.

Die *Laxdœla saga* spielt um die Zeit, in der das Christentum nach Island kommt; Guðrún macht in ihrer weiteren Entwicklung die Akzeptanz der neuen Religion deutlich. Nach dem Tod ihres vierten Ehemannes wendet sie sich einem frommen Leben zu und wird die erste Nonne Islands.

Zum Weiterlesen. Rolf Heller: Literarisches Lehngut – Einsichten und Fragen: Laxdœla saga Kapitel 77. In: Wilhelm Heizmann / Astrid van Nahl (Hg.), Runica – Germanica – Mediaevalia. Berlin/New York 2003, S. 265–272. Heinrich Beck: Laxdœla saga. In: RGA 18. DOI: 10.1515/gao_RGA_3274. Laxdœla saga. Die Saga von den Leuten aus dem Laxardal. Hg. und aus dem Altisländischen übersetzt von Heinrich Beck. München 1997, bes. S. 214–222 (im Anhang weiterführende Literatur). Sverrir Tómasson: Laxdœla saga. In: MS, S. 387 f. Jónas Kristjánsson: Eddas und Sagas, S. 284–289. Heinrich Beck: Laxdœla saga – A structural approach. In: Saga-Book of the Viking Society 21, 1977, S. 283–402. Rolf Heller: Die Laxdœla saga. Die literarische Schöpfung eines Isländers des 13. Jahrhunderts. Berlin 1976. Rolf Heller: Laxdœla und Königssagas. Halle 1961.

Laxdœla saga. Einar Ól. Sveinsson gaf út. In: Íslenzk fornrit 5, Reykjavík 1934. Textauszüge S. 127 f., S. 228 f.

Eptir þat skiljask þeir Kjartan ok Bolli. Gizurr ok Hjalti sigla af Nóregi ok verða vel reiðfara; koma at þingi í Vestmannaeyjar ok fara til meginlands; eigu þar stefnur ok tal við frændr sína. Síðan fara þeir til alþingis ok tǫlðu trú fyrir mǫnnum, bæði langt ørendi ok snjallt, ok tóku þá allir menn trú á Íslandi. Bolli reið í Hjarðarholt af þingi með Óláfi, frænda sínum; tók hann við honum með mikilli blíðu.

Bolli reið til Lauga at skemmta sér, þá er hann hafði litla hríð verit heima; var honum þar vel fagnat. Guðrún spurði vandliga um ferðir hans, en því næst at Kjartani. Bolli leysti ofléttliga ór því ǫllu, er Guðrún spurði; kvað allt tíðendalaust um ferðir sínar, – „en þat er kemr til Kjartans, þá er þat með miklum ágætum at segja satt frá hans kosti, því at hann er í hirð Óláfs konungs ok metinn þar umfram hvern mann. En ekki kemr mér at óvǫrum, þó at hans hafi hér í landi litlar nytjar ina næstu vetr." Guðrún spyrr þá, hvárt nǫkkut heldi til þess annat en vinátta þeira konungs. Bolli segir, hvert orðtak manna var á um vináttu þeira Kjartans ok Ingibjargar konungssystur, ok kvað þat nær sinni ætlan, at konungr myndi heldr gipta honum Ingibjǫrgu en láta hann lausan, ef því væri at skipta. Guðrún kvað þat góð tíðendi, – „en því at eins er Kjartani fullboðit, ef hann fær góða konu," ok lét þá þegar falla niðr talit, gekk á brott ok var allrauð. En aðrir grunuðu, hvárt henni þœtti þessi tíðendi svá góð, sem hon lét vel yfir.

Bolli er heima í Hjarðarholti um sumarit ok hafði mikinn sóma fengit í ferð þessi; þótti ǫllum frændum hans ok kunningjum mikils um vert hans vaskleik. Bolli hafði ok mikit fé út haft. Hann kom opt til Lauga ok var á tali við Guðrúnu. Eitt sinn spurði Bolli Guðrúnu, hversu hon myndi svara, ef hann bæði hennar. Þá segir Guðrún skjótt: „Ekki þarftu slíkt at rœða, Bolli; engum manni mun ek giptask, meðan ek spyr Kjartan á lífi." Bolli svarar: „Þat hyggju vér, at þú verðir at sitja nǫkkura vetr mannlaus, ef þú skalt bíða Kjartans; myndi hann ok kost hafa átt at bjóða mér þar um nǫkkut ørendi, ef honum þœtti þat allmiklu máli skipta." Skiptusk þau nǫkkurum orðum við, ok þótti sinn veg hváru. Síðan ríðr Bolli heim.

****

Nú tekr Guðrún mjǫk at eldask ok lifði við slíka harma, sem nú var frá sagt um hríð. Hon var fyrst nunna á Íslandi ok einsetukona; er þat ok almæli, at Guðrún hafi verit gǫfgust jafnborinna kvenna hér á landi. Frá því er sagt eitthvert sinn, at Bolli kom til Helgafells, því at Guðrúnu þótti ávallt gott, er hann kom at finna hana. Bolli sat hjá móður sinni lǫngum, ok varð þeim mart talat. Þá mælti Bolli: „Muntu segja mér þat, móðir, at mér er forvitni á at vita? Hverjum hefir þú manni mest unnt?“ Guðrún svarar: „Þorkell var maðr ríkastr ok hǫfðingi mestr, en engi var maðr gørviligri en Bolli ok albetr at sér. Þórðr Ingunnarson var maðr þeira vitrastr ok lagamaðr mestr. Þorvalds get ek at engu.“ Þá segir Bolli: „Skil ek þetta gǫrla, hvat þú segir mér frá því, hversu hverjum var farit bœnda þinna, en hitt verðr enn ekki sagt, hverjum þú unnir mest; þarftu nú ekki at leyna því lengr.“ Guðrún svarar: „Fast skorar þú þetta, sonr minn,“ segir Guðrún, „en ef ek skal þat nǫkkurum segja, þá mun ek þik helzt velja til þess.“ Bolli bað hana svá gera. Þá mælti Guðrún: „Þeim var ek verst, er ek unna mest.“ „Þat hyggju vér,“ svarar Bolli, „at nú sé sagt alleinarðliga,“ – ok kvað hana vel hafa gǫrt, er hon sagði þetta, er hann forvitnaði. Guðrún varð gǫmul kona, ok er þat sǫgn manna, at hon yrði sjónlaus. Guðrún andaðisk at Helgafelli, ok þar hvílir hon.

„... koma at þingi í Vestmannaeyjar ...“

Ganz in der Ferne die Westmännerinseln vor der Südküste Islands. Als „Westmänner“ wurden damals alle Sklaven bezeichnet, die die norwegischen Siedler aus dem Westen, d.h. von den britischen und irischen Inseln, mitbrachten. Von ihnen haben die Inseln ihren Namen.

KAPITEL 8

I. Lautlehre

Ablaut

Ablaut ist der regelmäßige qualitative oder quantitative Wechsel bestimmter Vokale in wurzelverwandten Wörtern oder Wortteilen, z.B. *helfen* : *half*, *tragen* : *trug*. Der Ablaut kommt in allen germanischen Sprachen vor sowie im Griechischen, Lateinischen, Slawischen und anderen indogermanischen Sprachen; das Urgermanische hat ihn also aus der indogermanischen Zeit übernommen, ihn aber nicht in allen Sprachen in gleichem Maße ausgebaut. Im Gegensatz zu Umlaut und Brechung vollzieht sich der Ablaut völlig unabhängig von anderen lautlichen Bedingungen, etwa umgebenden Konsonaten oder Vokalen.

Im Germanischen entwickelt sich der Ablaut im Präteritum der starken Verben sowie im Bereich der Wortbildung. In Verbindung mit neuen Suffixen können durch Ablaut neue Wörter gebildet werden: vgl. *aisl.* bera – barn – burðr (*tragen – Kind – Geburt*), *dt.* Grab – Grube.

Starke Verben

Besonders deutlich zeigt sich der Ablaut in den germanischen Sprachen innerhalb der starken Verben. Starke Verben bilden ihr Präteritum mit einem regelmäßigen Wechsel ihres jeweiligen Wurzelvokals und lassen dabei Gesetzmäßigkeiten erkennen, nach denen man die Verben in sechs Klassen einteilen kann. Den ersten fünf Klassen oder Reihen liegt im Indogermanischen im Infinitiv ein -*e* zugrunde, das zu -*o* abgetönt wurde. Man spricht daher von den idg. *e*|*o*-Reihen (germ. *e*|*a*), die für die Einteilung der starken Verben in ihre sogenannten Ablautreihen von Bedeutung sind. Durch Lautveränderungen, die auf dieses idg. -*e* und -*o* eingewirkt haben, sehen diese beiden Vokale in den einzelnen germanischen Sprachen in jeder Ablautreihe anders aus. Der sechsten Ablautreihe liegt idg. *o*|*ō* zugrunde, das im Germanischen zu *a*|*ō* wurde. Den ersten fünf Ablautreihen liegt demnach ein *qualitativer* Ablaut zugrunde, der sechsten ein *quantitativer* Ablaut.

Beim qualitativen Ablaut wechselt der Klang des Vokals, die Vokalfarbe (z.B. *aisl.* bera – bar; vgl. *dt.* tragen – trug), beim quantitativen dagegen die Vokallänge (z.B. *aisl.* gaf – gáfum). Die verschiedenen Formen des Ablauts zeigen sich in den so genannten Stammformen des Verbs.

Starke Verben haben vier Stammformen:

Infinitiv	*1. Pers. Sg. Prät.*	*1. Pers. Pl. Prät.*	*Partizip Perfekt*
ríða (*reiten*)	reið	riðum	riðinn
skjóta (*schießen*)	skaut	skutum	skotinn
brenna (*brennen*)	brann	brunnum	brunninn
stela (*stehlen*)	stal	stálum	stolinn
gefa (*geben*)	gaf	gáfum	gefinn
aka (*fahren*)	ók	ókum	ekinn

Im Gegensatz zu den schwachen Verben – und auch im Gegegnsatz zu den starken Verben des Deutschen – unterscheiden sich im Präteritum fast immer die betonten Vokale der Pluralformen von den Singularformen. Daher werden bei den Stammformen der starken Verben immer die 1. Pers. Sg. und die 1. Pers. Pl. im Präteritum aufgeführt.

Aus den Gesetzmäßigkeiten des grammatischen Wechsels schließt man, dass im Indogermanischen die Hauptbetonung eines Verbs im Präteritum Plural nicht, wie in späterer Zeit üblich, auf der Wurzelsilbe, sondern auf einer Silbe gegen Ende des Wortes lag. Der Vokal der Wurzelsilbe war also unbetont und wurde in der Folge reduziert, in Klasse 1 zu *-i*, in Klasse 2 zu *-u*. In den Klassen 3 und 4 nahm der dem Vokal folgende Nasal oder Liquid *sonantische* (Silben bildende) Funktion an, d.h. der Nasal oder Liquid wurde zu einer Silbe; diese Sonanten verdeutlicht man in der schriftlichen Darstellung durch einen kleinen Kreis unter dem jeweiligen Buchstaben: *l̥*, *m̥*, *n̥*, *r̥*. Als sich zum Germanischen hin der Hauptton eines Wortes auf die Wurzelsilbe verschob, entwickelte sich vor diesen Sonanten ein Murmellaut *-u*, der sogenannte *Svarabhaktivokal*. In der Folge wurde *r̥* → *ur*, *l̥*→ *ul*, *m̥* → *um*, *n̥* → *un*; dieser Svarabhakti ist im Präteritum Plural noch in vielen Formen zu sehen.

II. Formenlehre

Starke Verben: Klassen 1–3

Alle starken Verben bilden im Präsens ihre Singularformen mit *i*-Umlaut, sofern der betonte Wurzelvokal umlautfähig ist.

1. Ablautreihe

Die erste Ablautreihe ist erkennbar an einem langen -*í* als Stammvokal im Infinitiv; der darauf folgende Konsonant ist beliebig. Zum Vergleich stehen im Folgenden bei allen Reihen die deutschen Entsprechungen auf historischer Sprachstufe.

	Infinitiv	*1. Sg. Prät.*	*1. Pl. Prät.*	*Part. Prät.*
indogermanisch	e+i	o+i	i	i
germanisch	h	ai	i	i
altisländisch	í	ei [é]	i	i
althochdeutsch	ī	ei	i	i
mittelhochdeutsch	ī [*nhd.* ei]	ei [ê vor *h*, *w*]	i	i

aisl.	ríða (*reiten*)	reið	riðum	riðinn
	bíta (*beißen*)	beit	bitum	bitinn
	bíða (*warten*)	beið	biðum	beðinn
	grípa (*greifen*)	greip	gripum	gripinn

Die gleichlautenden deutschen Verben haben anstelle des *í* den Diphthong *ei*: vgl. ríða – *reiten*; bíta : *beißen*; grípa : *greifen*; drífa : *treiben*.

Erläuterungen zu den Beispielen:

- Bei *bíða* (*beið* – *biðum*) lautet das Partizip Perfekt ausnahmsweise *beðinn*. Die Partizipialendung -*inn* ist aus idg. *-*anaz* entstanden, die *a*-Umlaut bewirkte, der bei den anderen Verben dieser Reihe nicht durchgeführt wurde.
- Verben mit einer Wurzel auf -*g* haben im Singular Präteritum oft eine verkürzte Form auf -*é*: *stíga* : *sté*; *hníga* : *hné* (vgl. Heusler § 86 Anm. 2); die Formen *steig*, *hneig* sind spätere, analog gebildete Formen.

2. Ablautreihe

Die zweite Ablautreihe hat einen betonten Diphthong *-jó*, *-jú*, bzw. den Stammvokal *-ú*.

	Infinitiv	*1. Sg. Prät.*	*1. Pl. Prät.*	*Part. Prät.*
indogermanisch	e+u	o+u	u	u
germanisch	eu	au [ó]	u	u
altisländisch	jó | jú | ú	au	u	o
althochdeutsch	iu[1]	ou[2]	u	o
mittelhochdeutsch	iu | ie	ou	u	o

1 *oberdt. -iu*, vor *h* und Dental *-eo, -io, -ie*; *fränk. -eo*
2 *oberdt. -ou*; *fränk. -ō*

aisl.				
	drjúpa (*tropfen*)	draup	drupum	dropinn
	súpa (*saufen*)	saup	supum	sopinn
	brjóta (*brechen*)	braut	brutum	brotinn
	kjósa (*wählen*)	kaus	kurum	korinn

Erläuterungen zu den Beispielen:

- Vor Dental, *-h* und *-m* steht im Infinitiv *-jó*, vor den anderen Konsonanten *-jú* oder (selten) *-ú*. Alle drei lauten im Präsens Singular zu *-ý* um.
- Im Partizip Perfekt ist das *-o* durch *a*-Umlaut von *-u* entstanden, weil im Indogermanischen die Endung **-anaz* hieß; sie entwickelte sich zu *-inn* weiter.
- Grammatischen Wechsel von *s* : *r* zeigen die Formen von *kjósa* (vgl. auch deutsch *erkie<u>s</u>en* : *erko<u>r</u>*); das Neuisländische hat hier durchgehend *-s*.
- Die Präteritum-Plural-Form von *kjósa* war ursprünglich *kørum*, das Partizip *kørinn* (R-Umlaut); die Formen mit *-u* bzw. *-o* sind Analogiebildungen innerhalb der Ablautreihe.
- Verben mit einer Wurzel auf *-g* haben im Präteritum Singular meist eine Form auf *-ó*: *fljúga* : *fló*; *ljúga* : *ló*; *súga* : *só*. Die späteren Formen *laug* und *saug* sind ebenfalls Analogiebildungen.

3. Ablautreihe

Die dritte Ablautreihe zeigt ein altes *-e* als Stammvokal, dem Nasal (N) oder Liquid (L) plus ein beliebiger Konsonant (K) folgt. Das wurzelbetonte *-e* ist diversen lautgeschichtlichen Entwicklungen ausgesetzt (siehe unten in den Erläuterungen der Beispiele).

	Infinitiv	*1. Sg. Prät.*	*1. Pl. Prät.*	*Part. Prät.*
indogermanisch	e+N | L+K	o+N | L+K	– +N | L+K	– +N | L+K
germanisch	e | i	a	u	u
altisländisch	e | i	a	u	u | o
althochdeutsch	i vor N+K } ë vor L+K	a	u	u
mittelhochdeutsch	ë, i	a	u	u | o

aisl.	brenna (*brennen*)	brann	brunnum	brunninn
	bjarga (*bergen*)	barg	burgum	borginn
	finna (*finden*)	fann	fundum	fundinn
	vinna (*arbeiten*)	vann	unnum	unninn
	syngva (*singen*)	sǫng	sungum	sunginn
	drekka (*trinken*)	drakk	drukkum	drukkinn
	søkkva (*versenken*)	sǫkk	sukkum	sukkinn
	bresta (*bersten*)	brast	brustum	brostinn
	gjalda (*zahlen*)	galt	guldum	goldinn

Erläuterungen zu den Beispielen:

– In *drekka* und *søkkva* ist *-kk* aus *-nk* enstanden.

– Im Partizip Perfekt tritt *a*-Umlaut auf, der jedoch von einem nachfolgenden Nasal verhindert wird. Die *o*-Form findet sich daher nur vor *-l* oder *-r*, nicht vor *-n* und *-m*. Da in *sukkinn* und *drukkinn* die Doppelkonsonanz *-kk* aus *-nk* entstanden ist (vgl. dt. *sinken*), darf man daraus folgern, dass der Umlaut älter ist als die Assimilation von *-nk* zu *-kk* und früher stattgefunden hat (bzw. hier verhindert wurde).

– Bei *bjarga* und *gjalda* zeigt der Stammvokal *a*-Brechung; Brechung bei Verben kommt aber nur unregelmäßig und eher selten vor.

– Bei *bresta* hat *Metathese* von *-e* und *-r* stattgefunden, die Umstellung zweier Laute in einem Wort (vgl. dt. *Born* – *Brunn*; österr. *Wepse* – *Wespe* oder dt. *Ross* – engl. *horse*).

- Einige Verben haben *v*-Suffix im Präsens, z.B. *syngva* (neben *syngja*), *slyngva* (neben *slyngja*), *þryngva* (neben *þryngja*).
- Bei Verben mit *v*-Suffix zeigt der Stammvokal im Präsens *w*-Umlaut von *-i*, im Präteritum Sg. *u*-Umlaut von *-a* (Schwund nach langer Silbe mit Hinterlassen von Umlaut).
- In *finna* und *vinna* liegt ein älterer (in diesem Buch nicht behandelter) *i*-Umlaut vor.
- Bei *vinna* zeigt sich in Präteritum Pl. und Partizip *w*-Schwund vor *-u*.
- Bei *finna* zeigt sich zwischen Infinitiv | Präteritum Sg. sowie Präteritum Pl. | Partizip grammatischer Wechsel.
- Präteritum Sg. *galt* von *gjalda* (Brechung) zeigt Auslautverhärtung.
- Unregelmäßiges Präteritum liegt vor bei *bregða*: *brá* – *brugðum* – *brugðinn*.

Substantive: Vokalische Deklination

i-*Stämme*

Die *i*-Stämme umfassen Maskulina und Feminina; durch Synkope ist das *-i* geschwunden, hat aber bisweilen Umlaut hinterlassen. Manche Stämme haben später die Flexion der *a*-Stämme übernommen.

Maskulina

Die maskulinen *i*-Stämme haben den *i*-Umlaut entweder in allen Formen durchgeführt (*gestr*) oder in keiner (*staðr*).

Sg.	*Nom.*	gest-r	elg-r	stað-r	fund-r
	Gen.	gest-s	elg-j-ar | elg-s	stað-ar	fund-ar
	Dat.	gest-	elg-	stað-	fund-i
	Akk.	gest-	elg-	stað-	fund-
Pl.	*Nom.*	gest-ir	elg-ir	stað-ir	fund-ir
	Gen.	gest-a	elg-j-a	stað-a	fund-a
	Dat.	gest-um	elg-j-um	stǫð-um	fund-um
	Akk.	gest-i	elg-i	stað-i	fund-a

gestr (*Gast*); elgr (*Elch*); staðr (*Stelle*); fundr (*Begegnung*)

Erläuterungen zu den Paradigmen:

- Neben *-s* bilden viele maskuline *i*-Stämme ihren Genitiv auf die ursprüngliche Endung *-ar*; das *-s* ist der Flexion der *a*-Stämme entlehnt.
- Maskulina, die durchgehend Umlaut zeigen, schieben manchmal vor einer Endung auf *-a* und *-u* ein *-j* ein (*elgr*).
- Dat. Sg. endet manchmal auf *-i*, ohne einer Regel zu folgen.
- Bei *fundr* ist der Übertritt von Teilen der Flexion in die *a*-Klasse am Akk. Pl. zu erkennen.

a- und *i*-Stämme beeinflussen sich gegenseitig; manche *a*-Stämme bilden ihren Genitiv auf *-ar*, sind im Dat. Sg. endungslos und bilden den Nom. Akk. Pl. auf *-ir* bzw. *-i*. Die beiden Stämme „verfließen ineinander“ (vgl. Heusler § 219.3); oft bestehen Doppelformen nebeneinander.

Feminina

Die meisten femininen *i*-Stämme sind in der Singular-Flexion identisch mit den *ō*-Stämmen; Stämme mit betontem *-a* zeigen folglich *u*-Umlaut. Der Dat. Sg. kann daher auch auf *-u* enden (*strǫnd* : *strǫndu*). Umgekehrt bilden manche *ō*-Stämme ihren Plural – beeinflusst von den *i*-Stämmen – auf *-ir*. Der *i*-Umlaut ist in allen Fällen beseitigt.

Sg. Nom.	nauð	skipun	ǫxl
Gen.	nauð-ar	skipa̲n-ar	axl-ar
Dat.	nauð	skipun	ǫxl
Akk.	nauð	skipun	ǫxl
Pl. Nom.	nauð-ir	skipa̲n-ir	axl-ir
Gen.	nauð-a	skipa̲n-a	axl-a
Dat.	nauð-um	skipun-um	ǫxl-um
Akk.	nauð-ir	skipa̲n-ir	axl-ir

nauð (*Not*); skipun (*Anordnung*); ǫxl (*Achsel*)

Erläuterungen zu den Paradigmen:

- Wie *skipun* flektieren alle Feminina auf *-un*; es handelt sich meist um Abstrakta, die von schwachen Verben abgeleitet sind (skipa : skipun *befehlen* : *Befehl*; panta : pǫntun *bestellen* : *Bestellung*).
- *-u* lautet in unbetonter Silbe *-a* zu *-u* um; vgl. *skipa̲nir* : *skipu̲num*.

u-*Stämme*

Die *u*-Stämme umfassen im Altisländischen nur Maskulina und ein einziges Neutrum: *fé* ('Vieh; Vermögen'). Feminina sind nicht bewahrt, von ihrer Existenz zeugen jedoch Wörter wie *hǫnd* (**handuz*, mit dem regelmäßigen Dat. Sg. *hendi*; vgl. Heusler § 221). Im Nom. Pl. und Dat. Sg. bewirkt die ursprüngliche Endung *-iu* | *-iur* den Umlaut von germ. *e* → *i*. Das stammbildende *-u* wurde in allen Kasus bis auf Akk. Pl. synkopiert; es hinterließ jedoch seine Spuren in Form von Umlaut und Brechung.

Sg. Nom.	vǫll-r	skjǫld-r	fǫgnuðr	fé (*n.*)
Gen.	vall-ar	skjald-ar	fagna̲ð-ar	fjár
Dat.	vell-i	skild-i	fagna̲ð-i	fé
Akk.	vǫll-	skjǫld-	fǫgnuð-	fé
Pl. Nom.	vell-ir	skild-ir	fagna̲ð-ir	–
Gen.	vall-a	skjald-a	fagna̲ð-a	–
Dat.	vǫll-um	skjǫld-um	fǫgnuð-um	–
Akk.	vǫll-u	skjǫld-u	fagna̲ð-i	–

vǫllr (*Feld*); skjǫldr (*Schild*); fǫgnuðr (*Begrüßung*); fé (*Vieh*; *Vermögen*)

Erläuterung zu den Paradigmen:

– *u*-Umlaut lautet in unbetonter Silbe *-a* zu *-u* um.

Aufgaben

1. Suchen Sie in Baetkes Wörterbuch die Bedeutung der folgenden Verben heraus und erläutern lautgeschichtliche Prozesse innerhalb der Stammformen:

   hrøkkva – hrǫkk – hrukkum – hrokkinn
   tyggja – tǫgg (*im Neuisländischen schwach!*)
   hverfa – hvarf – hurfum – horfinn
   sleppa – slapp – sluppum – sloppinn
   frjósa – fraus – frørum – frørinn

2. Suchen Sie aus der Liste der starken Verben in Baetkes Wörterbuch alle starken Verben der Klassen 1–3 heraus und lernen Sie ihre Bedeutung sowie die Stammformen auswendig.
3. Versuchen Sie die „unregelmäßige“ Präteritumform *brá* von *bregða* zu erklären, unter Einbeziehung aller bisher behandelten Lautgesetze.

III. Textteil

Die Vínland sagas, oder: Die Entdeckung Amerikas

Zusammen mit der *Grœnlendinga saga* bildet die *Eiríks saga rauða* unter den *Íslendingasǫgur* die sogenannten *Vínland sagas*, jene Sagas, die neben der Besiedlung Grönlands auch von der frühen Entdeckung Amerikas – 500 Jahre vor Columbus – berichten. Die Historizität dieser Sagas ist schwer einzuschätzen. Jahrzehntelang wurde versucht, nach den geografischen Angaben, die die Sagas liefern, diese Orte genau zu lokalisieren; mittlerweile herrscht weitgehend Einigkeit darüber, dass die Siedlungen im nördlichen Neufundland gelegen haben müssen, ohne dass der letzte Beweis dafür je erbracht worden ist. Auch die Archäologie hat sich des Themas angenommen und versucht, die Ergebnisse zu stützen; langjährige Ausgrabungen und archäologische Untersuchungen der mittlerweile zahlreichen Funde (von Häuserresten bis Knochenfunden, von Kupfernägeln bis Ringnadeln) sprechen für eine mittelalterliche nordische Ansiedlung im Bereich des arktischen Kanada.

Zum Weiterlesen. Jörg-Peter Findeisen: Vinland. Die Entdeckungsfahrten der Wikinger von Island nach Grönland und Amerika. Kiel 2011. Thorsten Andersson: Vinland. In: RGA 32. DOI: 10.1515/gao_RGA_6212. Erik Wahlgren: Vinland sagas. In: MS, S. 704 f. Gwyn Jones: The Norse Atlantic saga. Being the Norse voyages of discovery and settlement to Iceland, Greenland and America. Oxford [2]1986. Anne-Stine Ingstad: Excavations of a Norse settlement at L’Anse aux Meadows, Newfoundland 1961–1968. Oslo 1985. Helge Ingstad: The historical background and the evidence of the Norse settlement discovered in Newfoundland. Oslo 1985. Helge Ingstad: Vesterveg til Vinland. Oslo 1965. Engl. Übersetzung: Westward to Vinland, 1969.

In den 50er Jahren des 20. Jahrhunderts stellte ein amerikanischer Buchverkäufer in Europa der Öffentlichkeit eine lateinisch beschriftete, stark verschlissene Pergamentkarte vor, die von der Yale University und dem

British Museum in dem Band *The Vinland Map and the Tartar Relation* veröffentlicht wurde. Diese Karte zeigt neben Island und Grönland eine weitere große Insel, die als „Vinland“ bezeichnet wird; sie wäre damit die erste Karte, die die Neue Welt graphisch darstellt. Die Herkunft der Karte hat sich nie ermitteln lassen, und Forscher diverser Fachgebiete haben sich bemüht, entweder ihre Echtheit nachzuweisen oder sie als Fälschung zu verifizieren. Beiden Seiten ist kein eindeutiger Beweis gelungen, obwohl man längst davon ausgeht, dass es sich um eine Fälschung handelt.

Weitere Fälschungen, die Beweise für eine frühe Besiedlung Amerikas durch Europäer vor Columbus liefern wollten, sind bekannt, so vor allem der *Kensington Stone* in Minnesota, der 1898 von einem schwedischen Einwanderer entdeckt wurde.

Zum Weiterlesen. René Larsen / Dorte V. P. Sommer: Facts and myths about the Vinland map and its context. In: Zeitschrift für Kunsttechnologie und Konservierung 23, 2009, S. 196–205. Erik Wahlgren: Vinland Map. In: MS, S. 703 f.; Kensington Stone. In: MS, S. 352 f.; Viking Hoaxes. In: MS, S. 700 f.

In der *Eiríks saga rauða* steht Leifr Eiríksson im Mittelpunkt des Geschehens. Leifr, ca. 975–1020, war der zweite Sohn von Eiríkr rauði („der Rote“, wegen der Farbe seines Bartes), der als erster Europäer eine Siedlung in Brattahlíð auf Grönland errichtete. Vor allem die literarischen Quellen geben Auskunft über sein Leben. Nach der *Eiríks saga rauða* wird Leifr in jungen Jahren auf dem Weg von Grönland nach Norwegen auf die Hebriden verschlagen, wo er sich in Þorgunna, eine Frau vornehmer Abstammung, verliebt und mit ihr einen Sohn, Þorgils, zeugt, den Þorgunna später nach Island schickt. Die Episode bleibt ohne Bezug zu Leifs späterem Leben und scheint ohne historische Aussagekraft. Er findet ehrenvolle Aufnahme bei König Óláfr Tryggvason, der ihn um 1000 zum Christentum bekehrt. Später sendet dieser ihn zurück mit dem Auftrag, Grönland zu christianisieren. Auf dieser Fahrt kommt Leifr vom Kurs ab und entdeckt unbekanntes Land mit „ungesäten Weizenäckern“ (*hveitiakrar sjálfsánir*) und wild wachsendem Wein (*vínviðr*, beide Kap. 5). Bei seiner Rückkehr nach Grönland ein Jahr später rettet Leifr Menschen aus einem Wrack und nimmt sie mit in die Heimat zurück. Wegen seines mildtätigen Tuns und der anschließenden Christianisierung Grönlands erhält er den Beinamen *inn heppni*, ‘der Glückliche’. Eine der ersten, die er bekehrte, war seine Mutter Þjóðhildr, die die erste christliche Kirche in Grönland errichtet haben soll.

Die bemerkenswerte Tatsache der Entdeckung eines neuen Landes wird in der Saga nur am Rande erwähnt. Leifr Eiríksson gilt vielen dennoch als der Entdecker Amerikas, ca. 500 Jahre vor Columbus. Man geht davon aus, dass Leifr an die amerikanische Küste bei Labrador geriet.

Der *Grœnlendinga saga* zufolge war Nordamerika bereits einige Jahre zuvor von dem Isländer Bjarni Herjólfsson gesichtet worden. Nach dieser Quelle kauft Leifr später Bjarnis Schiff, um sich von Grönland aus nach dessen Reisewegbeschreibungen auf die Suche nach dem neuen Land zu machen, zusammen mit einer Mannschaft von 35 Mann. Auf dieser Fahrt passiert er mit seinen Gefährten Helluland und Markland, bevor sie schließlich auf Vinland siedeln und die Leifshütten errichten; sie bleiben ein Jahr in dem neuen Land, bevor sie nach Grönland zurückkehren. Die genaue Lokalisierung dieser Länder ist ebenfalls umstritten.

Über Leifs weiteres Leben nach seiner Rückkehr aus Vinland ist nur wenig bekannt; glaubt man den literarischen Quellen, so hat er drei weitere Vinlandfahrten von Verwandten miterlebt, aber nicht mehr selbst an ihnen teilgenommen.

Dieser Text ist – von geringfügigen Änderungen abgesehen – identisch mit meinem Artikel *Leifr Eiríksson* in RGA 18. DOI: 10.1515/gao_ RGA_3308. Neben weiteren Quellen (samt ihren Ausgaben) zur Geschichte Grönlands finden sich dort weiterführende Literaturhinweise, vor allem zur Entdeckung Amerikas.

Eiríks saga rauða. Matthías Þórðarson gaf út. In: Íslenzk fornrit 4, Reykjavík 1935, S. 193–237. Auszug S. 209–212.

Eiríkr átti þá konu, er Þjóðhildr hét, ok við henni tvá sonu; hét annarr Þorsteinn, en annarr Leifr. Þeir váru báðir efnilegir menn. Var Þorsteinn heima með fǫður sínum, ok var eigi sá maðr á Grœnlandi, er jafnmannvænn þótti sem hann. Leifr hafði siglt til Nóregs ok var þar með Ólafi konungi Tryggvasyni. En er Leifr sigldi af Grœnlandi um sumarit, urðu þeir sæhafa til Suðreyja. Þaðan byrjaði þeim seint, ok dvǫlðusk þeir þar lengi um sumarit. Leifr lagði þokka á konu þá, er Þórgunna hét. Hon var kona ættstór, ok skilði Leifr, at hon mundi vera margkunnig. En er Leifr bjósk brott, beiddisk Þórgunna at fara með honum. Leifr spurði, hvárt þat væri nǫkkut vili frænda hennar. Hon kvezk þat eigi hirða. Leifr kvezk eigi þat kunna at sjá at sínu ráði, at gera hertekna svá stórættaða konu í ókunnu landi, – „en vér liðfáir.“ Þórgunna mælti: „Eigi er víst, at þér þykki því betr ráðit.“ „Á þat mun ek þó hætta,“ sagði Leifr. „Þá segi ek þér,“ sagði Þórgunna, „at ek man fara kona eigi ein saman, ok em ek með barni; segi ek þat af þínum vǫldum. Get ek, at þat muni vera sveinbarn, þá er fœðisk. En þóttú vilir engan gaum at gefa, þá man ek upp fœða sveininn ok þér senda til Grœnlands, þegar fara má með ǫðrum mǫnnum. En ek get, at þér verði at þvílíkum nytjum sonareignin, sem nú verðr skilnaðr okkarr til. En koma ætla ek mér til Grœnlands, áðr lýkr.“ Leifr gaf henni fingrgull ok vaðmálsmǫttul grœnlenzkan ok tannbelti.

Leifr Eiríksson. Statue vor der Hallgrímskirkja in Reykjavík.

– Þessi sveinn kom til Grœnlands ok nefndisk Þorgils. Leifr tók við honum at faðerni. – Ok er þat sumra manna sǫgn, at þessi Þorgils hafi komit til Íslands fyrir Fróðárundr um sumarit. – En sjá Þorgils var síðan á Grœnlandi, ok þótti þar enn eigi kynjalaust um hann verða, áðr lauk.

Þeir Leifr sigldu í brott ór Suðreyjum ok tóku Nóreg um haustit. Fór Leifr til hirðar Óláfs konungs Tryggvasonar. Lagði konungr á hann góða virðing ok þóttisk sjá, at hann mundi vera vel menntr maðr. Eitt sinn kom konungr at máli við Leif ok sagði: „Ætlar þú til Grœnlands í sumar?“ „Þat ætla ek,“ sagði Leifr, „ef þat er yðvarr vili.“ Konungr svarar: „Ek get, at þat muni vel vera, ok skaltu þangat fara með ørendum mínum, at boða þar kristni.“ Leifr kvað hann ráða skyldu, en kvezk hyggja, at þat ørendi myndi torflutt á Grœnlandi. Konungr kvezk eigi þann mann sjá, er betr væri til fallinn en hann, – „ok muntu giptu til bera.“ „Þat mun því at eins,“ segir Leifr, „ef ek nýt yðvar við.“ Lætr Leifr í haf ok er lengi úti ok hitti á lǫnd þau, er hann vissi áðr enga ván til. Váru þar hveitiakrar sjálfsánir ok vínviðr vaxinn. Þar váru þau tré, er mǫsurr heita, ok hǫfðu þeir af þessu ǫllu nǫkkur merki, sum tré svá mikil, at í hús váru lǫgð. Leifr fann menn á skipflaki ok flutti heim með sér. Sýndi hann í því ina mestu stórmennsku ok drengskap, sem mǫrgu ǫðru, er hann kom kristni á landit, ok var jafnan síðan kallaðr Leifr inn heppni.

Leifr tók land í Eiríksfirði ok fór heim síðan í Brattahlíð. Tóku þar allir menn vel við honum. Hann boðaði brátt kristni um landit ok almenniliga trú ok sýndi mǫnnum orðsending Óláfs konungs Tryggvasonar ok sagði, hversu mǫrg ágæti ok mikil dýrð fylgði þessum sið.

So ähnlich mag Leifr seine Reise nach Grönland erlebt haben: Gletscherlagune.

KAPITEL 9

I. Formenlehre

Starke Verben: Klassen 4–6

4. Ablautreihe

Die vierte Ablautreihe zeigt *-e* als Stammvokal plus folgender Nasal (N) oder Liquid (L). Im Gegensatz zu den Verben der dritten Ablautreihe ist das wurzelbetonte *-e* hier fast immer unverändert erhalten; es findet keine Brechung statt.

	Infinitiv	*1. Sg. Prät.*	*1. Pl. Prät.*	*Part. Prät.*
indogermanisch	e+N | L	o+N | L	$ē_1$ +N | L	– +N | L
germanisch	e	a	ē	u
altisländisch	e	a	á	u | o
althochdeutsch	ë	a	ā	o
mittelhochdeutsch	ë	a	â	o

aisl.	bera (*tragen*)	bar	bárum	borinn
	stela (*stehlen*)	stal	stálum	stolinn
	fela (*verbergen*)	fal	fálum	fólginn
	nema (*lernen*)	nam	námum	numinn
	koma (*kommen*)	kom	kómum	kominn
	sofa (*schlafen*)	svaf	sófum	sofinn
	vefa (*weben*)	vaf	ófum	ofinn

Erläuterungen zu den Beispielen:

- Im Partizip tritt *a*-Umlaut von *-u* zu *-o* nur vor Liquid ein; ein folgender Nasal hindert den Umlaut.
- Nach Konsonant wurde aus *-wa* und *-we* häufig *-o* (vgl. z.B. auch Gen. Pl. *kvenna* von *kona* 'Frau'). Der Infinitiv *koma* lässt sich demnach auf eine Form **qweman* zurückführen (vgl. *ahd.* quëman); dazu Heusler § 87.2.

- Eine ähnliche Entwicklung liegt wohl vor in *sofa*; dafür spricht neben den *v*-bewahrenden Formen des Präteritum Sg. auch der altenglische Infinitiv *swefan*. Obwohl der dem Stammvokal folgende Konsonant weder Nasal noch Liquid ist, hat sich das Verb – ebenso wie *vefa* – dieser Ablautklasse angeschlossen.
- Im Präteritum Pl. ist *-ó* bei *koma*, *sofa* und *vefa* durch „kombinierten Labialumlaut" aus *-á* entstanden; vgl. dazu Heusler § 75: „Mit dem *u* wirkte irgendein anderer Laut zusammen; die Umfärbung ergriff auch *e* und *i*; *á* wurde bis zur Stufe *ó* gerundet".
- *fela* (**felhan – *falh*) zeigt im Partizip Perfekt grammatischen Wechsel von *-h* zu *-g*; die Länge des Vokals erklärt sich als Dehnung vor *-l* + Labial | Tektal ab ca. 1200 (vgl. Nedoma § 39.3.f.).

5. Ablautreihe

Diese Ablautreihe ist erkennbar an einem auf das *-e* folgenden beliebigen Konsonanten (K), mit Ausnahme von Nasal und Liquid.

	Infinitiv	*1. Sg. Prät.*	*1. Pl. Prät.*	*Part. Prät.*
indogermanisch	e+K	o+K	$ē_1$+K	e+K
germanisch	e	a	ē	e
altisländisch	e	a	á	e
althochdeutsch	ë | i	a	ā	ë
mittelhochdeutsch	ë | i	a	â	ë

aisl.	gefa (*geben*)	gaf	gáfum	gefinn
	drepa (*töten*)	drap	drápum	drepinn
	vera (*sein*)	var	várum	verit (*n.*)
	fregna (*erfahren*)	frá	frágum	freginn
	sjá (*sehen*)	sá	sám	sénn

Erläuterungen zu den Beispielen:

- Trotz des Liquids gehört *vera* in diese Klasse, da das Verb grammatischen Wechsel von *-r* und *-s* bewahrt und ursprünglich *vesa* hieß; grammatischer Wechsel spiegelt sich auch noch in den deutschen Formen wider: *war* : *gewesen*.
- *fregna* zeigt *n*-Infix nur im Präsens.

- *-á* im Prät. Sg. von *fregna* und *sjá* geht auf *h*-Schwund (mit vorausgehender Ersatzdehnung) zurück; bei *fregna* steht *-h* (**frah-*) zudem in grammatischem Wechsel zu *-g*.
- Bei *sám* (< **sáum*) und *sénn* (<**seinn*) haben im Hiatus (hier: Aufeinandertreffen von zwei Vokalen, die zu verschiedenen Silben gehören) Kontraktionen stattgefunden; der stärkere, betonte Vokal bestimmt die Qualität.

6. Ablautreihe

Im Gegensatz zum qualitativen Ablaut in den ersten fünf Ablautreihen ist der Ablaut in dieser Reihe auf indogermanischer Stufe quantitativer Art.

	Infinitiv	*1. Sg. Prät.*	*1. Pl. Prät.*	*Part. Prät.*
indogermanisch	a | o	ā | ō	ā | ō	a | o
germanisch	a	ō	ō	a
altisländisch	a	ó	ó	a
althochdeutsch	a	uo	uo	a
mittelhochdeutsch	a	uo	uo	a

aisl.	fara (*gehen*)	fór	fórum	farinn
	taka (*nehmen*)	tók	tókum	tekinn
	vaða (*waten*)	óð	óðum	vaðinn
	draga (*ziehen*)	dró	drógum	dreginn
	slá (*schlagen*)	sló	slógum	sleginn
	standa (*stehen*)	stóð	stóðum	staðinn

Erläuterungen zu den Beispielen:

- Verben, deren Wurzel auf Tektal endet, zeigen im Partizip Perfekt *g*|*k*-Umlaut von *-a* zu *-e*.
- *v*-anlautende Verben verlieren *-v* vor *-ó* (*w*-Schwund).
- Verben, deren Stamm auf einstiges *-h* endet (**slahan*), zeigen Ersatzdehnung und grammatischen Wechsel von *-g* und *-h*; ebenso *dró* (<**droh*).
- *standa* zeigt *n*-Infix nur im Präsens.

j-Präsentien

Zu den Ablautreihen 1, 5 und 6 existieren die sogenannten *j*-Präsentien, d.h. Verben, deren Infinitiv auf *-ja* endet; sie bilden ihr Präsens mit *-j* und behalten dieses vor *-a* und *-u* der Endung. Man erkennt sie am *i*-Umlaut (bei umlautfähigem Vokal) oder an einer Konsonantengemination (vor *j*). *j*-Präsentien werden nach den gleichen Regeln der jeweiligen „normalen" Verben ihrer Klasse flektiert.

j-Präsentien der 1. Ablautreihe

aisl.	svíkja (*verraten*)	sveik	svikum	svikinn
	víkja (*weichen*)	vék | veik	vikum	vikinn

j-Präsentien der 5. Ablautreihe

aisl.	biðja (*bitten*)	bað	báðum	beðinn
	liggja (*liegen*)	lá	lágum	leginn
	sitja (*sitzen*)	sat	sátum	setinn
	þiggja (*annehmen*)	þá	þágum	þeginn

Erläuterungen zu den Beispielen:

- Alle vier Partizipien zeigen *a*-Umlaut.
- *liggja* und *þiggja* zeigen grammatischen Wechsel und Ersatzdehnung in *lá* : *lágum* und *þá* : *þágum*.

j-Präsentien der 6. Ablautreihe

Die 6. Ablautreihe enthält die meisten *j*-Präsentien, zum Beispiel:

aisl.	hefja (*beginnen*)	hóf	hófum	hafinn
	hlæja (*lachen*)	hló	hlógum	hleginn
	sverja (*schwören*)	sór	sórum	svarinn
	deyja (*sterben*)	dó	dóm	dáinn

Erläuterungen zu den Beispielen:

- Bei *hlœja* (*hló* : *hlógum*) liegt grammatischer Wechsel vor sowie *g*|*k*-Umlaut im Partizip.
- Bei *sverja* kommt es zu *w*-Schwund vor *-ó*.
- Bei *deyja* (*dóm*) liegt Kontraktion im Hiatus vor.

Präsensbildung der starken Verben

Starke Verben bilden im Singular ihr Präsens mit *i*-Umlaut, wenn der Stammvokal umlautfähig ist (*fara* : *fer*). In den Pluralformen steht jeweils der Vokal oder Diphthong des Infinitivs, der gegebenenfalls durch die Endung *-um* in der 1. Pers. Pl. umgelautet wird (*fara* : *fǫrum*; zum Präsens der reduplizierenden Verben vgl. Kapitel 10, S. 123–125).

Klasse 2: *jó* | *jú* | *ú* → *ý*
Klasse 6: *a* → *e*

Die Schwierigkeiten bei der Ermittlung des Infinitivs aus den Stammformen starker Verben zeigen die Tabellen bei Nedoma §§ 40.1–3.

Tabellarischer Überblick über die Ablautreihen der starken Verben

	Infinitiv	*1. Sg. Präs.*	*1. Sg. Prät.*	*1. Pl. Prät.*	*Part. Prät.*
1	*í* bíta *+ j-Präs.*	*í* bít	*ei* beit	*i* bitum	*i* bitinn
2	*jó* skjóta *jú* krjúpa *ú* súpa	*ý* skýt *ý* krýp *ý* sýp	*au* skaut *au* kraup *au* saup	*u* skutum *u* krupum *u* supum	*o* skotinn *o* kropinn *o* sopinn
3	*e* verpa *ja* hjalpa *i* rinna *y* syngva *ø* søkkva	*e* verp *e* help *i* rinn *y* syng *ø* søkk	*a* varp *a* halp *a* rann *ǫ* sǫng *ǫ* sǫkk	*u* urpum *u* hulpum *u* runnum *u* sungum *u* sukkum	*o* orpinn *o* holpinn *u* runninn *u* sunginn *o* sokkinn
4	*e* bera *e* nema	*e* ber *e* nem	*a* bar *a* nam	*á* bárum *á* námum	*o* borinn *u* numinn
5	*e* gefa *+ j-Präs.*	*e* gef	*a* gaf	*á* gáfum	*e* gefinn
6	*a* fara *+ j-Präs.*	*e* fer	*ó* fór	*ó* fórum	*a* farinn

Tabellarischer Überblick über die Flexion der starken Verben

	Präs. Ind.	*Präs. Kon.*	*Prät. Ind.*	*Prät. Konj.*	*Part. Prät.*
skjóta					
1. Sg.	skýt	skjót-a	skaut	skyt-a	skot-inn
2.	skýt-r	skjót-ir	skauz̲-t	skyt-ir	
3.	skýt-r	skjót-i	skaut	skyt-i	
1. Pl.	skjót-um	skjót-im	skut-um	skyt-im	
2.	skjót-ið	skjót-ið	skut-uð	skyt-ið	
3.	skjót-a	skjót-i	skut-u	skyt-i	
hjalpa[1]					
1. Sg.	help	hjalp-a	halp	hylp-a	holp-inn
2.	help-r	hjalp-ir	halp-t	hylp-ir	
3.	help-r	hjalp-i	halp	hylp-i	
1. Pl.	hjǫlp-um	hjalp-im	hulp-um	hylp-im	
2.	hjalp-ið	hjalp-ið	hulp-uð	hylp-ið	
3.	hjalp-a	hjalp-i	hulp-u	hylp-i	
taka					
1. Sg.	tek	tak-a	tók	tœk-a	tek-inn
2.	tek-r	tak-ir	tók-t	tœk-ir	
3.	tek-r	tak-i	tók	tœk-i	
1. Pl.	tǫk-um	tak-im	tók-um	tœk-im	
2.	tak-ið	tak-ið	tók-uð	tœk-ið	
3.	tak-a	tak-i	tók-u	tœk-i	

[1] im Neuisländischen schwach

Erläuterungen zu den Formen:

- 1. und 3. Pers. Sg. Prät. sind endungslos. Endet der Stamm auf *-d*, tritt in beiden Personen Auslautverhärtung ein:

  gjalda : galt (*bezahlen* : *bezahlte*)
- Entsteht dadurch *-nt*, so wird dieses zu *-tt*:

  binda : *bant → batt (*binden* : *band*)

- Endet die Wurzel auf *-t* oder *-d*, endet die 2. Pers. Sg. Prät. meist auf *-zt*:

  brjóta : brauzt (*brechen* : *brachst*)

- Endet die Wurzel bereits auf *-st*, bleibt die 2. Pers. Sg. Prät. endungslos:

  ljósta : laust (*schlagen* : *schlugst*)

- Endet der Stamm auf *-ð*, wird dieses in der 2. Pers. Sg. Prät. zu *-t* assimiliert. Hierbei kann Vereinfachung der Konsonantengeminate eintreten, wenn ein Konsonant vorausgeht:

  biðja : batt (*bitten* : *batest*)
  verða : *vartt → vart (*werden* : *wurdest*)

  Spätere Formen haben oft die Endung *-st* oder *-zt* (*varst*; *bazt*).

- Endet der Stamm auf *-s* oder *-n*, wird das *-r* der Endung in der 2. und 3. Pers. Sg. Präs. meist assimiliert:

  frjósa : þú frýss (*frieren* : *du frierst*)
  skína : sólin skínn (*scheinen* : *die Sonne scheint*)

- Analoge Nebenformen haben diese Doppelkonsonanz reduziert zu *frýs*, *skín*. Dies gilt meist auch für *-x*:

  vaxa : þú vex (*wachsen* : *du wächst*)

- Die Reduktion der Doppelkonsonanz tritt nicht ein, wenn der Doppelkonsonant zum Stamm gehört:

  brenna : þú brennr (*brennen* : *du brennst*)

- Der Vokal des Konjunktivs Präteritum entspricht dem *i*-Umlaut des Vokals in der 1. Pers. Pl. Prät.:

  tókum : tœk- (*nahmen* : *nähm-*)
  hulpum : hylp- (*halfen* : *hülf-*)

  Vgl. die dt. Entsprechungen, z.B. *fahren*: *wir fuhren* → Konj. Prät. *wir führen*; *sein*: *wir waren* → *wir wären*.

Zum Neuisländischen hin sind weitere Änderungen in den Flexionsendungen eingetreten; zu den Präsensformen vgl. Duppler / van Nahl 5B4; zu den einzelnen Ablautklassen vgl. Duppler / van Nahl 8B2 (die dort behandelte Ablautklasse 7 erscheint hier im Buch als Klasse der ehemals reduplizierenden Verben, vgl. Kap. 10, S. 123–125).

Übersicht über die Flexionsendungen starker und schwacher Verben

		Präs. Ind. *stark*	*schwach*	*Prät. Ind.* *stark*	*schwach*	*Präs. | Prät. Konj.* *stark* und *schwach*
Sg.	*1.*	–	–	–	-a	-a
	2.	-r	-r	-t	-ir	-ir
	3.	-r	-r	–	-i	-i
Pl.	*1.*	-um	-um	-um	-um	-im
	2.	-ið	-ið	-uð	-uð	-ið
	3.	-a	-a	-u	-u	-i

Flexion des Partizip Perfekt bei starken Verben

Das Partizip Perfekt der starken Verben flektiert wie ein starkes Adjektiv; die Endungen *-inn*, *-in*, *-it* entsprechen denen des suffigierten Artikels. Damit gelten auch die gleichen Gesetzmäßigkeiten wie dort.

	mask.	*fem.*	*neutr.*
Sg. Nom.	brot-inn	brot-in	brot-it
Gen.	brot-ins	brot-innar	brot-ins
Dat.	brot-num	brot-inni	brot-nu
Akk.	brot-inn	brot-na	brot-it
Pl. Nom.	brot-nir	brot-nar	brot-in
Gen.	→	brot-inna	←
Dat.	→	brot-num	←
Akk.	brot-na	brot-nar	brot-in

Abgesehen von seiner Verwendung als Adjektiv wird das Partizip Perfekt am häufigsten bei der Bildung des Perfekts gebraucht, das sich aus einer Form von *hafa* ('haben') und dem Partizip Perfekt Neutrum zusammensetzt; intransitive Verben, vor allem Verben der Bewegung, können ihr Perfekt im Altisländischen auch mit *vera* ('sein') bilden (sehr selten im Neuisländischen). In Verbindung mit *vera* wird das Partizip dann aber nach Genus und Numerus flektiert:

hann er kominn	er ist gekommen (= und ist jetzt da)
hon er komin	sie ist gekommen
þeir eru komnir	sie (*m.*) sind gekommen
þær eru komnar	sie (*f.*) sind gekommen
þau eru komin	sie (*n.* = *m.* + *f.*) sind gekommen

Bei *hafa* steht das unveränderliche Partizip Perfekt Neutrum:

hann | *hon hefir farit*	er | sie ist gegangen
þeir | *þær* | *þau hafa farit*	sie sind gegangen

Aufgaben

1. Suchen Sie aus der Liste der starken Verben in Baetkes Wörterbuch alle starken Verben der Klassen 4–6 heraus und lernen Sie ihre Bedeutung sowie die Stammformen auswendig.
2. Suchen Sie in der Flexion der schwachen Verben Beispiele für *u*-Umlaut in unbetonten Silben.

II. Textteil

Fornaldarsǫgur I

1829/30 veröffentlichte der dänische Gelehrte Carl Christian Rafn in drei Bänden die *Fornaldar sögur Norðrlanda eptir gömlum handritum* (‘Sagas vom Altertum aus den Nordländern nach alten Handschriften’), in denen er den Begriff *fornöld* ‘Altertum’ verwendet, um damit das Heldenzeitalter, die Zeit vor der Herrschaft Harald Schönhaars und vor der Besiedlung Islands, zu bezeichnen. *Fornaldarsǫgur* sind ‘Sagas der alten Zeit’, auch Vorzeitsagas genannt. Sie spielen weitgehend in den nordischen Ländern, gehen zum Teil aber – dem Aktionsradius der Wikinger entsprechend – auch darüber hinaus. Die Abgrenzung der *Fornaldarsǫgur* zu anderen, ähnlichen Sagas ist nicht einfach; im Gegensatz zu den relativ einheitlichen *Íslendingasǫgur* sind Themen und Schauplätze sehr unterschiedlich.

Vgl. die Zusammenstellung der *Fornaldarsǫgur* bei Torfi H. Tulinius in: The matter of the north (siehe unten „Zum Weiterlesen“), S. 17–30.

Schwierigkeiten in ihrer Klassifizierung führten dazu, dass bei der Einteilung in Untergruppen nicht-literarische Kategorien herangezogen wurden; so wurde z.B. ihr Verhältnis zu Geschichte und Heldendichtung, zu Märchen und Mythen zugrunde gelegt. Daraus ergaben sich drei größere Untergruppen: *Heldensagas*, die eine enge Verbindung zu Themen der germanischen Heldendichtung zeigen (z.B. die *Vǫlsunga saga* mit dem Nibelungenstoff oder die *Hrólfs saga kraka* mit Elementen der dänischen Heldensage), *Wikingersagas*, in denen Wikingerfahrten mit Beutezügen und Abenteuern im Mittelpunkt stehen (z.B. die *Egils saga einhenda ok Ásmundar berserkjabana* oder die *Gríms saga loðinkinna*), und *Abenteuersagas*, die kaum noch Anknüpfungen an nordische Traditionen haben und eher kunstlosen, märchenhaften Geschichten gleichen (z.B. die *Áns saga bogsveigis* oder die *Hálfdanar saga Brǫnufóstra*); die Grenzen sind jedoch auch hier, vor allem bei Wikinger- und Abenteuersagas, fließend und keineswegs eindeutig zu ziehen.

Zum Weiterlesen. Torfi H. Tulinius: Sagas of Icelandic prehistory (fornaldarsögur). In: Rory McTurk (Hg.), A companion to Old Norse-Icelandic literature and culture. Malden, Mass. 2005, S. 447–461. Torfi H. Tulinius: The matter of the North. The rise of literary fiction in thirteenth-century Iceland. Übers. von Randi C. Eldevik. Odense 2002. Jónas Kristjánsson: Eddas und Sagas; darin „Fornaldarsögur. Vorzeitsagas“, S. 353–376. Stephen A. Mitchell: Fornaldarsögur. In: MS, S. 206–208. Vgl. dort auch die Artikel zu einzelnen *Fornaldarsǫgur.* Marina Mundt: Zur Adaption orientalischer Bilder in den Fornaldarsögur Norðrlanda. Materialien zu einer neuen Dimension altnordischer Belletristik. Frankfurt a.M. 1993. Hermann Pálsson: Fornaldarsögur Norðurlanda. In: Dictionary of the Middle Ages 5, 1985, S. 137–143. Marianne E. Kalinke: Riddarasögur, fornaldarsögur, and the problem of genre. In: Régis Boyer (Hg.), Les sagas de chevaliers (Riddarasögur). Actes de la Ve Conférence Internationale sur les Sagas. Toulon 1982, S. 77–81. Einar Ól. Sveinsson: Fornaldarsögur. In: KLNM 4, S. 500–508.

Die *Hrólfs saga kraka* ist eine der bekanntesten *Fornaldarsǫgur*. Hrólfr und seine zwölf Mannen sind vermutlich historische Persönlichkeiten, die etwa im 6. Jahrhundert gelebt haben; sie sind auch aus Quellen außerhalb des Nordens bekannt, z.B. aus dem altenglischen *Beowulf* und *Widsið*. Auch der dänische Geschichtsschreiber *Saxo Grammaticus* bezeugt sie in seiner *Geschichte der Dänen* (*Gesta Danorum*). Die Saga selbst ist jedoch viel später entstanden, nicht vor dem 14. Jahrhundert, und nur in späteren Papierhandschriften erhalten.

Hrólfr ist das inzestuöse Kind, das der Dänenkönig Helgi mit seiner Tochter Yrsa zeugte; diese wird später gegen ihren Willen mit König Aðils von Uppsala verheiratet. Mit Intrigen und Hinterlist tötet Aðils seinen Schwiegervater Helgi, und Hrólfr wird König von Dänemark. Gegen Ende der Saga wird von der Reise Hrólfs nach Uppsala erzählt, die zum Ziel hat, von König Aðils das Erbe einzufordern. Über diese Reise gibt es auch in der *Snorra-Edda* einen Bericht: Aðils will Hrólfr durch Zauberei vernichten, doch dieser kann mit Hilfe seiner Mutter Yrsa entkommen.

Die Flucht Hrólfs ist berühmt geworden wegen der von ihm angewendeten List: In den Niederungen des Flusses Fýri, auf dem Fýrisvǫllr, 'Fýrisfeld', „sät" er Gold, um den goldgierigen Aðils und seine Männer von der Verfolgung abzuhalten. Berühmt ist sein markanter Spruch, als Aðils sich nach dem Gold bückt: „Svínbeygða ek nú þann, sem Svíanna er ríkastr" – 'zur Schweinsgestalt gebeugt habe ich den, der der Mächtigste der Svíar ist'. – Der Fluss Fýri ist übrigens Fyrisån, der durch Uppsala fließt.

Zum Weiterlesen. Christoph Landolt: Hrólfr kraki. In: RGA 15. DOI: 10.1515/gao_RGA_2601. Jónas Kristjánsson: Eddas und Sagas, S. 365 f. Jonathan D.M. Evans: Hrólfs saga kraka. In: MS, S. 304 f.

Hrólfs saga kraka. Nach der isländischen Netzausgabe in altisländische Schreibweise normalisiert.

Hrólfr konungr ok kappar hans ríða nú leið sína ofan frá Uppsǫlum ok þar um, sem heitir á Fýrisvǫllum, ok þá sá Hrólfr konungr, at gullhringr einn glóaði gǫtunni fyrir honum ok glumraði við, er þeir ríða yfir hann. „Því gellr hann svá hátt," sagði Hrólfr konungr, „at honum þykkir illt einum at vera," ok rennir af sér gullhringi í gǫtuna til hins ok mælir: „Þat skal fyrir berast, at ek taki ekki upp gull, þótt á gǫtu liggi, ok sé engi innminna manna svá djarfr, at hann taki upp. Því er honum hér kastat, at hann skuli hepta ferð vára." Þeir heita honum því, ok nú heyra þeir lúðragang í allar áttir. Þeir sjá ógrynni liðs fara eptir sér. Þetta lið ferr svá geyst, at hvárr hleypir slíkt allt, er hans hestr má af taka. Þeir Hrólfr konungr ríða rétt fram it sama. Bǫðvarr mælti: „Þessir sœkja hart eptir, ok víst vilda ek, at nǫkkurir hefðu erendi, ok þeir vilja víst oss finna." Konungr mælir: „Gefum oss lítit at. Þeir munu sjálfir dveljast." Réttir hann nú hǫndina til hornsins, þess sem gullit var í, ok Beigaðr reið með ok helt í hendi sér. Hann sáir nú gullinu víða í gǫtuna, þar sem þeir ríða um alla Fýrisvǫllu, svá at gœturnar glóa sem gull. En er liðit sér þat, sem eptir ferr, at gullit glóar í gǫtunni, þá hlaupa flestir af baki, ok þykkist sá best leika, er skjótastr verðr til upp at taka, ok verða þar inar mestu hrifsingar ok áhǫld, ok hefr sá helst, sem sterkastr er, ok sóttist því seint eptirferðin.

Fýri – Fyrisån in Uppsala.

Ok er þetta sér Aðils konungr, liggr honum við at ganga af vitinu ok ávítar þá með hǫrðum orðum ok segir þeir taki upp it minna, en láti sleppa hjá sér it meira, ok muni þessi fúla skǫmm á hvárt land spyrjast, – „at vér skulum láta eina tólf menn rekast hér undan oss, svá ótǫluligum fjǫlda, sem ek hefi hér saman dregit af ǫllum heruðum Svíaveldis.“ Aðils konungr hleypir nú undan ǫllum, því at hann var inn reiðasti, en múgi manns eptir honum. Nú sem Hrólfr konungr sér Aðils konung þeyta næst sér, þá tekr hann hringinn Svíagrís ok kastar á gǫtuna. Ok sem Aðils konungr sér hringinn, mælir hann: „Hollari hefir sá verit Hrólfi konungi heldr en mér, sem honum hefir fengit þessa gersemi, ok eigi at síðr skal ek nú njóta hans, en eigi Hrólfr konungr.“ Réttir nú til spjótskapt sitt, þar sem hringrinn lá, ok vildi fyrir hvern mun ná honum. Hann beygist nú mjǫk á hestinum, er hann stakk spjótinu í buginn á hringnum. Hrólfr konungr sér nú þetta ok snýr aptr hestinum ok mælir: „Svínbeygða ek þann nú, sem Svíanna er ríkastr.“

Ok er Aðils konungr ætlar at draga at sér spjótskaptit með hringnum, þá hleypir þar at honum Hrólfr konungr ok hjó af honum báða þjóhnappana allt niðr at beini með sverðinu Skǫfnung, er allra sverða best hefir verit borit á Norðrlǫndum. Hrólfr konungr mælti þá til Aðils konungs ok bað hann halda þessari skömm um hríð. „Máttu nú kenna Hrólf kraka, hvar hann er, sem þú hefir lengi eptir sótt.“ Aðils konung sœkir þá svá mikil blóðrás, svá hann ómættir af, ok verðr nú at snúa aptr við verr búit, en Hrólfr konungr tók aptr Svíagrís. Skilr þar með þeim at sinni. Er þat ok ekki sagt, at þeir hafi fundist síðan. Drápu þeir ok alla þá menn, sem mest hǫfðu fram riðit ok mest hǫfðu hætt, því ekki þurftu þeir lengi at bíða Hrólfs konungs ok kappa hans, ok þóttist engi þeirra of góðr at embætta þeim, ok mattist engi þeirra við annan, þá fœri gafst.

Fýri – Fyrisån in Uppsala.

KAPITEL 10

I. Lautlehre

Reduplikation

Zu den starken Verben gibt es eine eigenständige, weitere Klasse, die der *ehemals reduplizierenden* Verben. Sie werden in den Grammatiken und Elementarbüchern sowie im Neuisländischen häufig als Ablautreihe 7 bezeichnet (vgl. Duppler / van Nahl 8B2). Kennzeichen der ehemals reduplizierenden Verben ist ihre besondere Art der Präteritumbildung (nicht des Partizips), nämlich nicht mit Ablaut, sondern mit Reduplikation; diese ist auch noch im Gotischen vorhanden.

Das Altnordische hat – wie die übrigen germanischen Sprachen – die Reduplikation aufgegeben (daher der Terminus: *ehemals* reduplizierend); sie ist im Altisländischen nur noch bei wenigen Verben überhaupt erkennbar. Der eingetretene Wechsel des betonten Wurzelvokals hat allerdings nichts mit dem Vokalwechsel des Ablauts zu tun.

Gebildet wurde dieses Präteritum in urgermanischer Zeit sowie noch im Gotischen durch eine Reduplikationssilbe, die dem Präteritalstamm des Verbs vorangestellt wurde; sie setzte sich zusammen aus dem wurzelanlautenden Konsonanten + *e*:

lat.	*fallere*: *fallo* : *fe-felli*
got.	*haitan* : *haí-hait* (gesprochen: *he-hait*)

Bis auf die *verba pura* (siehe unten) ist bei Verben, die einst ihr Präteritum mit dieser Reduplikation bildeten, in der Zeit der Synkope die haupttonige Vorsilbe mit der nebentonigen Wurzelsilbe verschmolzen; dadurch sind neue Formen entstanden:

*'*fe-fall*	→	*fell* (fiel)
*'*he-halt*	→	*helt* (hielt)
*'*e-auk*	→	*jók* (vermehrte)

Die Reduplikationssilbe ist im Altnordischen noch bei fünf Verben bewahrt, die man als *verba pura* bezeichnet (vgl. S. 125).

II. Formenlehre

Ehemals reduplizierende Verben

Die Einteilung der ehemals reduplizierenden Verben erfolgt nach den Wurzelvokalen im Präsens und Partizip Perfekt; analog zu den Ablautreihen der starken Verben gliedern sie sich in fünf verschiedene Klassen:

Klasse 1

	Infinitiv	*1. Sg. Prät.*	*1. Pl. Prät.*	*Part. Perf.*
altisl.	*ei*	*é*	*é*	*ei*
	heita (*heißen*)	hét	hétum	heitinn
	leika (*spielen*)	lék	lékum	leikinn
	sveipa (*schwingen*)	svép	svépum	sveipinn

Erläuterungen zu den Formen:

- Infinitiv und Partizip sowie Präteritum Singular und Plural haben jeweils den gleichen Wurzelvokal.
- *sveipa* kennt – wie auch manche anderen ehemals reduplizierenden Verben – daneben noch ein schwaches Präteritum (*sveipta*).

Klasse 2

	Infinitiv	*1. Sg. Prät.*	*1. Pl. Prät.*	*Part. Perf.*
altisl.	*au*	*jó*	*jó*	*au*
	auka (*vermehren*)	jók	jókum	aukinn
	ausa (*ausgießen*)	jós	jósum	ausinn
	hlaupa (*springen*)	hljóp	hljópum	hlaupinn

Abweichenden Vokalismus im Infinitiv und Partizip Perfekt zeigen:

búa (*wohnen*)	bjó	bjuggum	búinn
hǫggva (*hauen*)	hjó	hjuggum	hǫggvinn

Erläuterung zu den Formen:

- Die Formen *bjuggum* und *hjuggum* sind analog gebildet als scheinbare Ablautstufe; vgl. den Vokalismus der 2. Ablautreihe (*skjóta* : *skutum*).

Klasse 3

	Infinitiv	*1. Sg. Prät.*	*1. Pl. Prät.*	*Part. Perf.*
altisl.	*a*	*e*	*e*	*a*
	falla (*fallen*)	fell	fellum	fallinn
	falda (*verhüllen*)	felt	feldum	faldinn
	halda (*halten*)	helt	heldum	haldinn
	ganga (*gehen*)	gekk	gengum	genginn
	hanga (*hängen*)	hekk	hengum	hanginn
	fá (*bekommen*)	fekk	fengum	fenginn

Erläuterungen zu den Formen:

- Die Formen *felt* und *helt* zeigen Auslautverhärtung (*d* → *t*).
- Bei den Formen *gekk*, *hekk* und *fekk* geht *-kk* zurück auf *-nk*, das wiederum durch Auslautverhärtung aus *-ng* enstand.
- *genginn* und *fenginn* zeigen (im Gegensatz zu *hanginn*) *g*|*k*-Umlaut.
- *fá* zeigt grammatischen Wechsel von *-g* und *-h*. Es geht auf **fanhan* zurück, wobei *-n* vor urgerm. *-h* geschwunden ist, das unter Ersatzdehnung später selbst schwindet (**fanhan* → *fãhan* → *fá*).

Klasse 4

	Infinitiv	*1. Sg. Prät.*	*1. Pl. Prät.*	*Part.Perf.*
altisl.	*á*	*é*	*é*	*á*
	láta (*lassen*)	lét	létum	látinn
	blása (*blasen*)	blés	blésum	blásinn
	ráða (*raten*)	réð	réðum	ráðinn
	gráta (*weinen*)	grét	grétum	grátinn

Wechsel des Wurzelvokals zu *-ó* zeigt *blóta*; in der Prosasprache kommt das Verb aber meist in seiner schwachen Form (*blótaða*) vor:

blóta (*opfern*)	blét	blétum	blótinn

Klasse 5

Dies sind die oben genannten *verba pura*, d.h. Verben, deren Wurzel auf Vokal endet, mit noch erkennbarer Reduplikationssilbe:

Infinitiv	*1. Sg. Prät.*	*1. Pl. Prät.*	*Part. Perf.*
róa (*rudern*)	rera	rerum	róinn
sá (*säen*)	sera	serum	sáinn
gnúa (*reiben*)	gnera	gnerum	gnúinn
gróa (*wachsen*)	grera	grerum	gróinn
snúa (*drehen*)	snera	snerum	snúinn

Die ursprüngliche Reduplikation ist lediglich bei *róa* und *sá* erhalten:

róa:	*urnord.*	*re-rō	→		*aisl.*	rera
sá:		*se-zō	→	*se-rō	→	sera

gróa, *gnúa* und *snúa* haben ihre Präteritumformen analog zu *róa* und *sá* gebildet.

Die ehemals reduplizierenden Verben bilden wie die starken Verben ihr Präsens im Singular mit *i*-Umlaut. Dabei lauten um:

a	→	e	ganga : gengr (*gehen* : *geht*)
á	→	æ	láta : lætr (*lassen* : *lässt*)
au	→	ey	auka : eykr (*vermehren* : *vermehrt*)
ó	→	œ	blóta : blœtr (*opfern* : *opfert*)
ú	→	ý	gnúa : gnýr (*reiben* : *reibt*)

Aufgabe

Suchen Sie aus den folgenden zwei Textauszügen aus der *Hallfreðar saga* (in Íslenzk fornrit 8, Reykjavík 1939) alle reduplizierenden Verben heraus, bestimmen Sie die Formen und führen Sie diese auf ihren Infinitiv zurück:

S. 139 f. Ok er þeir gengu til svefns ok upp í loptit, þá gerði Steinn þeim Óttari vísbending. Þeir Sóti váru sjau saman í gǫngu ok kómu í loptit ok ætluðu at afklæðask. Þá kómu þeir Óttarr at, ok leggr hann þegar með sverði til Sokka neðan undir brynjuna ok svá upp í smáþarmana, ok fekk Sokki þegar bana. Ávaldi hjó með sverði til Sóta ok af honum báða þjóknappana. Síðan hljópu þeir út allir ok létu myrkrit gæta sín. Þeir kómu til skips síns ok heldu þegar í haf ok fengu góðan byr, ok þótti þeirra ferð allskǫrulig orðit hafa.

S. 100. Bjarni hét maðr er bjó at þeim bœ, er at Laugarhúsum heitir. Þat er við Hrafnkelsdal. Hann var kvángaðr ok átti tvá sonu við konu sinni, ok hét annarr Sámr, en annarr Eyvindr, vænir menn ok efniligir. Eyvindr var heima með feðr sínum, en Sámr var kvángaðr ok bjó í norðanverðum dalnum á þeim bœ, er heitir á Leikskálum, ok átti hann margt fé. Sámr var uppivǫzlumaðr mikill ok lǫgkœnn, en Eyvindr gerðisk farmaðr ok fór útan til Nóregs ok var þar um hríð. Þaðan fór hann ok út í lǫnd ok nam staðar í Miklagarði ok fekk þar góðar virðingar af Grikkjakonungi ok var hann þar um hríð.

Substantive: Wurzelnomina

Konsonantische und vokalische Stämme haben als stammbildendes Element einen Konsonanten (*-n*, *-nd*, *-r*) bzw. Vokal (*-a*, *-ō*, *-i* oder *-u*, mit ihren Untergruppen); d.h. dieser tritt als so genannter *Themavokal* an die Wurzel und bildet mit ihr zusammen den Stamm, an den dann die Kasusendungen gehängt werden. Wurzel, Stamm und Flexionsendung bilden also im Germanischen das Substantiv. Es gibt jedoch einige wenige Wörter, die gar keinen Themavokal haben; bei ihnen trat die Endung direkt an die Wurzel, d.h. Stamm und Wurzel sind bei ihnen identisch. Diese einsilbigen konsonantischen Substantive bilden die Klasse der sogenannten *Wurzelnomina.*

Im Singular sind die Formen der maskulinen Wurzelnomina weitgehend durch Formen der *a*- und *u*-Stämme ersetzt worden, bei den Feminina durch die der *ō*-Stämme; die alten Formen sind fast nur noch im Plural erhalten.

Maskulina

Zu den von der Anzahl her sehr überschaubaren Wurzelnomina gehören nur fünf Maskulina; alle anderen sind Feminina. Einsilbige konsonantische Stämme sind die folgenden maskulinen Substantive:

Sg.	*Nom.*	maðr	fótr	vetr	fingr	nagl
	Gen.	man[n]s	fótar	vetrar	fingrar	nagls
	Dat.	manni	fœti	vetri	fingri	nagli
	Akk.	mann	fót	vetr	fingr	nagl
Pl.	*Nom.*	menn	fœtr	vetr	fingr	negl
	Gen.	manna	fóta	vetra	fingra	nagla
	Dat.	mǫnnum	fótum	vetrum	fingrum	nǫglum
	Akk.	menn	fœtr	vetr	fingr	negl

maðr (*Mann*); fótr (*Fuß*); vetr (*Winter*); fingr (*Finger*); nagl (*Nagel*)

Erläuterungen zu den Paradigmen:

- Bei *vetr* und *fingr* gehört *-r* zum Stamm; es bleibt daher in allen Formen erhalten, im Nom. Sg. sowie Nom. Akk. Pl. ist progressive Assimilation von *-rr* eingetreten.
- Bei den Pluralformen *negl* und *menn* ist progressive Assimilation von *-lr* bzw. *-nr* eingetreten.
- Aus **mann-r* wurde durch Dissimilation später *maðr.*
- Mit angehängtem suffigiertem Artikel wird *menn* zu *menn-ir-nir.*
- Der Genitiv *fingrar* entwickelte sich später zu *fingrs*; *vetrar* entwickelte sich hin und wieder zu *vetrs.*

Feminina

So wie der Singular vieler einsilbiger konsonantischer femininer Wurzelnomina in die Klasse der *ō*-Stämme übergetreten ist, haben umgekehrt Feminina anderer Stämme zu den Wurzelnomina gewechselt. Die Feminina unter den Wurzelnomina sind daher so zahlreich vertreten, dass nur einzelne Beispiele dafür gegeben werden können. Einige von ihnen haben im Gen. Sg. Umlaut (durch die urnordische Endung *-*iʀ*) bewahrt.

Sg. Nom.	mǫrk	rǫng	bók	mús
Gen.	merkr	rangar	bókar	músar
Dat.	mǫrk	rǫng	bók	mús
Akk.	mǫrk	rǫng	bók	mús
Pl. Nom.	merkr	rengr	bœkr	mýss
Gen.	marka	ranga	bóka	músa
Dat.	mǫrkum	rǫngum	bókum	músum
Akk.	merkr	rengr	bœkr	mýss

mǫrk (*Mark*); rǫng (*Spant*); bók (*Buch*); mús (*Maus*)

Erläuterungen zu den Paradigmen:

– *merkr* zeigt im Gen. Sg. *i*-Umlaut von *-a*.
– Progressive Assimilation ist erkennbar in *mýss*, in der Entwicklung von *-sr* zu *-ss*.

Die einsilbigen vokalischen Stämme umfassen nur die folgenden drei Feminina; alle drei sind Bezeichnungen für Tiere:

Sg. Nom.	kýr	sýr	ær
Gen.	kýr	sýr	ær
Dat.	kú	sú	á
Akk.	kú	sú	á
Pl. Nom.	kýr	sýr	ær
Gen.	kúa	súa	á
Dat.	kúm	súm	ám
Akk.	kýr	sýr	ær

kýr (*Kuh*); sýr (*Sau*); ær (*Schaf*)

Erläuterungen zu den Paradigmen:

– Nom. Gen. Sg. sowie Nom. Akk. Pl. zeigen *iʀ*-Umlaut.
– Dat. Pl. zeigt Kontraktion im Hiatus (*kú-um* → *kúm*).

III. Textteil

Fornaldarsǫgur II

Bei den *Fornaldarsǫgur* ist die Untergruppe der Heldensagas vom Konflikt her eher tragisch angelegt und endet häufig – manchmal durch Verrat – mit dem Tod des Helden; Wikinger- und Abenteuersagas dagegen berichten weitgehend von den teilweise märchenhaften Kämpfen, und Tragik ist ihnen fremd. Dennoch gibt es auch unter den üblicherweise zu den Wikingersagas gerechneten Sagas einige wenige, deren Grundstimmung von Tragik und Tod geprägt ist, so z.B. die *Ragnars saga loðbrókar* und die *Ǫrvar-Odds saga*. Wie die Heldensagas enthalten auch die Wikingersagas manchmal alte Lieder in eddischem Versmaß, z.B. die sogenannten *Sterbelieder* des Ǫrvar-Oddr und des Hjálmarr in der *Ǫrvar-Odds saga* (letzteres auch in der *Hervarar saga ok Heiðreks konungs*) oder des Hildibrandr (in der *Ásmundar saga kappabana*). Im Sterbelied des Hildibrandr wird berichtet, dass Hildibrandr seinen eigenen Sohn getötet hat; der Ausgang dieses Kampfes bestätigt das vermutete Geschehen im althochdeutschen *Hildebrandslied*, dessen Ende nicht erhalten ist.

Die *Ǫrvar-Odds saga* scheint aus mehreren Stücken zusammengesetzt zu sein; die einzelnen erhaltenen Handschriften weisen zum Teil deutliche Unterschiede auf. In einer Sammelhandschrift folgt die Saga auf die *Ketils saga hœngs* und die *Gríms saga loðinkinna*. Insgesamt sieben Abschriften sind bezeugt; dies zeigt deutlich die Beliebtheit des Erzählstoffes.

In den beiden letztgenannten Sagas kommt Ǫrvar-Oddr (‘Pfeile-Oddr’) in einer Reihe von inhaltlich ähnlichen Episoden vor; dagegen sprechen beide Sagas nicht von einer Verwandtschaft des Helden mit ihrer jeweiligen Hauptperson. Dass die *Ǫrvar-Odds saga* Oddr als Sohn des Grímr loðinkinni und somit Enkel des Ketill hœngr nennt, ist entweder eine spätere genealogische Anknüpfung, die seine Bedeutung betonen soll, oder erklärt sich aus gegenseitiger Beeinflussung der drei genannten Sagas, die auch noch weitere bedeutende Gemeinsamkeiten aufweisen. Die Tatsache, dass weder die *Egils saga Skallagrímssonar* noch die *Landnámabók* Ǫrvar-Oddr unter den Nachkommen von Grímr und Ketill nennen, spricht allerdings gegen die Verwandtschaftsbeziehungen.

Abgesehen von einer Reihe gängiger Erzählmotive und fremder Einflüsse weiß die Saga Folgendes über ihre Hauptperson Oddr zu berichten: Während seiner Jugend weissagt ihm eine Seherin sein Schicksal sowie Zeitpunkt und Art seines Todes. Dem versucht Oddr durch Töten seines

Pferdes zu entgehen, doch schafft er gerade dadurch die Voraussetzungen für die Erfüllung der Prophezeiung: In dem vergrabenen Schädel des Pferdes wird die Schlange wohnen, die ihm später den tödlichen Biss versetzt. In diese erzählerische Rahmenhandlung fügen sich zwischen Geburt und Tod die angeblichen 300 Jahre von Odds Leben, von denen er die meisten abenteuerlich als Wikinger auf in immer weitere Ferne führenden Fahrten verbringt. Über weite Strecken hinweg ist die Saga nichts als eine bloße Aneinanderreihung von inhaltlich und erzählerisch stereotypen Abenteuern, wie sie das Genre der *Fornaldarsagas* prägen. Hierunter fallen neben der Weissagung der Seherin in erster Linie seine zahllosen Kämpfe, auch mit übernatürlichen Wesen, die Reise in das Land der Riesen, die zahlreichen Gegenstände, die ihm wie im Märchen magische Kräfte verleihen – so die Steinpfeile, die immer treffen, oder die Pfeile, die immer zu ihrem Besitzer zurückkehren (vgl. den Namen 'Pfeile-Oddr') –, das Hemd, das unverwundbar macht, und das von Zwergen geschmiedete, nie versagende Schwert.

Oddr scheint ein bekannter Wikingeranführer aus Norwegen gewesen zu sein, der weit umherreiste; bei einem Wortgefecht am Hofe von Herrauðr nennt er sich *Víðfǫrull*, 'der Weitgereiste'. Zu diesen Reisen gehört auch eine spätere Pilgerfahrt ins Heilige Land, die in Verbindung mit seiner Bekehrung zum Christentum gesehen wird.

Unter seinen Kämpfen ist der berühmteste der Kampf auf Sámsey, in dem Ǫrvar-Oddr und sein Gefährte und Freund Hjálmar gegen 12 Wikinger antreten und diese besiegen. Hierbei handelt es sich vermutlich um den ältesten Teil der Saga; offenbar aus dem Bestand von Heldensagenstoffen stammend, findet er sich auch in älteren Quellen belegt, so z.B. in der *Hervarar saga ok Heiðreks konungs*. Auch Saxo Grammaticus erwähnt in seinen *Gesta Danorum* einen „Arvaroddus" sowie die Namen der 12 Söhne des Arngrímr, die auf die Insel kommen und dort im Kampf besiegt werden. Trotz des Sieges ist Ǫrvar-Oddr der Einzige, der überlebt; bei dem Kampf verliert er seinen Freund Hjálmar. Am Ende seines Lebens steht Ǫrvar-Odds Sterbelied mit 71 Strophen (*Ævidrápa*), das teilweise katalogartig einen Überblick über seine Heldentaten gibt; das Lied ist auch in einer der Handschriften der *Hervarar saga* überliefert und vermutlich älter als die Saga selbst.

Diese Ausführungen über die Qrvar-Odds saga sind – von geringfügigen Kürzungen abgesehen – weitgehend identisch mit meinem Artikel „Örvar-Oddr“ in: RGA 21. DOI: 10.1515/gao_RGA_4091, mit weiterführender Literatur. Zum Weiterlesen siehe auch die Literaturangaben in Kap. 9, bes. Torfi H. Tulinius: The matter of the North. The rise of literary fiction in thirteenth-century Iceland. Odense 2002, bes. S. 159–163.

Der folgende Ausschnitt aus der *Qrvar-Odds saga* beschreibt den Kampf, in dem Hjálmarr stirbt.

Qrvar-Odds saga. Hg. von R.C. Boer (Altnordische Saga-Bibliothek 2). Halle 1892. Textauszug S. 56–61.

Der [K]ampf auf Sámsey. III.

XXX,1. Tveir Haddingjar ok Oddr ganga nú fyrst fram; hann lýstr kylfuhǫgg hvárn þeira til bana. Þá ríss upp hverr at ǫðrum, þeir er við hann skulu eiga, ok lýkr svá, at hann drepr þá alla, er honum váru ætlaðir. Þá tekr hann hvíld.

2. Þá stendr upp Hjálmarr ok einnhverr þeira at móti honum, ok er skamt viðskipti þeira, áðr sá fellr. Þá ríss upp annarr, ok ferr sá slíka fǫr, ok enn þriði ok enn fjórði, ok nú eru drepnir allir nema Angantýr einn.

3. Þá reis upp Angantýr ok gengr til bardaga við Hjálmar. Þar var atgangr harðr ok langr, ok svá lýkr bardaga þeira, at Angantýr hlýtr at falla fyrir Hjálmari, ok síðan gengr Hjálmarr til þúfu einnar ok sez niðr ok hnígr at upp. 4. Þá gengr Oddr at honum ok kvað vísu:

16. „Hvats þér, Hjálmarr? hefr lit brugþet,
þik kveþk mǿþa miklar under;
hjalmr es hǫggvenn en á hliþ brynja,
nú kveþk fjǫrve of faret þíno;

ok er þat nú sannat, er ek sagða þér, at okkr mundi eigi endaz, ef þú berðiz við Angantý.“

5. „Deyja verðr hverr um sinn sakir,“ segir Hjálmarr. Þá varð Hjálmari ljóð á munni:

17. „Sǫr sextán, slitna brynjo,
svarts fyr sjónum, sékat ganga,
hneit viþ hjarta hjǫrr Angantýs,
hvass blóþrefell herþr í eitre.“

6. „Nú hefi ek fengit þann skaða," segir Oddr, „er ek mun aldri bœtr bíða, meðan ek lifi, ok hefir ilt getit þrá þitt; mundu vit unnit hafa mikinn sigr, ef ek hefða ráðit."

„Nú skaltu setjaz niðr," segir Hjálmarr, „ok vil ek kveða nǫkkur ljóð ok senda heim til Svíþjóðar."

7. Eptir þat kvað hann:

18. „Fregna eige þat á fold konor,
at fyr hǫggum hlífast létak;
hlærat at því, at hliþa gørþak,
snót svinnhugoþ Sigtúnom í.

19. Hvarfk frá fǫgrom fljóþa sǫngve,
ótrauþr gamans, út meþ Sóta;
fǫr skundaþak ok fórk í liþ,
hinnzta sinne, frá hollvinom.

20. Leiddomk en hvíta hilmes dótter
á Agnafit útanverþa;
saga mon sannask, es sagþe mér,
at aptr koma eigi mundak.

21. Hvarfk frá ungre Ingebjǫrgo,
– skjótt réþ of þat – á skapadǿgre;
sá mon fljóþe fastnæmr trege,
es síþan vit séomsk aldrege.

22. Ber til sýnes – sá's mínn vile –
hjalm ok brynjo í hǫll konungs;
hugr mon gangask hilmes dóttor,
es hǫggna sér hlíf fyr brjóste.

23. Áttak á foldo fimm bú saman,
en því unþak aldre ráþe;
nú verþk liggja lífs anvane,
sverþe undaþr Samseyjo í.

24. Drag af hende mér hring enn rauþa,
fǿr enne ungo Ingebjǫrgo;
sá mon henne hugfastr trege,
es síþan vit séomsk aldrege.

25. Sék hvar sitja Sigtúnom á
fljóþ þaus lǫtto farar mik þaþan;
gleþrat Hjalmar í hǫll konungs
ǫl né rekkar of aldr síþan."

8. Nú vil ek þess biðja þik, Oddr!“ sagði hann, „at þú látir mik eigi verða staddan hjá svá illum vættum, sem berserkir hafa verit, fyrir því at ek þóttumz miklu betr hafa verit at mér en þeir.“
9. „Þetta skal ek veita þér, sem þú biðr, ok nú þykki mér, sem at þér dragi fast.“ „Nú skaltu draga hringinn af hendi mér ok fœra Ingibjǫrgu, ok seg henni, at ek senda henni hringinn á deyjanda degi.“ **10.** Nú verðr honum ljóð á munni:

26. „Drekr meþ jǫfre jarla menge
ǫl glaþlega at Uppsǫlom;
møþir marga mungát fira,
en mik eggja spor í eyjo þjá.

27. Hrafn flýgr sunnan af hǫ́m meiþe
flýgr honom epter ǫrn í sinne;
þeim gefk erne efstom bráþer,
sá mon á blóþe bergja míno.“

Ok nú deyr hann eptir þetta.

Die [B]estattung.

XXXI,1. Nú dregr Oddr þá saman berserkina í eina kǫs alla ok sveigir þar at utan viðu. Þetta er skamt frá sjá; hann leggr þar í hjá þeim vápn ok klæði þeira ok rænti þá at allz engum hlut. Síðan berr hann at utan torf ok eyss á sandi. 2. Síðan tekr hann Hjálmar; hann lagði hann á bak sér ok bar til strandar ofan, en hann gengr út á skip ok berr þá af, er fallnir váru, ok verpr þar haug annan, ok er þat sagt af þeim mǫnnum er þar hafa komit, at muni sjá merki enn í dag.

3. Nú lætr Oddr Hjálmar á skip út ok flyz undan landi, ok nú tekr hann til íþróttar þeirar, er honum var léð, at hann dregr segl upp í logni, ok siglir til Svíþjóðar með Hjálmar dauðan; hann tók þar land, sem hann kaus á. 4. Dregr hann upp skip sitt ok leggr síðan Hjálmar á bak sér ok berr hann heim til Uppsala, ok leggr hann niðr úti fyrir hallardyrum, ok gengr inn í hǫllina, ok hefir brynju Hjálmars í hendi sér ok hjálm ok leggr niðr á hallargólfit fyrir konungi, ok segir honum síðan tíðendi, þau er gerz hǫfðu. 5. En síðan gengr hann þangat, er Ingibjǫrg sat á stóli; hon saumaði Hjálmari skyrtu.

„Hér er hringr,“ segir hann, „er Hjálmarr sendi þér á deyjanda degi, ok kveðju sína með.“

Hon tekr við hringinum, ok lítr á ok svarar allz engu ok hnígr aptr at stólsbrúðum ok deyr þegar.

„ok leggr síðan Hjálmar á bak sér ok berr hann heim til Uppsala“.
Die alte Kirche in Gamla Uppsala.

6. Þá skellir Oddr upp ok hlær: „Eigi hefir þat fleira verit um hríð, at vel hafi at farit; nú skulu þau njótaz dauð, er þau máttu eigi lifandi!“

Þá tekr Oddr hana upp ok berr út í fangi sér ok leggr hana í faðm Hjálmari fyrir hallardyrum. 7. Nú gerir Oddr menn eptir konungi ok vill, at hann sé, hversu hann hafði um búit. Konungr kom ok sér þát; váru þau grafin ok bæði saman, ok fagnar konungr Oddi vel ok setr hann í hásæti hjá sér. 8. Var síðan erfi drukkit eptir þau, ok þá er fram borinn hjálmr ok brynja, er Hjálmarr hafði átt, ok þykkir mǫnnum mikils um vert afreksferð hans. Með mikilli vegsemð var um búit leiði þeira Hjálmars ok Ingibjargar eptir tilskipan Odds, ok er nú úti at segja frá Hjálmari.

KAPITEL 11

I. Lautlehre

Primärer Berührungseffekt

Im Indogermanischen gab es eine weitere Veränderung von Konsonanten, deren Auswirkungen bis in die Gegenwartssprache hinein bei der Substantivbildung und Verbflexion sichtbar sind. Dass diese Lautveränderung schon auf indogermanischer Stufe eintrat, zeigt die Tatsache, dass auch das Lateinische davon betroffen ist. Die beiden grundlegenden Regeln lauten:

1. Wird im Indogermanischen an eine Wurzel, die auf Dental *-ð*, *-d*, *-t* oder *-þ* endet, eine Endung auf *-t* angehängt, werden *-ðt*, *-dt*, *-tt*, *-þt* zu aisl. *-ss*.

lat.	*sedeo*:	*sed-t-us*	→	*sessus*
aisl.	*vita*:	*vit-t-a*	→	*vissa*

In Verbindung mit langem Konsonanten oder langem Vokal steht nur *-s*.

2. Wird im Indogermanischen an eine Wurzel, die auf palatalen oder velaren Konsonanten *-g*, *-k*, *-ʒ*, *-h* endet, eine Endung auf *-t* angehängt, so werden *-gt*, *-kt*, *-ʒt*, *-ht* → *-ht* zu aisl. *-tt*.

Die Weiterentwicklung von *-ht* zu *-tt* erfolgt nur im Altisländischen.

Der primäre Berührungseffekt ist z.B. zu beobachten:

– bei der Ableitung eines Substantivs vom Verb:

  *drag-t… → *draht… → dráttr (Zug, zu draga *ziehen*)
  vgl. dt. *tragen* : *Tracht*; *wiegen* : *Gewicht*

– bei der Ableitung eines Substantivs von einem Adjektiv:

  *suk-t → *suht → sótt (Krankheit, zu sjúkr *krank*)
  vgl. dt. *Sucht*

– bei der Präteritumbildung mit Dentalsuffix:

  *mak-t… → *maht… → máttr (Kraft, Stärke, zu mega *können*)
  vgl. dt. *Macht*

II. Formenlehre

Präterito-Präsentia

Präterito-Präsentia (Sg. Präterito-Präsens) sind ehemals starke Verben, die ihr Präsens verloren und stattdessen ihre alten Perfektformen als Präsensformen übernommen haben; daher der Name. Die Perfektformen, eigentlich Ausdruck einer abgeschlossenen Handlung und eines Resultats, wurden allmählich als Ausdruck der Gegenwart benutzt. Etwas besser verständlich wird das vielleicht durch die im Lateinischen bekannten Formen *novi* (ich habe kennen gelernt = ich weiß jetzt) oder auch *cognovi* oder *memini*, zu denen neue inchoative Präsensformen *noscere* | *cognoscere* gebildet wurden.

Wie im Deutschen *weiß* ist *veit* der Form nach Vergangenheit (vgl. erste Ablautreihe, *ríða* : *reið*).

Ausführlicher zu den germanischen Präterito-Präsentia allgemein vgl. Thomas Birkmann: Präterito-Präsentia. Morphologische Entwicklungen einer Sonderklasse in den altgermanischen Sprachen. Tübingen 1987 (auch als Online Ressource).

Da die Formen des Präteritums bereits für das Präsens in Gebrauch waren, musste im Altisländischen eine neue Vergangenheit gefunden werden. Sie entstand nach dem Vorbild der schwachen Verben, am ähnlichsten denen der *e*-Klasse, und wurde ohne Bindevokal mit Dentalsuffix, *-ð*, *-d* oder *-t*, gebildet. Passend zu den Pluralformen des Präsens entstand ein neuer Infinitiv und wiederum passend zur *e*-Klasse auch ein Partizip Perfekt.

Im Altnordischen gibt es nur zehn Präterito-Präsentia, von denen fünf modale Verben sind, die fünf anderen „normale“ Hauptverben. Vor allem die modalen Verben werden sehr häufig gebraucht. Da die Präsensformen durch Ablaut entstanden sind, werden die Präterito-Präsentia in die Ablautreihen der starken Verben eingeteilt. Es gibt aber keine Vertreter für die Ablautreihen 2 und 6.

Als Stammformen werden bei den Präterito-Präsentia fünf Formen angegeben: Infinitiv, 1. Pers. Sg. und Pl. Präs., 1. Pers. Sg. Prät., Part. Perf. Neutrum.

1. Ablautreihe

	Infinitiv	*1. Sg. | Pl. Präs.*	*1. Sg. Prät.*	*Part. Perf.*
aisl.	vita wissen	veit | vitum weiß | wissen	vissa wusste	vitat gewusst
	eiga haben	á | eigum hat | haben	átta hatte	átt gehabt

Erläuterungen zu den Formen:

- In *vissa* zeigt sich primärer Berührungseffekt.
- *á* entstand durch Kontraktion von **aih* vor *-h*.
- Die Formen *á* und *eigum* erklären sich durch grammatischen Wechsel von *-h* zu *-g*.
- Die Formen *átta* und *átt* entstanden aus **aih-t*, aus *-ht* wurde *aisl. -tt*.

3. Ablautreihe

	Infinitiv	*1. Sg. | Pl. Präs.*	*1. Sg. Prät.*	*Part. Perf.*
aisl.	kunna können	kann | kunnum kann | können	kunna konnte	kunnat gekonnt
	unna lieben	ann | unnum liebe | lieben	unna liebte	unnat geliebt
	þurfa (be)dürfen	þarf | þurfum darf | dürfen	þurfta durfte	þurft gedurft

Erläuterungen zu den Formen:

- Im neu gebildeten Präteritum ist der Doppelnasal in *kunna* und *unna* durch Assimilation von *-nþ* zu *-nn* entstanden; es liegen die Formen **kunþa* und **unþa* zugrunde.

4. Ablautreihe

Die auf *-u* endenden Infinitive *munu* und *skulu* wurden, wie die anderen auch, nach der 3. Pers. Pl. gebildet.

	Infinitiv	*1. Sg.* | *Pl. Präs.*	*1. Sg. Prät.*	*Part. Perf.*
aisl.	muna sich erinnern	man | munum erinnere | erinnern	munda erinnerte	munat erinnert
	munu werden	mun | munum werde | werden	munda | mynda wurde	– –
	skulu sollen	skal | skulum soll | sollen	skylda sollte	– –

Erläuterungen zu den Formen:

- *munu* 'werden' dient als Ausdruck der Zukunft.
- *munu* flektiert mit unregelmäßigem Ablaut im Präsens (siehe Tabelle).
- *mynda* und *skylda* sind ursprünglich Konjunktivformen, entstanden durch *i*-Umlaut.

5. Ablautreihe

	Infinitiv	*1. Sg.* | *Pl. Präs.*	*1. Sg. Prät.*	*Part. Perf.*
aisl.	mega vermögen	má | megum vermag | vermögen	mátta vermochte	– –
	– –	kná | knegum kann | können	knátta konnte	– –

Erläuterungen zu den Formen:

- Entsprechend der 3. Pers. Pl. Prät. *knáttu* wird manchmal **knáttu* als eine präteritale Form des Infinitivs angesetzt.
- Bei beiden Verben liegt grammatischer Wechsel von *g* : *h* vor: bei *megum* | *knegum* : *mátta* | *knátta* ist *-tt* aus *-ht* entstanden.
- Beiden Verben fehlt das Partizip Perfekt.
- Im Prät. Pl. ist der Ablaut bei beiden Verben unregelmäßig.

Flexionsbeispiele für Präterito-Präsentia

	Präs. Ind.	*Präs. Kon.*	*Prät. Ind.*	*Prät. Kon.*	*Part. Prät.*
eiga					
1. Sg.	á	eiga	átta	ætta	átt (*n.*)
2.	átt	eigir	áttir	ættir	
3.	á	eigi	átti	ætti	
1. Pl.	eigum	eigim	áttum	ættim	
2.	eiguð	eigið	áttuð	ættið	
3.	eiga	eigi	áttu	ætti	

Wie *eiga* flektieren *mega* und die wenigen Formen von *kná*.

	Präs. Ind.	*Präs. Kon.*	*Prät. Ind.*	*Prät. Kon.*	*Part. Prät.*
vita					
1. Sg.	veit	vita	vissa	vissa	vitat (*n.*)
2.	veizt	vitir	vissir	vissir	
3.	veit	viti	vissi	vissi	
1. Pl.	vitum	vitim	vissum	vissim	
2.	vituð	vitið	vissuð	vissið	
3.	vitu	viti	vissu	vissi	

	Präs. Ind.	*Präs. Kon.*	*Prät. Ind.*	*Prät. Kon.*	*Part. Prät.*
þurfa					
1. Sg.	þarf	þurfa	þurfta	þyrfta	þurft (*n.*)
2.	þarft	þurfir	þurftir	þyrftir	
3.	þarf	þurfi	þurfti	þyrfti	
1. Pl.	þurfum	þurfim	þurftum	þyrftim	
2.	þurfuð	þurfið	þurftuð	þyrftið	
3.	þurfu	þurfi	þurftu	þyrfti	

	Präs. Ind.	*Präs. Kon.*	*Prät. Ind.*	*Prät. Kon.*	*Part. Prät.*
kunna					
1. Sg.	kann	kunna	kunna	kynna	kunnat (*n.*)
2.	kannt	kunnir	kunnir	kynnir	
3.	kann	kunni	kunni	kynni	
1. Pl.	kunnum	kunnim	kunnum	kynnim	
2.	kunnuð	kunnið	kunnuð	kynnið	
3.	kunnu	kunni	kunnu	kynni	

Wie *kunna* flektiert *unna.*

	Präs. Ind.	*Präs. Kon.*	*Prät. Ind.*	*Prät. Kon.*	*Part. Prät.*
muna					
1. Sg.	man	muna	munda	mynda	munat (*n.*)
2.	mant	munir	mundir	myndir	
3.	man	muni	mundi	myndi	
1. Pl.	munum	munim	mundum	myndim	
2.	munuð	munið	munduð	myndið	
3.	munu	muni	mundu	myndi	

	Präs. Ind.	*Präs. Kon.*	*Prät. Ind.*	*Prät. Kon.*	*Part. Prät.*
munu					
1. Sg.	mun	muna	munda	mynda	–
2.	munt	munir	mundir	myndir	
3.	mun	muni	mundi	myndi	
1. Pl.	munum	munim	mundum	myndim	
2.	munuð	munið	munduð	myndið	
3.	munu	muni	mundu	myndi	

	Präs. Ind.	*Präs. Kon.*	*Prät. Ind.*	*Prät. Kon.*	*Part. Prät.*
skulu					*skulu*
1. Sg.	skal	skula	skylda	skylda	*1. Sg.*
2.	skalt	skulir	skydir	skyldir	*2.*
3.	skal	skuli	skyldi	skyldi	*3.*
1. Pl.	skulum	skulim	skyldum	skyldim	*1. Pl.*
2.	skuluð	skulið	skylduð	skyldið	*2.*
3.	skulu	skuli	skyldu	skyldi	*3.*

Aufgaben

1. Die Präteritumform *þótta* zu *þykkja* ist lautgesetzlich zu erklären. Finden Sie heraus, welche Lautgesetze hier wirksam geworden sind.
2. Verfahren Sie in gleicher Weise mit *sækja* : *sótta* und *yrkja* : *orta.*

III. Textteil

Konungasǫgur

Konungasǫgur ('Sagas von Königen') sind, wie der Name sagt, Erzählungen über skandinavische Könige der Wikingerzeit und des Mittelalters, vom 9. bis zum 13. Jahrhundert. Es sind vor allem die Könige Norwegens, über die geschrieben wurde, aber auch über Könige Dänemarks und die Orkney-Jarle gibt es vereinzelt Sagas. Keine einzige Saga trägt dagegen den Namen eines schwedischen Herrschers, hier findet sich nur die *Ynglinga saga*, die den ersten Teil von Snorris *Heimskringla* bildet und in der Snorri die Geschichte der mythischen und legendenhaften Vorfahren der Ynglingar erzählt, die in eine Beziehung zu heidnischen Göttern gesetzt werden. Island ist naturgemäß nicht bei den *Konungasǫgur* vertreten.

Die ersten Werke zur Geschichte der norwegischen Könige sind zwei lateinische Schriften, die *Historia de antiquitate regum Norvagiensium* des Mönchs Theodoricus und die anonyme *Historia Norvegiæ*; hinzu kommt ein Übersichtswerk in isländischer Sprache, *Ágrip af Nóregs konunga sögum*, 'Abriss der Geschichte der Könige Norwegens'; *Ágrip* bildet eine wichtige Quelle für die Königssagas.

Diese Werke haben nicht die sonst übliche Form einer Chronik, sondern sind in der typischen Erzählform einer Saga geschrieben. Als erste Königssaga rechnet man das *Hryggjarstykki* ('Rückenstück') des Eiríkr Oddsson (vermutlich Mitte 12. Jahrhundert), das zwar verloren ist, aber großen norwegischen Werken des 13. Jahrhunderts als Quelle diente, etwa Übersichtswerken wie der *Heimskringla*, der *Morkinskinna* oder der *Fagrskinna*. Zur *Heimskringla* siehe unten; *Morkinskinna* ('das verrottete Pergament' – ein Name aus dem 17. Jahrhundert) entstand in der Niederschrift der erhaltenen Handschrift Ende des 13. Jahrhunderts; sie hat mehrere Lakunen, und das Ende fehlt; insgesamt sind 37 Blätter erhalten. Diese Saga behandelt den Zeitraum von ca. 1035–1177. *Fagrskinna* ('das schöne Pergament' – der Name stammt ebenfalls aus dem 17. Jahrhundert) benutzt die *Morkinskinna* als Grundlage; sie entstand vermutlich nach 1220 und behandelt die Geschichte bis 1177.

Neben solchen Sammelhandschriften, die zum Teil als Grundlage für die späteren Königssagas dienten, existiert als Teil der *Konungasǫgur* auch eine Reihe von Lebensbeschreibungen, *vitae*, die teilweise nach dem Vorbild fremder Heiligenleben gestaltet sind. Hierzu gehören z.B. die *Óláfs saga Tryggvasonar* und die *Óláfs saga helga*, die die missionarischen Leistungen der beiden Bekehrerkönige in den Mittelpunkt stellen.

James Knirk teilt die Überlieferungszeit der *Konungasǫgur* in drei Zeiträume: 1. *formative period* (1190–1220), 2. *classical period* (1220–1280) und 3. *postclassical period* (1280–1390); er bietet einen knappen, aber präzisen Überblick über die Überlieferungslage.

Zum Weiterlesen. Shami Ghosh: Kings' sagas and Norwegian history: problems and perspectives. Leiden u.a. 2011. Per Meldahl: Norges keisere: kongesagaen i klassisk-retorisk perspektiv. Stavanger 2007. Ármann Jakobsson: Royal biography. In: Rory McTurk (Hg.), A companion to Old Norse-Icelandic literature and culture. Malden, Mass. 2005, S. 388–402. Ármann Jakobsson: Í leit að konungi. Konungsmynd íslenskra konungasagna. Reykjavík 1997. Sverre Bagge: From gangleader to the lord's anointed. Kingship in Sverris saga and Hákonar saga Hákonarson. Odense 1996. Jónas Kristjánsson: Eddas und Sagas, S. 151–184. James Knirk: Konungasögur. In: MS, S. 362–366. Bjarni Einarsson: Fargrskinna. In: MS, S. 177. Jonna Louis-Jensen: Morkinskinna. In: MS, S. 419 f. Vgl. dort auch die Artikel zu den einzelnen Königssagas. Stefanie Würth: Elemente des Erzählens. Die þættir der Flateyjarbók. Basel 1991. Theodore M. Andersson: Kings' sagas (Konungasögur). In: Carol J. Clover / John Lindow (Hg.): Old Norse-Icelandic literature. Ithaca/London 1985, S. 197–238.

Die *Heimskringla* 'Kreis der Welt' wird nach der Äußerung eines dänischen Übersetzers Mitte des 16. Jahrhunderts Snorri Sturluson (gest. 1241; vgl. Kap. 1 und 3) zugeschrieben; sie umfasst neben dem Prolog 16 Sagas über norwegische Könige, die erste davon die *Ynglinga saga*, die den mythischen Ursprung der schwedischen und norwegischen Herrscher zum Thema hat. Die *Heimskringla* reicht von der schwedischen Vorzeit bis 1177 und entstand etwa 1230. Auf Grund ihres kritischen Umgangs mit dem Material und ihrer erzählerischen und sprachlichen Ausgestaltung darf sie als Höhepunkt der Gattung der *Konungasǫgur* gelten.

In seinem Prolog nennt Snorri Skalden als Gewährsleute, darunter namentlich Sighvatr Þórðarson und Þórarinn loftunga, die als Zeitzeugen einiger Geschehnisse gelten. Insgesamt führt Snorri ungefähr 600 Strophen verschiedener Skalden an; auch auf anderes, älteres Quellenmaterial greift er unter Nennung seiner Quelle zurück. Dennoch darf man sein Werk nicht im heutigen Sinne als Historiographie verstehen.

Viele Beispielsätze zur Erläuterung grammatikalischer Strukturen in den einzelnen Kapiteln dieses Buches stammen aus der *Heimskringla*.

Zum Weiterlesen. Heinrich Beck / Wilhelm Heizmann / Jan Alexander van Nahl (Hg.): Snorri Sturluson – Historiker, Dichter, Politiker. Berlin/Boston 2013. Alois Wolf (Hg.): Snorri Sturluson. Kolloquium anläßlich der 750. Wiederkehr seines Todestages. Tübingen 1993 (darin 6 Beiträge zur Heimskringla). Diana Whaley: Heimskringla. In: MS, S. 276–279. Diana Whaley: Heimskringla. An introduction. London 1991. Sverre Bagge: Society and politics in Snorri Sturluson's Heimskringla. Berkeley u.a. 1991.

Der folgende Text aus der *Heimskringla* bildet den Anfang der einleitenden *Ynglinga saga*; er gibt gleichzeitig einen ersten Einblick in die mythische Frühzeit des Nordens.

Zum Weiterlesen. Hans-Peter Naumann: Ynglinga saga. In: RGA 34. DOI: 10.1515/gao_RGA_ 6608. Gad Rausing: Ynglinga saga. In: MS, S. 739 f. Claus Krag: Ynglingatal og Ynglingasaga. En studie i historiske kilder. Kristianssand 1991.

Heimskringla. Bjarni Aðalbjarnarson gaf út. In: Íslenzk fornrit, Bd. 26. Reykjavík 1941, S. 9–16 (Kapitelüberschriften aus der Ausgabe von Finnur Jónsson, 1966).

I. Kapítuli (Hér segir frá landaskipan)

Kringla heimsins, sú er mannfólkit byggvir, er mjǫk vágskorin. Ganga hǫf stór ór útsjánum inn í jǫrðina. Er þat kunnigt, at haf gengr frá Nǫrvasundum ok allt út til Jórsalalands. Af hafinu gengr langr hafsbotn til landnorðrs er heitir Svartahaf. Sá skilr heimsþriðjungana. Heitir fyrir austan Ásíá, en fyrir vestan kalla sumir Európá, en sumir Eneá. En norðan at Svartahafi gengr Svíþjóð in mikla eða in kalda. Svíþjóð ina miklu kalla sumir menn eigi minni en Serkland it mikla, sumir jafna henni við Bláland it mikla. Inn nørðri hlutr Svíþjóðar liggr óbyggðr af frosti ok kulða, svá sem inn syðri hlutr Blálands er auðr af sólarbruna. Í Svíþjóð eru stórheruð mǫrg. Þar eru ok margs konar þjóðir ok margar tungur. Þar eru risar, ok þar eru dvergar, þar eru blámenn, ok þar eru margs konar undarligar þjóðir. Þar eru ok dýr ok drekar furðuliga stórir. Ór norðri frá fjǫllum þeim, er fyrir útan eru byggt alla, fellr á um Svíþjóð, sú er at réttu heitir Tanais. Hon var forðum kǫlluð Tanakvísl eða Vanakvísl. Hon kømr til sjávar inn í Svartahaf. Í Vanakvíslum var þá kallat Vanaland eða Vanaheimr. Sú á skilr heimsþriðjungana. Heitir fyrir austan Ásíá en fyrir vestan Európá.

II. Kapítuli (Frá Óðni)

Fyrir austan Tanakvísl í Ásíá var kallat Ásaland eða Ásaheimr, en hǫfuðborgin, er var í landinu, kǫlluðu þeir Ásgarð. En í borginni var hǫfðingi sá, er Óðinn var kallaðr. Þar var blótstaðr mikill. Þat var þar siðr, at tólf hofgoðar váru œztir. Skyldu þeir ráða fyrir blótum ok dómum manna í milli. Þat eru díar kallaðir eða dróttnar. Þeim skyldi þjónostu veita ok lotning allt fólk. Óðinn var hermaðr mikill ok mjǫk víðfǫrull ok eignaðisk mǫrg ríki. Hann var svá sigrsæll, at í hverri orrostu fekk hann gagn, ok svá kom, at hans menn trúðu því, at hann ætti heimilan sigr í hverri orrostu. Þat var háttr hans, ef hann sendi menn sína til orrostu eða aðrar sendifarar, at hann lagði áðr hendr í hǫfuð þeim ok gaf þeim bjannak. Trúðu þeir, at þá myndi vel farask. Svá var ok um hans menn, hvar sem þeir urðu í nauðum staddir á sjá eða á landi, þá kǫlluðu þeir á nafn hans, ok þótti jafnan fá af því fró. Þar þóttusk þeir eiga allt traust, er hann var. Hann fór opt svá langt í brot, at hann dvaldisk í ferðinni mǫrg misseri.

III. Kapítuli (Frá brœðrum Óðins)

Óðinn átti tvá brœðr. Hét annarr Vé, en annarr Vílir. Þeir brœðr hans stýrðu ríkinu, þá er hann var í brottu. Þat var eitt sinn, þá er Óðinn var farinn langt í brot ok hafði lengi dvalzk, at Ásum þótti ørvænt hans heim. Þá tóku brœðr hans at skipta arfi hans, en konu hans, Frigg, gengu þeir báðir at eiga. En litlu síðar kom Óðinn heim. Tók hann þá við konu sinni.

IV. Kapítuli (Ófriðr við Vani)

Óðinn fór með her á hendur Vǫnum, en þeir urðu vel við ok vǫrðu land sitt, ok hǫfðu ýmsir sigr. Herjuðu hvárir land annarra ok gerðu skaða. En er þat leiddisk hvárumtveggjum, lǫgðu þeir milli sín sættarstefnu ok gerðu frið ok seldusk gíslar. Fengu Vanir sína ina ágæztu menn, Njǫrð inn auðga ok son hans, Frey, en Æsir þar í mót þann, er Hœnir hét, ok kǫlluðu hann allvel til hǫfðingja fallinn. Hann var mikill maðr ok inn vænsti. Með honum sendu Æsir þann, er Mímir hét, inn vitrasti maðr, en Vanir fengu þar í mót þann, er spakastr var í þeira flokki. Sá hét Kvasir. En er Hœnir kom í Vanaheim, þá var hann þegar hǫfðingi gǫrr. Mímir kenndi honum ráð ǫll. En er Hœnir var staddr á þingum eða stefnum, svá at Mímir var eigi nær, ok kœmi nǫkkur vandamál fyrir hann, þá svaraði hann æ inu sama: „ráði aðrir," kvað hann. Þá grunaði Vani, at Æsir myndu hafa falsat þá í mannaskiptinu. Þá tóku þeir Mími ok hálshjoggu ok sendu hǫfuðit Ásum. Óðinn tók hǫfuðit ok smurði urtum þeim, er eigi mátti fúna, ok kvað þar yfir galdra ok magnaði svá, at þat mælti við hann ok sagði honum marga leynda hluti. Njǫrð ok Frey setti Óðinn blótgoða, ok váru þeir díar með Ásum. Dóttir Njarðar var Freyja. Hon var blótgyðja. Hon kenndi fyrst með Ásum seið, sem Vǫnum var títt. Þá er Njǫrðr var með Vǫnum, þá hafði hann átta systur sína, því at þat váru þar lǫg. Váru þeira bǫrn Freyr ok Freyja. En þat var bannat með Ásum at byggva svá náit at frændsemi.

V. Kapítuli (Frá Gefjun)

Fjallgarðr mikill gengr af landnorðri til útsuðrs. Sá skilr Svíþjóð ina miklu ok ǫnnur ríki. Fyrir sunnan fjallit er eigi langt til Tyrklands. Þar átti Óðinn eignir stórar. Í þann tíma fóru Rúmverjahǫfðingjar víða um heiminn ok brutu undir sik allar þjóðir, en margir hǫfðingjar flýðu fyrir þeim ófriði af sínum eignum. En fyrir því at Óðinn var forspár ok fjǫlkunnigr, þá vissi hann, at hans afkvæmi myndi um norðrhálfu heimsins byggva. Þá setti hann brœðr sína, Vé ok Víli, yfir Ásgarð, en hann fór ok díar allir með honum ok mikit fólk annat. Fór hann fyrst vestr í Garðaríki ok þá suðr í Saxland. Hann átti marga sonu. Hann eignaðisk ríki víða um Saxland ok setti þar sonu sína til landsgæzlu. Þá fór hann norðr til sjávar ok tók sér bústað í ey einni. Þar heitir nú Óðinsey í Fjóni. Þá sendi hann Gefjun norðr yfir sundit í landaleitan. Þá kom hon til Gylfa, ok gaf hann henni eitt plógsland. Þá fór hon í Jǫtunheima ok gat þar fjóra sonu við jǫtni nǫkkurum. Hon brá þeim í yxnalíki ok fœrði þá fyrir plóginn ok dró landit út á hafit ok vestr gegnt Óðinsey, ok er þat kǫlluð Selund. Þar byggði hon síðan. Hennar fekk Skjǫldr, sonr Óðins. Þau bjoggu at Hleiðru. Þar er vatn eða sjár eptir. Þat er kallat Lǫgrinn. Svá liggja firðir í Leginum sem nes í Selundi. [...]

In den hochmittelalterlichen Kirchenruinen von Sigtuna.

En er Óðinn spurði, at góðir landskostir váru austr at Gylfa, fór hann þannok, ok gerðu þeir Gylfi sætt sína, því at Gylfi þóttisk engi krapt til hafa til mótstǫðu við Ásana.

Mart áttusk þeir Óðinn við ok Gylfi í brǫgðum ok sjónhverfingum, ok urðu Æsir jafnan ríkri. Óðinn tók sér bústað við Lǫginn, þar sem nú eru kallaðar fornu Sigtúnir, ok gerði þar mikit hof ok blót eptir siðvenju Ásanna. Hann eignaðisk þar lǫnd svá vítt, sem hann lét heita Sigtúnir. Hann gaf bústaði hofgoðunum. Njǫrðr bjó í Nóatúnum, en Freyr at Uppsǫlum, Heimdallr at Himinbjǫrgum, Þórr á Þrúðvangi, Baldr á Breiðabliki. Ǫllum fekk hann þeim góða bólstaði.

Die Kirchenruinen von Sigtuna.

KAPITEL 12

I. Formenlehre und Satzlehre

Dieses Kapitel gibt einen Überblick über die umfangreichen Formen und Anwendungsgebiete der Demonstrativ-, Interrogativ-, Relativ- und Indefinitpronomen; die überaus reiche und verschiedenartige Anwendung der Pronomen wird durch Beispielsätze aus der Sagaliteratur verdeutlicht, die nur eine Auswahl treffen und keinesfalls den gesamten Bereich abdecken können.

Demonstrativpronomen (vgl. dazu ausführlicher Heusler § 401–411)

Zu den Demonstrativpronomen gehören:

- sá *der* (demonstrativ oder anaphorisch, auf etwas zurückweisend)
- sjá | þessi *dieser* (deiktisch, verstärkt hinweisend)
- hinn | inn *jener* (auch als Artikel)
- sami *derselbe*
- sjálfr *selbst*
- slíkr *solcher*
- þvílíkr *derartiger*

Das Demonstrativpronomen sá

	mask.	*fem.*	*neutr.*
Sg. Nom.	sá	sú	þat
Gen.	þess	þeir[r]ar	þess
Dat.	þeim	þeir[r]i	því
Akk.	þann	þá	þat
Pl. Nom.	þeir	þær	þau
Gen.	→	þeir[r]a	←
Dat.	→	þeim	←
Akk.	þá	þær	þau

Das Pronomen *sá* hat vor allem zwei Funktionen:

– es weist auf etwas bereits Genanntes zurück (anaphorisch):

Litlu síðar kemr maðr í skemmuna. Sá var í blám klæðum.
Etwas später kommt ein Mann in das Haus. Dieser trug blaue Kleidung.

Tekr Refr nú at húsa bœinn. Sá bœr heitir í Hlíð.
Refr beginnt nun die Hofgebäude zu errichten. Dieser Hof heißt Hlíð.

– es weist auf etwas noch zu Nennendes voraus:

Þess er við getit at sá maðr var þar í heruðum er Barði hét.
Das ist erwähnt, dass der Mann dort in den Gebieten war, der Barði hieß.

Sá atburðr hafði orðit at með fǫður hans hafði verit á vist norrœnn maðr.
Dieser Vorfall hatte sich ereignet, dass bei seinem Vater ein Norweger Quartier gehabt hatte.

Die Formen von *sá* ergänzen das Personalpronomen *hann* (m.) und *hon* (f.) in der 3. Pers. Sg. Neutrum sowie in den Pluralformen aller drei Genera. Die Pluralformen stehen oft vor Eigennamen oder Personenbezeichnungen, die auch im Singular stehen können, und müssen dann in die einzelnen Personen des jeweiligen Kontextes „aufgelöst" werden (vgl. ausführlicher Nedoma § 49.4):

Skammt var á millum bœja þeirra Steins ok Þorbjarnar.
Es war nicht weit zwischen den Höfen (dieser) Steins und Þorbjǫrns.

Refr gekk heim ok fundusk þeir Gestr.
Refr ging nach Hause, und sie (= er und) Gestr trafen sich.

Die Demonstrativpronomen sjá | þessi

Das Pronomen hat deiktische Funktion; es wurde durch Anhängen der Partikel *-si* oder *-a* (*-sa*) an die flektierten Formen von *sá*, *sú* und *þat* gebildet. Durch Kontamination haben sich diese Formen teilweise geändert; es existieren auch verschiedene Formen nebeneinander; in der Dichtungssprache der Skalden begegnet im Dativ oft die Form *þeima* statt *þessum*.

	mask.	*fem.*	*neutr.*
Sg. Nom.	sjá | þessi	sjá | þessi	þetta
Gen.	þessa	þessar	þessa
Dat.	þessum	þessi	þessu | þvísa
Akk.	þenna	þessa	þetta

Pl. Nom.	þessir	þessar	þessi
Gen.	→	þessa	←
Dat.	→	þessum	←
Akk.	þessa	þessar	þessi

Im Neuisländischen sind nur noch die Formen *þessi*, *þetta* gebräuchlich, *sjá* ist ausgestorben (vgl. Duppler / van Nahl 16B1).

Das Pronomen kann *vor* oder *nach* dem Substantiv stehen:

Hann var allfrægr orðinn af fǫr þessi.
Er war sehr berühmt geworden durch diese Fahrt.

Í þann tíma er þessir konungar váru at Uppsǫlum […]
Zu der Zeit, als diese Könige in Uppsala herrschten […]

Die Demonstrativpronomen hinn *und* inn

Hinn (*hin*, *hitt*), 'jener | der andere' flektiert wie das Possessivpronomen *minn*, aber in allen Formen mit dem kurzem Vokal *-i*. Dieses Pronomen übernahm in etwas späterer Zeit auch die Funktion des bestimmten Artikels vor einem Adjektiv, häufig in Verbindung mit Beinamen:

Í þann tíma [...] var yfir Danmǫrku fyrst Danr hinn mikilláti [...], þá sonr hans Fróði hinn mikilláti eða hinn friðsami.
Zu der Zeit [...] *herrschte über Dänemark zuerst Danr der Stolze* [...], *dann sein Sohn Fróði der Stolze oder der Friedliche.*

Auch *inn* übernahm – *vor* dem Adjektiv (*inn gamli*) – die Funktion des bestimmten Artikels; in Verbindung mit einem Substantiv stand es *danach* und wurde in der Folge suffigiert.

Das Demonstrativpronomen sami

Bei dem Pronomen *sami* 'derselbe' steht das Substantiv mit Artikel. *Sami* flektiert ausschließlich schwach, also wie ein schwaches Adjektiv.

[…] ok bar hinn sami maðr reiði konungs út sem honum hafði borit inn boðin.
[…] *und es trug derselbe Mann den Zorn des Königs hinaus, der ihm die Botschaften hineingetragen hatte.*

[…] ok grunaði at sá hinn sami mundi nú vera kominn þar í Vestrlǫndum.
[…] *und es dämmerte ihm, dass eben derselbe nun dort in die Vestrlǫnd gekommen sei.*

Das Demonstrativpronomen sjálfr

Nur starke Flexion kennen die Formen des Demonstrativpronomens *sjálfr* 'selbst'. Es flektiert also wie ein starkes Adjektiv.

Kom svá at þeir Ásmundr skiptusk sjálfir vápnum við ok hǫggum.
Und es geschah, dass er und Ásmundr selbst Waffen und Hiebe wechselten.

Sá sagði mér sjálfr er konung flutti til lands.
Der sagte es mir selbst, der den König ins Land brachte.

Die Demonstrativpronomen slíkr *und* þvílíkr

Auch *slíkr* 'solcher' und *þvílíkr* 'derartiger' flektieren ausschließlich wie starke Adjektive.

Þat vita allir menn at engi hermaðr hefir slíkr fœðsk á Norðrlǫndum sem þú.
Das wissen alle, dass kein (anderer) solcher Krieger wie du in den Norðrlǫnd geboren ist.

Reið Sigurðr konungr ok allir hans menn með þvílíkan prís til Miklagarðs.
König Sigurðr ritt und all seine Männer mit solcher Pracht nach Konstantinopel.

Interrogativpronomen

Das alte Fragewort 'wer? was?' ist im Altisländischen defektiv und findet sich nur im Gen. Dat. Maskulinum sowie als *hvat* in allen Singularformen des Neutrums; die Flexion ähnelt in ihren Endungen den Formen des Demonstrativpronomens *þess*, *þeim*; *þat*, *þess*, *því*. Die Neutrum-Form *hví* dient auch als Fragewort in der Bedeutung 'weshalb?'.

	mask.	*neutr.*
Sg. Nom.	–	hvat
Gen.	hvess	hvess
Dat.	hveim	hví
Akk.	–	hvat

Jarl mælti: „Hví ertu svá bleikr en stundum svartr sem jǫrð. Er eigi þat at þú vilir svíkja mik?"
Der Jarl sprach: „Warum bist du so bleich und bisweilen schwarz wie Erde. Ist das nicht so, dass du mich verraten willst?"

Hvat skal ek Hákoni fram bjóða til þess at hann játti þér griðum?
Was soll ich Hákon anbieten, damit er dir Frieden gewährt?

Das Interrogativpronomen hverr

Die übrigen Formen werden ersetzt von *hverr* 'welcher? wer? (von mehreren)'; es flektiert wie ein *ja-* | *jō*-Stamm und zeigt dementsprechend *j* vor Endung auf *a* und *u*.

		mask.	*fem.*	*neutr.*
Sg.	*Nom.*	hverr	hver	hvert
	Gen.	hvers	hverrar	hvers
	Dat.	hverjum	hverri	hverju
	Akk.	hvern	hverja	hvert
Pl.	*Nom.*	hverir	hverjar	hver
	Gen.	→	hverra	←
	Dat.	→	hverjum	←
	Akk.	hverja	hverjar	hver

„Konungr", segir hann, „hverja ætlan hefir þú á ferð þessi?"
„König", sagt er, „welches Anliegen hast du für diese Fahrt?"

Þá segir Sigurðr drottningu hverrar ættar Óláfr var ok fyrir hverja sǫk hann var þar kominn.
Da sagt Sigurðr der Königin, aus welchem Geschlecht [wörtlich: *welchen Geschlechts*] *Ólafr war und in welcher Angelegenheit er gekommen war.*

Das Interrogativpronomen hvárr

Bei der Frage nach einer eingeschränkten Auswahl steht *hvárr* 'welcher? wer? (von zweien)'. Die Neutrum-Form *hvárt* dient auch als Fragepartikel in der Bedeutung 'ob'.

		mask.	*fem.*	*neutr.*
Sg.	*Nom.*	hvárr	hvár	hvárt
	Gen.	hvárs	hvárrar	hvárs
	Dat.	hvárum	hvárri	hváru
	Akk.	hvárn	hvára	hvárt
Pl.	*Nom.*	hvárir	hvárar	hvár
	Gen.	→	hvárra	←
	Dat.	→	hvárum	←
	Akk.	hvára	hvárar	hvár

Lǫgðu þeir á þat hit mesta kapp hvárr betr reið eða betri hesta átti.
Sie legten darauf den größten Eifer, wer von beiden besser ritt oder die besseren Pferde hatte.

„Eigi veit ek,“ segir hann, „hvárt ek sé út á Rínansey mann eða fugl.“
„Ich weiß nicht“, sagt er, „ob ich draußen [wörtlich: *hinaus*] *auf Rínansey einen Mann oder einen Vogel sehe.“*

Das Interrogativpronomen hvílíkr

Wie *þvílíkr* – also als starkes Adjektiv – flektiert das seltene – hier nur der Vollständigkeit halber aufgeführte – *hvílíkr* ‘was für ein’ (wörtlich: ‘wem gleich’). Im Neuisländischen steht dafür das indeklinable *hvaða.*

Indefinitpronomen

In den herkömmlichen Grammatiken und Elementarbüchern werden Indefinitpronomen nach ihren Bedeutungen zu drei Gruppen zusammengefasst: ‘irgendeiner’ – ‘jeder’ – ‘niemand’; die Kategorie ‘jeder’ wird im Folgenden ergänzt durch ‘beide’ – ‘alle’.

Das Indefinitpronomen irgendeiner

Als Indefinitpronomen in der Bedeutung ‘irgendeiner’ dient manchmal einfach nur das Zahlwort *einn.* Das gängigste Pronomen dieser Gruppe ist jedoch *ein(n)hverr* ‘irgendeiner’, zusammengesetzt aus *einn* und *hverr*; dementsprechend hat es im Femininum die Form *einhver*, im Neutrum *eitthvert.* In den obliquen Kasus wird allerdings nur das Zweitglied flektiert, während das Erstglied auf ein einheitliches *ein-* reduziert ist. Im Neuisländischen haben auch Nominativ Maskulinum und Femininum die reduzierte Form, *einhver.* Vor Endung auf *-a* und *-u* wird *-j* eingeschoben. Das Pronomen kann attributiv vor einem Substantiv stehen oder selbst substantivisch gebraucht werden; in letzterem Fall heißt es im Neutrum *eitthvat.*

		mask.	*fem.*	*neutr.*
Sg.	*Nom.*	ein(n)hverr	einhver	eitthvert
	Gen.	einhvers	einhverrar	einhvers
	Dat.	einhverjum	einhverri	einhverju
	Akk.	einhvern	einhverja	eitthvert
Pl.	*Nom.*	einhverir	einhverjar	einhver
	Gen.	→	einhverra	←
	Dat.	→	einhverjum	←
	Akk.	einhverja	einhverjar	einhver

Á einhverju sumri fór hann með her sinn til Danmerkr.
In irgendeinem Sommer zog er mit seinem Heer nach Dänemark.

[...] en hann nefndi til einhvern bœ.
[...] *und er nannte irgendeinen Hof.*

Sigurðr konungr var eitthvert sinn at búi sínu.
König Sigurðr war irgendwann einmal auf seinem Hof.

Einnhverr ist oft austauschbar mit *nǫkkurr* 'irgendjemand, ein gewisser', im Plural auch 'manche, einige'. Im Neuisländischen steht im Aussagesatz meist *einhver*, bei Verneinung *nokkur* (mit *-o* statt *-ǫ*), in der Frage signalisiert *einhver* die erwartete Antwort 'ja', *nokkur* hingegen 'nein'.

Die Form *nǫkkurr* geht zurück auf **nekkuerr*, eine Zusammenziehung von **ne veit ek huerr* (vgl. Heusler § 121); die Vokale wurden reduziert, aus dem durch Synkope entstandenen *-nk* wurde *-kk*. Die belegte Vielfalt von Formen ergab sich möglicherweise durch unterschiedliche Betonung der einzelnen Wörter in der Wortfolge; in älteren Texten finden sich oft Formen mit *-v* (z.B. *nakkvarr*; vgl. auch Noreen § 475.3). Im „klassischen" Altisländisch zeigen die Formen durchweg *u*-Umlaut.

		mask.	*fem.*	*neutr.*
Sg.	*Nom.*	nǫkkurr	nǫkkur	nǫkkut
	Gen.	nǫkkurs	nǫkkurrar	nǫkkurs
	Dat.	nǫkkurum	nǫkkurri	nǫkkuru
	Akk.	nǫkkurn	nǫkkura	nǫkkut
Pl.	*Nom.*	nǫkkurir	nǫkkurar	nǫkkur
	Gen.	→	nǫkkurra	←
	Dat.	→	nǫkkurum	←
	Akk.	nǫkkura	nǫkkurar	nǫkkur

Im Neuisländischen wird der Mittelsilbenvokal vor Endung auf Vokal ausgestoßen (z.B. *nokkrar* : altisl. *nǫkkurar*; *nokkrum* : altisl. *nǫkkurum*).

Þá fór hon í Jǫtunheima ok gat þar fjóra sonu við jǫtni nǫkkurum.
Da fuhr sie nach Jǫtunheimr und bekam da mit einem Riesen vier Söhne.

Þat eru fjalldalir nǫkkurir þrøngvir en há fjǫll tveim megin.
Es sind einige enge Bergtäler und hohe Berge auf beiden Seiten.

Das Pronomen *sumr* 'irgendeiner, ein gewisser', im Neutrum 'etwas', im Plural 'einige, manche', flektiert als starkes Adjektiv.

[...] en sumt er ritat eptir fornum kvæðum.
[...] *und einiges ist nach alten Liedern aufgeschrieben.*

Gaf hann [i.e. Óðinn] þá sumum sigr en sumum bauð hann til sín.
Einigen schenkte er den Sieg, einige lud er zu sich ein (= ließ er sterben).

[...] þá flýði hverr er mátti, sumir ofan til Orkadals, sumir til Gaulardals, sumir á markir, sumir leituðu griða.
[...] *da floh jeder, der konnte, einige hinunter ins Orkatal, einige ins Gaulartal, einige in Waldgebiete, einige baten um Frieden.*

Die Indefinitivpronomen jeder | alle | beide

In der Bedeutung 'jeder (mögliche)' steht das Indefinitpronomen *hverr* (m.), *hver* (f.), *hvert* (n.). Bei eingeschränkter Anzahl, 'jeder (von zweien)', steht *hvárr* (m.), *hvár* (f.), *hvárt* (n.); beide flektieren wie die gleichlautenden Interrogativpronomen. Zu letzterem finden sich *hvárrtveggi* (m.), *hvárrtveggja* (f.), *hvárttveggja* (n.), 'jeder von beiden'. Hier flektieren Erst- *und* Zweitglied, ersteres wie *hvárr*, letzteres wie ein schwaches Adjektiv, das *-j* vor *-a* und *-u* behält (*hvárstveggja* etc.). *-tveggja* kann aber auch komplett unverändert bleiben und Neutrum Pl. auf *-tveggi* enden.

	mask.	*fem.*	*neutr.*
Sg. Nom.	hvárrtveggi	hvártveggja	hvárttveggja
Gen.	hvárstveggja	hvárrartveggju	hvárstveggja
Dat.	hvárumtveggja	hvárritveggju	hvárutveggja
Akk.	hvárntveggja	hváratveggju	hvárttveggja
Pl. Nom.	hvárirtveggju	hvárartveggju	hvártveggju |-tveggi
Gen.	→	hvárratveggju	←
Dat.	→	hvárumtveggjum	←
Akk.	hváratveggju	hvárartveggju	hvártveggju |-tveggi

Í því kvæði eru nefndir þrír tigir langfeðga hans ok sagt frá dauða hvers þeirra ok legstað.
In diesem Gedicht werden 30 seiner Vorfahren genannt und vom Tod eines jeden erzählt und von der Begräbnisstätte.

Herjuðu hvárir land annarra ok gerðu skaða.
Beide Seiten verheerten das Land der anderen und richteten Schaden an.

[...] áttu þeir þar orrostu ok féll mart manna af hvárumtveggjum.
[...] *sie hatten eine Schlacht und viele der Männer fielen auf beiden Seiten.*

Zu *hvergi* 'jeder, wer auch immer' gibt es eine Reihe von Nebenformen, da teilweise nur das Erstglied (*hver-*), teilweise nur das Zweitglied (*-gi*) und teilweise auch beide Glieder flektieren (zum Formenreichtum vgl. Noreen § 477.2). Als normalisiertes Paradigma stehen folgende Formen:

		mask.	*fem.*	*neutr.*
Sg.	*Nom.*	hver[r]gi	hvergi	hver[t]ki
	Gen.	hverskis	hverigrar	hverskis
	Dat.	hverjungi | hverigum	hver[i]gri	hverigu
	Akk.	hverngi | hverngan	hveriga	hver[t]ki
Pl.	*Nom.*	hverigir	hverigar	hver[i]gi
	Gen.	→	hverigra	←
	Dat.	→	hverjungi | hverigum	←
	Akk.	hveriga	hverigar	hver[i]gi

Allr 'alle(s)' hat im Sg. die Bedeutung 'ganz'; es flektiert wie ein starkes Adjektiv mit *-a* als Stammvokal. Es kann attributiv gebraucht werden mit Substantiv oder anderen Pronomen sowie substantivisch (allein stehend).

		mask.	*fem.*	*neutr.*
Sg.	*Nom.*	allr	ǫll	allt
	Gen.	alls	allrar	alls
	Dat.	ǫllum	allri	ǫllu
	Akk.	allan	alla	allt
Pl.	*Nom.*	allir	allar	ǫll
	Gen.	→	allra	←
	Dat.	→	ǫllum	←
	Akk.	alla	allar	ǫll

Óðinn var gǫfgastr af ǫllum ok af honum námu þeir allar íþróttirnar.
Odin war der vorzüglichste von allen, und von ihm lernten sie alle Fertigkeiten.

Um alla Svíþjóð guldu menn Óðni skatt.
In ganz Schweden zahlten die Menschen Steuern an Odin.

Á hans dǫgum dóu flestir díar ok váru allir brenndir.
Zu seinen Zeiten starben die meisten Priester und alle wurden verbrannt.

Von *báðir* 'beide' gibt es nur Pluralformen; es kann mit einem Substantiv (mit suffigiertem Artikel) oder einem Pronomen zusammen gebraucht werden oder allein stehen. Die Neutrumform steht auch in dem festen Ausdruck *bæði – ok* 'sowohl – als auch'.

	mask.	*fem.*	*neutr.*
Pl. Nom.	báðir	báðar	bæði
Gen.	→	beggja	←
Dat.	→	báðum	←
Akk.	báða	báðar	bæði

Hann var þá í liði með Hálfdani svarta en fyrr hafði hann verit með Haraldi konungi ok var hann ástvinr beggja þeirra.
Er war da im Heer bei Hálfdan dem Schwarzen, und vorher war er bei König Harald gewesen, und er war ein teurer Freund von ihnen beiden.

Váru þeir Guðrǫðr fóstbrœðr ok nær jafnaldrar ok báðir hinir efnilegstu ok atgervimenn miklir.
Guðrǫðr und er waren Ziehbrüder und fast gleichaltrig und beide höchst begabt und sehr tüchtige Männer.

Das Indefinitpronomen keiner

Das Pronomen *engi* 'niemand, keiner' entstand durch synkopische Kürzung vor Konsonantenverbindungen aus **ein-gi* (vgl. Heusler § 92.2). Die Flexion dieses Wortes zeigt großen Formenreichtum: Das Suffix bewahrte teilweise -*w*, das Umlaut von -*e* zu -*ø* bewirkte. Zu der verwirrenden Vielfalt der Formen vgl. Noreen § 476.1; übersichtlicher bei Nedoma § 32.3.a. Die folgende Tabelle zeigt ein normalisiertes Paradigma.

	mask.	*fem.*	*neutr.*
Sg. Nom.	engi	engi	ekki
Gen.	engis | enskis	engrar	engis | enskis
Dat.	engum	engri	engu
Akk.	engi | engan	enga	ekki
Pl. Nom.	engir	engar	engi
Gen.	→	engra	←
Dat.	→	engum	←
Akk.	enga	engar	engi

[...] en hann vildi enskis manns þegn vera.
[...] *und er wollte keines Mannes Gefolgsmann sein.*

Konungr vildi þat fyrir engan mun.
Der König wollte das auf gar keinen Fall.

Eigum vér þar þá ekki erindi nema illt eina.
Wir haben dort kein Anliegen außer einem schlechten.

In gleicher Bedeutung steht das Pronomen *neinn*, entstanden aus **ne einn*. Es flektiert wie *einn*.

Selten sind die Formen – nur im Singular erhalten – *manngi* 'niemand' im Nom. Akk. Mask. (mit *mannzkis* im Genitiv, *mannigi* im Dativ).

Auf eine beschränkte Auswahl bezieht sich das Pronomen *hvár[r]gi* 'keiner von beiden'. Es flektiert wie *hvergi* ohne Einschub von *j*.

Relativpronomen

Als Relativpronomen steht im Altisländischen die unveränderbare Relativpartikel *er*, die in späterer Zeit durch *sem* ergänzt und schließlich völlig davon abgelöst wurde.

[...] frásagnir um hǫfðingja þá er ríki hafa haft á Norðrlǫndum.
[...] *Geschichten von den Häuptlingen, die ihr Reich in den Norðrlǫnd hatten.*

Fjǫlnir var sá nefndr er son var Yngvifreys.
Fjǫlnir wurde der genannt, der der Sohn von Yngvifreyr war.

Síðan skyldi hann leiða í hásæti þat sem átti faðir hans.
Später sollte man ihn in den Hochsitz führen, den sein Vater hatte.

Aufgabe

Suchen Sie aus den Texten der Kapitel 1–3 sämtliche Arten von Pronomen heraus, bestimmen Sie sie nach Kasus, Genus, Numerus und führen Sie sie jeweils auf ihre Grundformen im Nominativ Singular Maskulinum zurück.

II. Textteil

Konungasǫgur: vitae

Neben überblicksartigen Geschichtswerken gibt es unter den *Konungasǫgur* die bereits erwähnten *vitae*, Lebensbeschreibungen einzelner Könige. Darunter sind besonders zu nennen die Sagas um Óláfr Tryggvason und Óláfr helgi (= Óláfr Haraldsson, genannnt 'der Heilige').

Óláfr Tryggvason wurde nach den überlieferten Quellen etwa 968 als Sohn des ostnorwegischen Kleinkönigs Tryggvi Óláfsson geboren; man weiß jedoch nicht genau, wo er König war. Im Vergleich zu den spärlichen Fakten sind die Sagas über Óláfr von bemerkenswert großem Umfang, sicherlich deshalb, weil man in ihm vor allem in Island, wo die Sagas über ihn entstanden sind, neben Óláfr dem Heiligen Haraldsson den König der Christianisierung sah; so wurde er gleichsam zu einer literarischen Hauptfigur, auf die viele legendarische Züge übertragen wurden. Da die Saga viele romantische Hinzudichtungen enthält, ist die wirkliche Bedeutung dieses Königs während seiner kurzen Regierungszeit (995–1000) schwer zu beurteilen. Sicher scheint, dass er den Missionar Þangbrandr nach Island schickte, um das Land zu missionieren. Trotz der ersten, wenig geglückten Versuche wurde im Jahr 999 oder 1000 auf Althingbeschluss das Christentum in Island offiziell eingeführt. Isländische Quellen, so Aris *Íslendingabók*, schreiben Óláfr nur die Christianisierung Islands zu, andere Quellen, so die *Historia Norvegiæ* oder *Ágrip*, berichten, er habe insgesamt fünf Länder bekehrt: Norwegen, Island, Hjaltland (Shetlandinseln), die Orkneys und die Färöer.

Eindeutig datierbar ist in Óláfs Leben sein letzter und entscheidender Kampf im Jahr 1000, gegen eine Koalition der Lade-Jarle Eiríkr und Sveinn, Sveinn tjúguskegg und Óláfr skötkonungr. Óláfr verlor die sagenumwobene Schlacht und stürzte sich von seinem Schiff namens Ormrinn langi ins Meer. Die Hintergründe der Schlacht sind ebenso unklar wie ihr genauer Ort.

Über Óláfr Tryggvason existieren mehrere Sagas; sie waren wohl ursprünglich auf Latein geschrieben, sind aber nur in isländischen Übersetzungen erhalten, doch keine von ihnen vollständig. Eine der Sagas wird Oddr Snorrason, einem Mönch aus dem Kloster Þingeyrar, zugeschrieben; er soll sie etwa 1190 verfasst haben. Innerhalb der *Heimskringla* existiert ebenfalls eine *Óláfs saga Tryggavsonar* von Snorri Sturluson, und im 14. Jahrhundert kommt die in zwei Fassungen existierende *Óláfs saga Tryggvasonar hin mesta* hinzu, deren Verfasser sich offenbar auf die beiden anderen Sagas gestützt hat.

Zum Weiterlesen. Annett Krakow: Die Óláfs saga Tryggvasonar der Flateyjarbók: Struktur und Gestaltung einer spätmittelalterlichen Konungasaga. Berlin 2009. Claus Krag und Sverrir Tómasson: Olaf der Heilige. Óláfr Tryggvason. Beide in: RGA 22. DOI 10.1515/gao_RGA_4116 und 10.1515/ gao_RGA_4119. Jónas Kristjánsson: Eddas und Sagas, passim (siehe Index). Reidar Astås: Óláfr, St. In: MS, S. 445 f. Jón Viðar Sigurðsson: Óláfr Tryggvason. In: MS, S. 446 f. Anne Heinrichs: Óláfs saga helga. In: MS, S. 447 f. Ólafur Halldórsson: Óláfs saga Tryggvasonar. In: MS, S. 448 f. Jonna Louis-Jensen: Kongesagastudier. Kopenhagen 1977. Walter Baetke: Die Óláfs saga Tryggvasonar und die Jómsvíkinga saga. Zur Historiographie des nordischen Frühmittelalters. In: Otmar Werner / Bernd Naumann (Hg.), Formen mittelalterlicher Literatur. Festschrift für Siegfried Beyschlag. Göppingen 1970, S. 1–18. Lars Lönnroth: Studier i Olaf Tryggvasons saga. In: Samlaren 84, 1963, S. 54–94.

Der folgende Text erzählt in Ausschnitten von der letzten Schlacht Óláfs.

Óláfs saga Tryggvasonar. Bjarni Aðalbjarnarson gaf út. In: Íslenzk fornrit, Bd. 26. Reykjavík 1941, S. 357–366 (gliedernde Überschriften übernommen aus der Ausgabe von Finnur Jónsson, 1966).

CIV. Kapítuli (Frá Óláfi konungi)

Óláfr konungr stóð í lyptingu á Orminum. Bar hann hátt mjǫk. Hann hafði gylltan skjǫld ok gullroðinn hjálm. Hann var auðkenndr frá ǫðrum mǫnnum. Hann hafði rauðan kyrtil stuttan útan um brynju. En er Óláfr konungr sá, at riðluðusk flokkarnir ok upp váru sett merki fyrir hǫfðingjum, þá spurði hann: „Hverr er hǫfðingi fyrir liði því, er gegnt oss er?“ Honum var sagt, at þar var Sveinn konungr tjúguskegg með Danaher. Konungr svarar: „Ekki hræðumk vér bleyður þær. Engi er hugr í Dǫnum. En hverr hǫfðingi fylgir þeim merkjum, er þar eru út í frá hœgra veg?“

Honum var sagt, at þar var Óláfr konungr með Svíaher. Óláfr konungr segir: „Betra væri Svíum heima ok sleikja um blótbolla sína en ganga á Orminn undir vápn yðr. En hverir eigu þau in stóru skip, er þar liggja út á bakborða Dǫnum?“ „Þar er,“ segja þeir, „Eiríkr jarl Hákonarson.“ Þá svarar Óláfr konungr: „Hann mun þykkjask eiga við oss skapligan fund, ok oss er ván snarprar orrostu af því liði. Þeir eru Norðmenn, sem vér erum.“

CV. Kapítuli (Upphaf orrostu)

Síðan greiða konungar atróðr. Lagði Sveinn konungr sitt skip móti Orminum langa, en Óláfr konungr sœnski lagði út frá ok stakk stǫfnum at ýzta skipi Óláfs konungs Tryggvasonar, en ǫðrum megin Eiríkr jarl. Tóksk þar þá hǫrð orrosta. Sigvaldi jarl lét skotta við sín skip ok lagði ekki til orrostu. [...]

CVI. Kapítuli (Flótti Sveins konungs ok Óláfs konungs)

Þessi orrosta var in snarpasta ok allmannskœð. Frambyggjar á Orminum langa ok Orminum skamma ok Trananum fœrðu akkeri ok stafnljá í skip Sveins konungs, en áttu vápnin at bera á þá niðr undir fœtr sér. Hruðu þeir ǫll þau skip, er þeir fengu haldit, en konungrinn Sveinn ok þat lið, er undan komsk, flýði á ǫnnur skip, ok því næst lǫgðu þeir frá ór skotmáli, ok fór þessi herr svá sem gat Óláfr konungr Tryggvason. Þá lagði þar at í staðinn Óláfr Svíakonungr, ok þegar er þeir kómu nær stórskipum, þá fór þeim sem hinum, at þeir létu lið mikit ok sum skip sín ok lǫgðu frá við svá búit. En Eiríkr jarl síbyrði Barðanum við it ýzta skip Óláfs konungs ok hrauð þat ok hjó þegar þat ór tengslum, en lagði þá at því, er þar var næst, ok barðisk til þess, er þat var hroðit. Tók þá liðit at hlaupa af inum smærum skipunum ok upp á stórskipin, en jarl hjó hvert ór tengslunum, svá sem hroðit var. En Danir ok Svíar lǫgðu þá í skotmál ok ǫllum megin at skipum Óláfs konungs. En Eiríkr jarl lá ávallt síbyrt við skipin ok átti hǫggorrostu, en svá sem menn fellu á skipum hans, þá gengu aðrir upp í staðinn, Danir ok Svíar. [...]

Þá var orrosta in snarpasta, ok fell þá mjǫk liðit, ok kom svá at lykðum, at ǫll váru hroðin skip Óláfs konungs nema Ormrinn langi. Var þar þá allt lið á komit, þat er vígt var hans manna. Þá lagði Eiríkr jarl Barðann at Orminum síbyrt ok var þar hǫggorrosta. [...]

Die Schlacht: Eiríks Leute erobern Ormrinn langi.
Zeichnung des norwegischen Künstlers Halfdan Egedius aus dem Buch Snorre Sturlasón: Kongesagaer. Oversat af Gustav Storm. Kristiania: J.M. Stenersen & Co. 1899.

CVIII. Kapítuli (Frá Einari þambarskelfi)

Einarr þambarskelfir var á Orminum aptr í krapparúmi. Hann skaut af boga ok var allra manna harðskeytastr. Einarr skaut at Eiríki jarli ok laust í stýrishnakkann fyrir ofan hǫfuð jarli ok gekk allt upp á reyrbǫndin. Jarl leit til ok spurði, ef þeir vissi, hverr þar skaut, en jafnskjótt kom ǫnnur ǫr, svá nær jarli, at flaug milli síðunnar ok handarinnar ok svá aptr í hǫfðafjǫlina, at langt stóð út broddrinn. Þá mælti jarl við þann mann, er sumir nefna Finn, en sumir segja, at hann væri finnskr – sá var hinn mesti bogmaðr –: „Skjóttu mann þann inn mikla í krapparúminu." Finnr skaut, ok kom ǫrin á boga Einars miðjan í því bili, er Einarr dró it þriðja sinn bogann. Brast þá boginn í tvá hluti. Þá mælti Óláfr konungr: „Hvat brast þar svá hátt?" Einarr svarar: „Nóregr ór hendi þér, konungr." „Eigi mun svá mikill brestr orðinn," segir konungr, „tak boga minn ok skjót af" – ok kastaði boganum til hans. Einarr tók bogann ok dró þegar fyrir odd ǫrvarinnar ok mælti: „Of veykr, of veykr allvalds bogi" – ok kastaði aptr boganum, tók þá skjǫld sinn ok sverð ok barðisk.

CIX Kapítuli (Frá Óláfi konungi)

Óláfr konungr Tryggvason stóð í lyptingu á Orminum ok skaut optast um daginn, stundum bogaskoti, en stundum gaflǫkum ok jafnan tveim senn. Hann sá fram á skipit ok sá sína menn reiða sverðin ok hǫggva títt ok sá, at illa bitu, mælti þá hátt: „Hvárt reiðið þér svá slæliga sverðin, er ek sé, at ekki bíta yðr?" Maðr svarar: „Sverð vár eru slæ ok brotin mjǫk." Þá gekk konungr ofan í fyrirrúmit ok lauk upp hásætiskistuna, tók þar ór mǫrg sverð hvǫss ok fekk mǫnnum. En er hann tók niðr inni hœgri hendi, þá sá menn, at blóð rann ofan undan brynstúkunni. Engi veit, hvar hann var sárr.

CX. Kapítuli (Uppganga á Orminn)

Mest var vǫrnin á Orminum ok mannskœðust af fyrirrúmsmǫnnum ok stafnbúum. Þar var hvárt tveggja mest valit mannfólkit ok hæst borðin. En er lið fell fyrst um mitt skipit ok þá er fátt stóð upp mannanna um sigluskeiðit, þá réð Eiríkr jarl til uppgǫngu ok kom upp á Orminn með fimmtánda mann. Þá kom í móti honum Hyrningr, mágr Óláfs konungs, með sveit manna, ok varð þar inn harðasti bardagi, ok lauk svá, at jarl hrǫkk ofan aptr á Barðann, en þeir menn, er honum hǫfðu fylgt, fellu sumir, en sumir voru særðir. [...]

Þá varð enn in snarpasta orrosta, ok fellu þá margir menn á Orminum. En er þynntisk skipan á Orminum til varnarinnar, þá réð Eiríkr jarl annat sinn til uppgǫngu á Orminn. Varð þá enn hǫrð viðtaka. En er þetta sá stafnbúar á Orminum, þá gengu þeir aptr á skipit ok snúask til varnar móti jarli ok veita harða viðrtǫku. En fyrir því, at þá var svá mjǫk fallit lið á Orminum, at víða váru auð borðin, tóku þá jarlsmenn víða upp at ganga. En allt þat lið, er þá stóð upp til varnar á Orminum, sótti aptr á skipit, þar til sem konungr var. [...]

CXI. Kapítuli (Hroðinn Ormrinn langi)

Kolbjǫrn stallari gekk upp í lypting til konungs. Þeir hǫfðu mjǫk líkan klæða búnað ok vápna. Var Kolbjǫrn ok allra manna mestr ok fríðastr. Var nú enn í fyrirrúminu in snarpasta orrosta. En fyrir þá sǫk, at þá var svá mikit fólk komit upp á Orminn af liði jarls sem vera mátti á skipinu, en skip hans lǫgðu at ǫllum megin útan at Orminum, en lítit fjǫlmenni til varnar móti svá miklum her, nú þótt þeir menn væri bæði sterkir ok frœknir, þá fellu nú flestir á lítilli stundu. En Óláfr konungr sjálfr ok þeir Kolbjǫrn báðir hljópu þá fyrir borð ok á sitt borð hvárr. En jarlsmenn hǫfðu lagt utan at smáskútr ok drápu þá, er á kaf hljópu, ok þá er konungr sjálfr hafði á kaf hlaupit, vildu þeir taka hann hǫndum ok fœra Eiríki jarli. En Óláfr konungr brá yfir sik skildinum ok steypðist í kaf, en Kolbjǫrn stallari skaut undir sik skildinum ok hlífði sér svá við spjótum, er lagt var af skipum þeim, er undir lágu, ok fell hann svá á sjáinn, at skjǫldrinn varð undir honum, ok komsk hann því eigi í kaf svá skjótt, ok varð hann handtekinn ok dreginn upp í skútuna, ok hugðu þeir, at þar væri konungrinn. Var hann þá leiddr fyrir jarl, en er þess varð jarl varr, at þar var Kolbjǫrn, en eigi Óláfr konungr, þá váru Kolbirni grið gefin. En í þessi svipan hljópu allir fyrir borð af Orminum, þeir er þá váru á lífi Óláfs konungs menn, ok segir Hallfrøðr svá, at Þorkell nefja, konungsbróðir, hljóp síðast allra manna fyrir borð. [...]

Ormrinn langi – Die lange Schlange.
Das berühmte Langschiff von Óláfr Tryggvason.
Zeichnung des norwegischen Künstlers Halfdan Egedius aus dem Buch Snorre Sturlasón: Kongesagaer. Oversat af Gustav Storm. Kristiania: J.M. Stenersen & Co. 1899.

KAPITEL 13

I. Formenlehre und Lautlehre

Zusammengesetzte Tempora: Perfekt und Plusquamperfekt

Perfekt und Plusquamperfekt sind die zusammengesetzten Zeiten der Vergangenheit; sie werden gebildet mit einer Form von *hafa*, selten *vera*, und dem Partizip Perfekt. Im Neuisländischen werden beide Zeiten nur noch mit *hafa* gebildet. Das Partizip kann sich dabei in Kasus, Genus und Numerus entweder nach dem Objekt richten (bei Bildung mit *vera*) oder in seiner unveränderlichen Neutrum-Singular-Form stehen (bei *hafa*).

Verben der Bewegung bilden ihre zusammengesetzten Zeiten im Altisländischen oft mit *vera*; dabei stimmt das Partizip in Kasus, Genus und Numerus mit dem Subjekt überein:

> Sveinn Úlfsson fór þegar á skip sín er hann spurði at Magnús konungr var gengSinn af skipum.
> *Sveinn Úlfsson begab sich sofort zu seinen Schiffen, als er erfuhr, dass König Magnús von den Schiffen heruntergegangen war.*
>
> Ása hin illráða var áður farin á fund föður síns
> *Ása die Arglistige war zuvor zu ihrem Vater gegangen.*
>
> Þar varð þá undarlegr atburðr jólaaftan er menn váru til borða gengnir.
> *Da geschah ein wunderliches Ereignis am Weihnachtsabend, als die Männer zu Tisch gegangen waren.*

In allen anderen Fällen werden Perfekt und Plusquamperfekt mit *hafa* gebildet, und das Partizip hat meist die unveränderbare Form des Neutrums Singular:

> Í bók þessi lét ek rita fornar frásagnir um hǫfðingja þá er ríki hafa haft á Norðlǫndum ok á danska tungu hafa mælt, svá sem ek hefi heyrt fróða menn segja.
> *In diesem Buch ließ ich alte Geschichten aufschreiben über jene mächtigen Männer, die die Herrschaft gehabt haben in den Nordländern und in dänischer Sprache gesprochen haben, so wie ich weise Männer habe sagen hören.*
>
> Þá mun ek af landi fara ok til kristinna manna ok bœta þat er ek hefi brotit við guð.
> *Da werde ich aus dem Land reisen und zu christlichen Männern und das büßen, was ich gegen Gott verbrochen habe.*

Nú hǫfum vér spurt at jarl með lið sitt mun hér nú liggja fyrir oss.
Nun haben wir erfahren, dass der Jarl mit seinem Heer hier nun vor uns liegen wird.

Fjǫlnir var sá nefndr er son var Yngvifreys þess er Svíar hafa blótat lengi síðan.
Fjǫlnir war der genannt, der der Sohn des Yngvifreyr war, dem die Svíar lange danach geopfert haben.

In älteren Texten kann sich auch in Verbindung mit *hafa* das Partizip nach dem Objekt richten und gleichsam als „Identifikationssyntagma" stehen; diese Formen begegnen vor allem in der Sprache der Dichtung, aber auch in der älteren Prosa:

[...] þá hafði hann átta systur sína því at þat váru þar lǫg.
[...] *da hatte er seine Schwester (zur Frau) gehabt, weil das da die Gesetze waren* (wörtlich: *seine Schwester als Gehabte*).

Manchmal stehen beide Möglichkeiten im Satz nebeneinander:

Lǫngu vissi ek þat at þér hǫfðuð oft veittan styrk Gunnhildarsonum en þeir hafa yðr þó engu launat nema illu.
Lange wusste ich das, dass ihr oft den Söhnen der Gunnhild Beistand erwiesen habt (wörtlich: *den Beistand als erwiesenen*), *aber sie haben euch das mit nichts gelohnt als mit Bösem.*

Passiv

Das Passiv wird wie im Neuisländischen mit einer Form von *vera* – im Altisländischen auch von *verða* – und dem Partizip Perfekt gebildet. Das Partizip muss in Numerus und Genus mit dem Subjekt übereinstimmen:

En í borginni var hǫfðingi sá er Óðinn var kallaðr.
Und in der Stadt war der Mächtige, der Odin genannt wurde.

Hann orti um Rǫgnvald konung kvæði þat er kallat er Ynglingatal.
Er dichtete über König Rǫgnvaldr das Gedicht, das Ynglingatal genannt wird.

Hin fyrsta ǫld er kǫlluð brunaǫld.
Das erste Zeitalter wird Brandzeitalter genannt.

Þá váru þeir skjótt drepnir.
Da wurden sie schnell getötet.

[...] ok eru þar margar frásagnir ritaðar um þat.
[...] *und es sind viele Geschichten darüber aufgeschrieben.*

Bǫrn Haralds váru þar upp fœdd sem móðerni áttu.
Die Kinder von Harald wurden da aufgezogen, wo sie ihre Sippe mütterlicherseits hatten.

Varð af þessum hætti land byggt því at landsfólkit var gnógt til byggðarinnar.
So wurde Land besiedelt, weil ausreichend Bevölkerung zum Besiedeln vorhanden war.

Passivsätze können auch mit der Fügung *þat var* + Partizip Perfekt gebildet werden:

Þar váru fyrst til skoraðir hirðmenn Óláfs konungs því at þat var valit af innanlands mǫnnum ok utanlands allt þat er sterkast var ok fræknast.
Da wurden zuerst die Gefolgsleute von König Olaf dazu beordert, denn es wurde von den inländischen und ausländischen Männern all das ausgewählt, was am stärksten und kühnsten war.

Zum Weiterlesen. Heinz-Georg Halbe: Das Passiv in der klassischen altisländischen Prosa. Phil. Diss. Göttingen 1963. Owe Gustavs: Wie „anonym" ist das isländische Passiv? Greifswald 2010.

Flexion der Partizipien bei schwachen Verben

Die im Maskulinum Singular auf *-inn* endenden Partizipien der starken Verben flektieren wie der bestimmte Artikel (vgl. Kap. 9); die Partizipien der schwachen Verben, die in den einzelnen Klassen auf *-ðr*, *-dr* und *-tr* enden, flektieren wie ein starkes Adjektiv.

	mask.	*fem.*	*neutr.*
Sg. Nom.	kallaðr	kǫlluð	kallat
Gen.	kallaðs	kallaðrar	kallaðs
Dat.	kǫlluðum	kallaðri	kǫlluðu
Akk.	kallaðan	kallaða	kallat
Pl. Nom.	kallaðir	kallaðar	kǫlluð
Gen.	→	kallaðra	←
Dat.	→	kǫlluðum	←
Akk.	kallaða	kallaðar	kǫlluð

Dabei wird betontes *-a* umgelautet zu *-ǫ*, unbetontes *-a* zu *-u*.

Beim Passiv mit *vera* oder *verða* muss das Partizip Perfekt flektiert werden und in Genus und Numerus mit dem Subjekt übereinstimmen. Der Nom. Sg. von Partizipien der schwachen Verben kann folgende Endungen haben:

mask.	*fem.*	*neut.*
-aðr	-uð	-at
-dr	-d	-t
-ðr	-ð	-t
-tr	-t	-t
-inn	-in	-it

Eptir þat var landit kallat Garðarshólmr.
Danach wurde das Land Garðarshólmr genannt.

Fyrir því var hann kallaðr draugadróttinn eða hangadróttinn.
Deswegen wurde er Herr der Geister oder Herr der Gehenkten genannt.

Hann varð sóttdauðr á Þótni ok var síðan fluttr út á Vestfold ok heygðr þar sem heitir Skæreið í Skíringssal.
Er starb an einer Krankheit auf Þótn und wurde dann hinaus nach Vestfold gebracht und dort in einem Hügel beigesetzt, wo es Skæreið in Skíringssalr heißt.

Mediopassiv

Außer Aktiv und Passiv kennt das Altisländische eine weitere Aktionsform, die älter als das „normale" Passiv ist, das sogenannte *Mediopassiv* oder *Medium*, eine Form zwischen Aktiv und Passiv (vgl. die Bedeutung des Wortes: 'in der Mitte stehend'). Aus diesem Medium entwickelte sich in den einzelnen Sprachen das Passiv. Ihm liegt semantisch eine starke Beziehung des Verbs mit Wirkung auf das Subjekt zugrunde. Reste des Mediums liegen auch in denjenigen Passivformen vor, die im Deutschen reflexiv übersetzt (vgl. lat. *mutari* 'sich ändern', *falli* 'sich täuschen') oder intransitiv wiedergegeben werden (vgl. lat. *videri* 'scheinen', *minui* 'abnehmen'). Im Deutschen gibt es kein Mediopassiv; an seine Stelle tritt in der Regel das Reflexivpronomen.

aisl.	setjask	:	*dt.*	*sich setzen*
	búask	:		*sich rüsten*
	reynask	:		*sich bewähren*

Gebildet wird das Mediopassiv durch das enklitische Anfügen von Formen

- des Personalpronomens im Akkusativ: *mik, þik*
- des Personalpronomens im Dativ: *mér, þér*
- des Reflexivpronomens im Akkusativ oder Dativ: *sik, sér*

Diese kurzen, unbetonten Formen verschmolzen enklitisch mit der vorausgehenden betonten Verbform, machten auch noch Synkope und Reduktion mit und verloren dabei ihre eigentliche Bedeutung. Akkusativ und Dativ wurden in der Folge vermutlich nicht mehr als eigenständige Kasus eines Pronomens erkannt, sondern erschienen als Flexionsendungen eines Verbs.

Durch Kürzungen im Rahmen von Synkope und Assimilation ergaben sich folgende Änderungen:

mik → *-mk*
mér → **-mʀ* → *-m*
sik → *-sk*
sér → **-sʀ* → *-s*

Das Pronomen *mik* verband sich mit der 1. Pers. Sg.; vor dieser zu *-mk* reduzierten Endung blieben in urnordischer Zeit die Endvokale *-u* und *-ō* (→ altisl. *-o*) der Verbform erhalten; nach Konsonant wurde *-mk* zu *-umk* (zu den einzelnen, komplizierten lautgeschichtlichen Erscheinungen vgl. Heusler § 122; §§ 356–363). Später wurde *-umk* in allen Konjugationsklassen zur Endung der 1. Pers. Sg. und Pl., Präs. und Prät., Indikativ und Konjunktiv. In den anderen Personen und Formen war die Endung *-sk*. Dabei vollzogen sich einige Veränderungen:

– Doppelkonsonanz in Verbindung mit *-sk* wurde durchgängig gekürzt:

  **kallaʀ-s(i)k* → **kallas-sk* → *kallask*
  **ferr-s(i)k* → **ferr-sk* → *fersk*

– Trat *-sk* an eine Endung auf *-t*, *-d* oder *-ð* (z.B. bei starken Verben in der 2. Pers. Sg. Prät.), verschmolz Dental + *-sk* auch in der Schreibung zu *-zk*, das bisweilen auch an anderen Stellen *-sk* ersetzt.

  **fell-t-sk* → *felzk*

– Zwischen *-ll* | *-nn* und *-s* wird *-t* eingeschoben (vgl. Noreen § 300.1), woraus sich wiederum *-zk* ergibt.

Zwischen der ursprünglichen Dativform auf *-m* und *-r* und der Akkusativform auf *-mk* und *-sk* machen die isländischen Handschriften keinen Unterschied. Zur Entwicklung der einzelnen Formen vgl. Noreen § 532–536 sowie die Übersicht über die Flexionsformen ebenfalls bei Nedoma §§ 38. 42. Im Neuisländischen sind die vielfältigen Formen in allen Personen und

Tempora durchweg zu *-st* vereinheitlich worden (vgl. Duppler / van Nahl 13B3).

Die folgende Darstellung der Paradigmen für *starke* und *schwache* Verben listet der Vollständigkeit halber auch die Konjunktivformen auf, die ausführlich erst in Kap. 14 behandelt werden. Es ist besonders auf die Verteilung der *i*-Umlaut-Formen zu achten (Präs. Sg. Ind. sowie Prät. Konj.).

Starke Verben

		Indikativ		*Konjunktiv*	
		Präsens	*Präteritum*	*Präsens*	*Präteritum*
Sg.	*1.*	brjótumk	brutumk	brjótumk	brytumk
	2.	brýzk	brauzk	brjótisk	brytisk
	3.	brýzk	brauzk	brjótisk	brytisk
Pl.	*1.*	brjótumsk	brutumsk	brjótumsk	brytimsk
	2.	brjótizk	brutuzk	brjótizk	brytizk
	3.	brjótask	brutusk	brjótisk	brytisk

Schwache Verben

		Indikativ		*Konjunktiv*	
		Präsens	*Präteritum*	*Präsens*	*Präteritum*
Sg.	*1.*	sǫfnumk	sǫfnuðumk	sǫfnumk	sǫfnuðumk
	2.	safnask	safnaðisk	safnisk	safnaðisk
	3.	safnask	safnaðisk	safnisk	safnaðisk
Pl.	*1.*	sǫfnumsk	sǫfnuðumsk	safnimsk	safnaðimsk
	2.	safnizk	sǫfnuðuzk	safnizk	safnaðizk
	3.	safnask	sǫfnuðusk	safnisk	safnaðisk

Mediale Verbformen haben mehrere Funktionen; sie werden gebraucht:

– *reflexiv*, im Deutschen entsprechend dem Reflexivpronomen 'sich':

  Hann eignaðist ríki víða um Saxland.
  Er eignete sich die Herrschaft weit über Saxland an.

  Tókum vér þat allt fyrir satt er í þeim kvæðum finnst um ferðir þeirra eða orrostur.
  Wir hielten all das für wahr, was sich in diesen Liedern über ihre Fahrten und Schlachten findet.

– *passivisch*, entsprechend der deutschen Passivform:

En er Haraldr hinn hárfagri var konungr í Noregi þá byggðisk Ísland.
Und als Harald Schönhaar König in Norwegen war, wurde Island besiedelt.

Eyðisk land og láð.
Land und Reich wurden verwüstet.

– *passivisch*, in subjektlosen Sätzen, entsprechend *dt.* 'man':

En er spurðisk til Óláfs í Svíþjóð, at hann ryðr markir [...]
*Und als man von Óláfr in Schweden erfuhr (*wörtlich: *als erfahren wurde), dass er Wälder rodet ...*

ok barðisk til þess, er þat var hroðit
*und man kämpfte (*wörtlich: *wurde gekämpft), bis es [das Schiff] erobert war*

– *reziprok*, entsprechend dt. 'einander'

[...] í hǫllina þá er þau Yngvi ok Bera sátu í hásæti ok tǫluðusk við.
[...] *in die Halle, in der Yngvi und Bera saßen und miteinander sprachen.*

– als *Teil eines AcI*; das enklitische Pronomen wird zum Akkusativ in reflexiver Bedeutung; im Deutschen muss dies durch einen Nebensatz ausgedrückt werden (siehe auch folgenden Abschnitt zum AcI):

Þar þóttusk þeir eiga allt traust er hann var.
Dort schien es ihnen, dass sie großen Schutz hatten, wo er war (= dort schienen sie sich großen Schutz zu haben).

– als *Ausdruck, dass mit dem Subjekt etwas geschieht*; die Form ist im Deutschen meist nicht nachzubilden:

[...] ok hófsk þar haugsǫld í Danmǫrku en lengi síðan hélzk brunaǫld með Svíum ok Norðmǫnnum.
[...] *und es begann dort das Hügelzeitalter in Dänemark, aber noch lange Zeit hielt sich das Brandzeitalter bei den Svíar und Nordmännern.*

En þá er Ísleifr biskup andaðisk var liðit frá falli Óláfs konungs Tryggvasonar nær átta tigum vetra.
Und als Bischof Ísleifr starb, waren vom Tod des Königs Óláfr Tryggvason fast 80 Winter vergangen.

Óvinir hans óttuðusk hann en vinir hans treystusk honum.
Seine Feinde fürchteten ihn und seine Freunde verließen sich auf ihn.

Der AcI (Akkusativ mit Infinitiv)

In ähnlichem Umfang wie Latein kennt das Altisländische den Akkusativ mit Infinitiv; auch im Deutschen findet sich bei den aktiven Formen mancher transitiver Verben ein „Objekt-Infinitiv“: *Ich höre dich sprechen*; *ich lehre dich reiten*; *ich lasse dich schreiben*.

Der AcI (ausführlich dazu Heusler §§ 427–429) steht im Altisländischen vor allem nach Verben des Sagens, Glaubens, Meinens, Denkens, Fühlens und der Gemütsbewegung, um auszudrücken, dass etwas gewesen ist oder sein wird.

> „Mér þykkir hafrinn liggja hér í dœlinni ok er alblóðugr allr.“ Njáll kvað þar eigi vera hafr ok ekki annat.
> *„Mir scheint der Ziegenbock hier zu liegen in der Mulde und er ist überall ganz blutig.“ Njáll sagte, dort sei kein Ziegenbock und nichts anderes* (wörtlich: [...] *dort kein Ziegenbock zu sein und nichts anderes*).

> Hun kvað þat svá vera.
> *Sie sagte, das sei so* (wörtlich: *das so zu sein*).

> Mǫrðr sagði: „Hversu mikit fé er þetta?“ Hrútr sagði vera tvau hundruð marka, ef hann fengi allt.
> *Mǫrðr sagte: „Wie viel Geld ist das?“ Hrútr sagte, das seien zweihundert Mark* (wörtlich: *zweihundert Mark zu sein*), *wenn er alles bekäme.*

Der AcI ist häufig anzutreffen bei rückbezüglichen Formen, wobei die Endung *-zk* – aus dem Pronomen *sik* – den Akkusativ vertritt:

> [...] hon nefndizk Hallgerðr ok kvazk vera dóttir Hǫskulds Dala-Kollssonar.
> [...] *sie nannte sich Hallgerðr und sagte, sie sei die Tochter von Hǫskuldr Dala-Kollsson* (wörtlich: *sagte sich die Tochter* [...] *zu sein*).

> [...] en hann kvazk ekki mundu varna henni máls.
> [...] *und er sagte, er würde ihr nicht das Gespräch verweigern* (wörtlich: *sagte sich nicht zu verweigern ihr das Gespräch*).

Je nach gewähltem Tempus drückt der AcI Gleichzeitigkeit, Vorzeitigkeit, Nachzeitigkeit oder Futur aus.

Aufgaben

1. Stellen Sie die Informationen zusammen, die Sie in den Kapiteln 4, 9, 11 und 13 zum Konjunktiv Präsens und Präteritum finden.

2. Suchen Sie in Fritzners Wörterbuch unter einzelnen Verben gezielt nach medialen Verbformen und stellen Sie jeweils 10 Beispiele für starke und

schwache Verben zusammen. Beschreiben Sie, ob es jeweils einen inhaltlichen Zusammenhang mit den nicht medialen Formen gibt oder ob sich die Bedeutung völlig ändert.

3. Übersetzen Sie den folgenden Text aus Kap. 11 der *Harðar saga ok Hólmverja*. Suchen Sie alle AcI heraus und beschreiben Sie, wie man bei einer angemessenen Übersetzung ins Deutsche zu verfahren hat:

   Illugi mælti: „Hvar er Hǫrðr er ek sé hann eigi eða er honum ekki boðit?“ Grímkell kvað honum vera sjálfboðit „en ekki hefi ek nefnt hann sérlega til þess.“ Illugi svarar: „Þat samir þó eigi.“ Hann ríðr á Grímsstaði. Þar váru aptr hurðir. Þeir drápu á dyr. Geirr gekk til hurðar ok spurði hverir komnir væri. Illugi segir til sín ok spurði at Herði. Geirr kvað hann vera inni. Illugi mælti: „Bið þú hann út koma því at ek vil finna hann.“ Geirr gekk inn ok kom út, sagði Hǫrð liggja ok vera sjúkan. Illugi gekk inn því at Hǫrðr vildi eigi út ganga. Illugi mælti: „Með hverju móti er sótt þín Hǫrðr?“ Hann kvað vera ekki mikla. Illugi mælti: „Gjarna vildi ek at þú fœrir til boðs míns með mér ok legðir vináttu til mín.“ Hǫrðr kvað hann þetta hafa mátt fyrr mæla ef honum þœtti allmikit undir: „Vil ek hvergi fara því at lítt hafið þér mik at þessum málum kvatt.“

II. Textteil

Übersetzte Riddarasǫgur

Kulturelle und politische Überlegungen veranlassten im 13. und 14. Jahrhundert besonders die norwegischen Könige Hákon Hákonarson (1217–1263) und Hákon Magnússon (1299–1319), mittelalterliche kontinentaleuropäische Werke ins Norwegische zu übersetzen. Unter Hákon Hákonarson erfolgten die Übersetzungen mehrerer Werke aus dem Französischen; die *Tristrams saga ok Ísondar*, übersetzt 1226 von einem „bróðir Róbert“, die *Ívens saga*, die *Mǫttuls saga*, die *Elis saga ok Rosamundu* sowie die *Strengleikar* nennen den König als Auftraggeber. Unter König Hákon (vermutlich Hákon konungr ungi, dem Sohn von König Hákon Hákonarson) wurde die *Barlaams saga ok Josaphats* aus dem Lateinischen übertragen.

Die *Hákonar saga Hákonarsonar* lässt erkennen, wie der König den Kontakt mit ausländischen Königshäusern suchte, um sich zu orientieren und sein Reich auch nach außen hin als europäische Großmacht darzustellen. Die von ihm geförderten Übersetzungen höfischer Erzählungen und Romane machten seine Untertanen mit einer Welt vertraut, die ihnen fremd war; daher kommt den übersetzten *Riddarasǫgur* auch eine gesellschaftspolitisch-erzieherische Aufgabe zu. Die dem Kontinent so vertrauten Vorstellungen vom Ritterbegriff, von *âventiure* und *minne*, wurden allerdings auch von den Übersetzern nur teilweise verstanden.

Grundlage der Übersetzungen sind z.B. altfranzösische Versepen, *chansons de geste* (z.B. *Elis saga ok Rosamundu* von der *chanson de geste Elie de Saint Gille*), *lais* (*Strengleikar* 'Saitenspiele'), höfische Verserzählungen, *romans courtois* (z.B. *Erex saga*, *Ívens saga*, *Parcevals saga* von Chrétien de Troyes' *Erec et Enide*, *Yvain* und *Perceval*) und *romans d'aventure* (z.B. *Flóres saga ok Blankiflúr* von einer Version des *Floire et Blancheflor*). Manchmal wird auch die *Þiðreks saga*, die Geschichte von Dietrich von Bern, in die Diskussion eingeschlossen.

Im Gegensatz zu Hákon Hákonarson, dessen Interesse der Übersetzung höfischer Erzählungen galt, förderten sein Sohn Magnús VI. Hákonarson (genannt *lagabœtir* 'Gesetzesbesserer'; 1263–1280) sowie sein Enkel Hákon Magnússon (1299–1319) die Übersetzungen pseudohistorischer Werke, wie z.B. die *Alexanders saga* (von Galterus de Castelliones *Alexandreis*); hierzu sind auch die *Breta sǫgur* und die *Trójumanna saga* zu rechnen.

Wie faszinierend diese neue Literatur damals gewirkt haben muss, zeigt die Tatsache, dass sich nach dem Vorbild der übersetzten *Riddarasǫgur* bald ein neues Genre herausbildet, das mit vielerlei Namen bezeichnet wurde (siehe folgendes Kapitel).

Zum Weiterlesen. Jürg Glauser / Susanne Kramarz-Bein (Hg.): Rittersagas. Übersetzung, Überlieferung, Transmission. Tübingen 2014. Rudolf Simek / Hermann Pálsson: Lexikon der altnordischen Litertur. 2. Aufl. Stuttgart 2007. Geraldine Barnes: Riddarasögur § 2: Translated. In: MS, S. 531–533. Vgl. die Artikel zu einzelnen Sagas in MS, aufgelistet unter dem Stichwort „Riddarasögur". Bernd Kretschmer: Höfische und altwestnordische Erzähltradition in den Riddarasögur. Studien zur Rezeption der altfranzösischen Artusepik am Beispiel der Erex saga, Ívens saga und Parcevals saga. Hattingen 1982. Marianne E. Kalinke: Riddarasögur, fornaldarsögur, and the problem of genre. In: Régis Boyer (Hg.), Les sagas de chevaliers (Riddarasögur). Actes de la Ve Conférence International sur les Sagas. Toulon 1982, S. 77–91. Eyvind Fjeld Halvorsen: Riddersagaer. In: KLNM 14, Sp. 175–183.

Zur *Ívens saga* speziell siehe auch die deutschsprachige Einleitung von Eugen Kölbing in der nachfolgend genannten Ausgabe der Saga, S. I–XXVII.

Ívens saga. Hg. von Eugen Kölbing (Altnordische Saga-Bibliothek 7). Halle 1898. Textauszug S. 57–62.

VIII, 16. Konungrinn bað herra Íven með mǫrgum blíðum orðum, at hann skyldi segja honum, hversu hann var þar kominn.
17. Síðan sagði herra Íven alla atburði, hversu hann drap riddarann ok hversu hann púsaði þá frú, ok sagði, at hon byði Artó konungi til veizlu, ok konungrinn játaði því blíðliga.
18. Ok sendi þá herra Íven einn skjaldsvein konungsins, at segja þeim þangatkómu konungs ok láta búa herbergi ok hallir.
19. Ok þegar frúin spurði þetta, þá lét hon búa ǫll sín hús, ok herbergi tjalda guðvef ok pellum. Hon sendi fimm hundruð riddara ríðandi út í moti konungi.
20. Var nú Artús konungr leiddr í þenna kastala með ǫllum veg. Sjálf frúin gekk í móti konunginum ok ætlaði at taka í hans ístig.
21. En konungrinn sté þegar áðr af hestinum ok gekk í móti frúinni ok mintiz við hana með fǫgrum halsfǫngum ok hvárt þeira við annat; ok leiddi hon svá konunginn inn í kastalann, ok var konunginum fylgt í ena fegrstu hǫll, er í kastalanum var.
22. Hœverskar meyjar gengu út í mót konungs riddurum. Jungfrú Lúneta, sú er hjálp hafði veitt herra Íven, gekk at herra Valven ok mintiz við hann, ok leiddi til herbergis.
23. Þau tǫluðuz við, ok sagði hon honum, hversu hon hafði við hjálpat herra Íven; ok kom svá þeira tali, at hvárt þeira játaði ǫðru sína ást, ok hon skyldi vera hans jungfrú.
24. Konungr var at þeiri veizlu VII nætr, ok svá sem hann bjóz í brott, þá talaði herra Valven við herra Íven, at hann skyldi í brott fylgja konunginum ok þar eigi lengi vera í þeim kastala, ok fordjarfa svá sinn riddaradóm ok atgervi.
25. Ok þar til getr herra Valven talt fyrir herra Íven, at hann játaði at fylgja honum, svá framt sem hann fengi leyfi af frú sinni.
26. Íven gekk til frú sinnar ok mælti: „Mín fríðasta frú! Þú ert líf mitt, líkamr, huggan ok heilsa ok gleði. Játa mér eina bœn, er ek bið þik, mér til frægðar ok báðum okkr til sœmðar!“
27. En hon þegar svarar: „Þat er þér vilið mér bjóða ok yðr líkar, skal allt eptir yðrum vilja vera, þvíat þú ert minn herra.“

28. Þá mælti Íven: „Ek bið, at þú lofir mér at fylgja í brott Artús konungi ok vera í atreiðum með hans riddurum, svá at þeir haldi mik eigi fyrir meira bleyðimann en áðr.“
29. Hon svarar: „Meðr einum skildaga lofa ek þér, at koma aptr á XII mánaða fresti ok sjau náttum.
30. En ef eigi gerir þú svá, ok hafnar mér, ljúgandi orð þín, þá skaltu af setjaz allri minni ást um alla þína lífdaga ok vináttu, sneyptr í milli allra dugandi manna, þeira er með sœmðum geta púsaðra kvenna, ef þá eigi ertu hér með mér.“
31. Herra Íven mælti mjǫk andvarpandi: „Þú setr mér oflangan stefnudag,þvíat ek vil æ sem optast finna yðr. En þau forfǫll mega mér meina, ef ek em sjúkr eða sárr eða hertekinn.“
32. „Herra!“, kvað hon, „ek skal at því gera, at þat skal þik ekki tálma, ok eigi hitta muntu í vandræði, meðan þú ert mín íhugandi. Tak nú fingrgull þetta á fingr þinn, er ek lé þér! 33. En þessi steinn hefir þá náttúru, at eigi má sá vera hertekinn, ok engi járn bíta hann né ǫnnur misfelli, ef hann berr þenna stein. Engan riddara vilda ek þetta ljá né gefa.“
34. Síðan tók hann orlof af frú sinni, ok svá Artús konungr, ok riðu þeir heim, ok skilðuz herra Íven ok frú hans með miklum harmi.
35. Þeir herra Valven riðu út, ok var engi sá riddari, er í móti mætti standa herra Íven, ok liðu svá út XII mánaðir ok nær þrjú misseri. Allir tígnuðu hann ok lutu honum.
36. Ok svá sem systir jarlsins helt mikla veizlu inni, var þangat boðit konunginum ok ǫllum hans enum œztum riddurum.
37. Herra Valven ok herra Íven kómu þá heim ór atreið. Þá slógu þeir tjǫldum sínum útan borgar, ok er konungr vissi þat, þá reið hann sjálfr út til þeira ok fagnaði þeim; settiz hann niðr hjá þeim.
38. Ok litla stund hafði hann þar áðr setit, en Íven til hugsaði, at um var liðit þann tíma, er frú hans setti honum. Var hann nú svá harmsfullr, at náliga gekk hann af vitinu, ok skammaðiz sjálfs síns fyrir ǫðrum riddurum.

KAPITEL 14

I. Formenlehre

Konjunktiv

Nachdem in vorhergehenden Kapiteln mehrfach Formen des Konjunktivs vorgestellt worden sind, wird hier die Bildung dieser Formen erläutert und ihre Anwendung systematisch dargestellt.

Im Altisländischen gibt es wie im Deutschen Konjunktiv Präsens und Präteritum. Die Endungen für Präsens und Präteritum, für schwache und starke Verben sind gleich; dies gilt auch innerhalb der medialen Formen (unter Berücksichtigung der zusätzlichen, hier nicht aufgelisteten Änderungsmöglichkeiten):

Endungen starker | schwacher Verben im Präsens | Präteritum:

schwach | stark		*medial*	
Singular:	*-a* , *-ir*, *-i*	Singular:	*-umk*, *-isk*, *-isk*
Plural:	*-im*, *-ið*, *-i*	Plural:	*-imk*, *-izk*, *-isk*

Siehe hierzu auch: Übersicht über die Flexion der schwachen Verben, Kap. 4, S. 53; Überblick über die Flexion der starken Verben, Kap. 9, S. 114, vgl. auch S. 116; Flexionsbeispiele für Präterito-Präsentia, Kap. 11, S. 139–141; Mediopassiv, Kap. 13, S. 168–171.

Flexionsbeispiel Präsens

skjóta (stark)		*kalla* (schwach)	
Sg. 1. skjóta	*Pl. 1.* skjótim	*Sg. 1.* kalla	*Pl. 1.* kallim
2. skjótir	*2.* skjótið	*2.* kallir	*2.* kallið
3. skjóti	*3.* skjóti	*3.* kalli	*3.* kalli

Erläuterungen zu den Formen:

- Die Formen des Konjunktivs Präsens erhält man durch Anhängen der Endungen an den Stamm des Verbs.
- Im Konjunktiv Präsens ist der Wurzelvokal trotz der mit *-i-* beginnenden Endung nicht umgelautet, da sich in altnordischer Zeit *-i* aus *-e* erst entwickelte, als der Umlaut schon abgeschlossen war.
- Ist der Wurzelvokal gebrochen (z.B. *bjarga*), so bleibt die Brechung in allen Präsensformen des Konjunktivs erhalten.
- Bei Verben auf *-ja* (z.B. *telja*) bleibt *-j* nur vor Endung auf *-a* erhalten, also nur in der 1. Pers. Sg.: *telja – telir – teli* | *telim – telið – teli*. Im Neuisländischen ist *-j* in allen Personen, also auch vor Endung auf *-i*, erhalten.
- Zum Neuisländischen hin hat sich in der 1. Pers. Pl. die Endung *-im* zu *-um* entwickelt.

Flexionsbeispiel Präteritum

skjóta (stark)		*kalla* (schwach)	
Sg. 1. skyta	*Pl. 1.* skytim	*Sg. 1.* kallaða	*Pl. 1.* kallaðim
2. skytir	*2.* skytið	*2.* kallaðir	*2.* kallaðið
3. skyti	*3.* skyti	*3.* kallaði	*3.* kallaði

Bei den schwachen Verben gibt es den Mittelsilbenvokal *-a* nur in der *a*-Klasse (*kallaða*); Verben der anderen Klassen haben bei umlautfähigem Stammvokal *i*-Umlaut:

Sg.	*1.* vekta	*Pl. 1.* vektim
	2. vektim	*2.* vektið
	3. vekti	*3.* vekti

Im Konjunktiv Präteritum wird der betonte Vokal gebildet durch *i*-Umlaut des Vokals in der 1. Pers. Pl. Prät. Indikativ; dies ist auch im Deutschen noch bei manchen Verben erkennbar:

Infinitiv	*1. Pl. Prät. Ind.*		*1. Pl. Prät. Konj.*
haben :	hatten	→	hätten
fliegen:	flogen	→	flögen
werden:	wurden	→	würden

Umlautmöglichkeiten im Konjunktiv

Bei den starken Verben des Altisländischen ergeben sich in den einzelnen Ablautreihen folgende Umlautmöglichkeiten:

In den *Reihen 2* und *3*: *u* → *y*

2:	bjóða:	buðum	→	byða
	krjúpa:	krupum	→	krypa
	súpa:	supum	→	sypa
3:	verða:	urðum	→	yrða
	finna:	fundum	→	fynda
	velta:	ultum	→	ylta
	bjarga:	burgum	→	byrga

In den *Reihen 4* und *5*: *á* → *æ*

4:	bera:	bárum	→	bæra
	stela:	stálum	→	stæla
5:	gefa:	gáfum	→	gæfa
	biðja:	báðum	→	bæða

In *Reihe 6*: *ó* → *œ*

6:	fara:	fórum	→	fœra
	deyja:	dóm	→	dœa

In *Reihe 1* bleiben die Verben ohne Umlaut und zeigen ein unverändertes -*i* in allen Formen:

1:	grípa:	gripum	→	gripa
	víkja:	vikum	→	vika

Bei den *ehemals reduplizierenden Verben* lauten diejenigen, die in der 1. Pers. Pl. Prät. betontes -*u* haben, dieses zu -*y* um:

hlaupa:	hlupum	→	hlypi
búa:	bjuggum	→	bygga

Alle Verben, die an dieser Stelle einen anderen Vokal haben (meist -*é*, -*e*), bleiben ohne Umlaut:

heita:	hétum	→	héta
ganga:	gengum	→	genga

Bei den Hilfsverben *munu* und *skulu* heißen die Formen im Konjunktiv Präteritum *mynda* und *skylda*.

II. Satzlehre

Konjunktiv

Im Altisländischen wird der Konjunktiv wesentlich häufiger als im Deutschen angewendet; diese Vorliebe ist sogar noch im Neuisländischen bewahrt. Für seine Verwendung gibt es folgende Bedingungen:

Konjunktiv in Hauptsätzen

Der Konjunktiv in Hauptsätzen kann Folgendes ausdrücken:

– Wunsch, Bitte, Forderung, Anweisung:

> [...] ok hafi annarrhvárr bæði konungsríkin.
> [...] *und es habe* (wörtlich: *es möge haben) einer von ihnen beide Königreiche.*
>
> Taki af mér munnlaugina. Ek vil mæla orð nǫkkur áðr ek dey.
> *Man nehme das Waschbecken weg. Ich will einige Worte sagen, bevor ich sterbe.*
>
> En kona þín fari með búkot þat er þit hafið áðr haft.
> *Und deine Frau möge die Hütte besitzen, die ihr beide vorher hattet.*

– Möglichkeit, Vorstellung:

> Þat væri þá háð en eigi lof.
> *Das wäre dann Hohn und nicht Lob.*
>
> Væri yðr meiri veiðr at taka bjǫrninn er nú er nær kominn á bjarnbásinn.
> *Es wäre für euch größere Beute, den Bären zu fangen, der der Grube nahe gekommen ist* (übertr. *einen mächtigen Gegner zu fassen, wenn es günstig ist*).

– Vermutung:

> Betra væri Svíum heima.
> *Besser wäre es für die Svíar zu Hause.*
>
> Vil ek virða eigi á aðra lund en þetta væri œskubragð.
> *Ich will es nicht auf andere Weise bewerten, als dass dies eine jugendliche Handlungsweise wäre.*

Ohne im Einzelnen auf Bedingungsgefüge einzugehen, werden im Folgenden die häufigsten Anwendungsmöglichkeiten des Konjunktivs in Nebensätzen aufgelistet.

Konjunktiv in Nebensätzen (unabhängig von einer Konjunktion)

– nach Verben des Sagens, Meinens, Denkens, Beurteilens etc.:

[...] ok tǫldu at hann hefði gert rangt ok ósœmd Haraldi konungi.
[...] *und sagten, er habe König Harald Falsches und Unehre angetan.*

Þeir urðu allir á eitt sáttir at engi maðr hefði þar slíkr verit sem Hákon jarl.
Sie wurden alle einig darüber, dass es dort keinen solchen Mann wie Jarl Hákon gegeben habe.

[...] ok þat hyggja menn at þeir hafi drepizk þar með.
[...] *und das glaubt man, dass sie einander erschlagen haben.*

[...] þá vitum vér dœmi til at gamlir frœðimenn hafi slíkt fyrir satt haft.
[...] *wir kennen Beispiele dafür, dass alte Gelehrte solches für wahr gehalten haben.*

– als Ausdruck einer Bedingung (ohne einleitende Konjunktion):

[...] at hann mundi þann mann gœða bæði fé ok virðing er Hákoni jarli yrði at skaða.
[...] *dass er dem Mann Geld und Ehre schenken würde, der Jarl Hákon zu Schaden gereichen würde.*

Hefði þá verit þetta boðið þá væri margr maðr sá á lífi er nú er dauðr.
Hätte es da dieses Angebot gegeben, dann wäre mancher Mann noch am Leben, der nun tot ist.

Konjunktiv in Nebensätzen (abhängig von einer Konjunktion)

– konditional: *nema* 'außer; es sei denn, dass'

[...] at þú munt eigi hersǫgu segja nema sǫnn sé.
[...] *dass du keine Nachricht von Kriegesgefahr geben darfst, es sei denn, sie wäre wahr.*

[...] at hon mundi eigi til hans koma nema hann sendi eptir henni Þóru af Rimul.
[...] *dass sie nicht zu ihm kommen werde, außer er schicke Þóra von Rimull nach ihr.*

Wird die Bedingung mit der Konjunktion *ef* 'wenn' eingeleitet, so steht Indikativ Präsens, wenn die Bedingung erfüllbar ist oder als real angesehen wird:

Ef maðr andask á fǫrnum vegi, þá skulu fǫrunautar hans fœra lík til kirkju.
Wenn ein Mann während der Fahrt stirbt, dann sollen seine Fahrtgenossen die Leiche in die Kirche bringen.

En hversu skal þá með fara, ef hann vill ekki fara?
Aber wie soll man vorgehen, wenn er nicht gehen will?

Dagegen steht im *ef*-Satz Konjunktiv, wenn die Bedingung nicht sehr wahrscheinlich oder nicht erfüllbar ist; dabei wechseln Konjunktiv Präsens und Präteritum ohne Bedeutungsunterschied:

[...] at ek muna vinna meiri þrekvirki en þú, ef ek lifi lengi.
[...] *dass ich mehr Heldentaten als du vollbringen würde, wenn ich (so) lange lebte.*

[...] ok mundu vér hér mikinn sigr fengit hafa, ef ek hefða ráðit.
[...] *und wir hätten hier einen großen Sieg davongetragen, wenn ich die Befehlsgewalt gehabt hätte.*

– final: *at* ‘dass, damit’

Vil ek þat allt til vinna, at þín sœmd væri þá meiri en áðr.
Ich will das alles dazu beitragen, dass deine Ehre größer wäre als vorher

[...] ok mun ek fá ykkr skip ok lið fyrir land fram, svá at þit megið skemmta ykkr.
[...] *und ich werde euch ein Schiff und Leute am Land entlang beschaffen, damit ihr euch vergnügen könnt.*

– konzessiv: *þó at* | *þótt* ‘obwohl, wenn auch’

Nú vil ek, at þú sért mér eigi reiðr, þó at ek hafi seinni orðit en ek kvað á.
Nun will ich, dass du mir nicht böse bist, obwohl ich später dran bin, als ich versprach.

En þat váru víkingalǫg þótt þeir væri at veizlum at drekka sveitardrykkju.
Und das waren Wikingergesetze, wenngleich sie bei Gelagen waren, aus einem Horn miteinander zu trinken.

– temporal: *áðr (en)* | *fyrr (en)* ‘bevor’

Im Temporalsatz steht der Konjunktiv meist dann, wenn das Geschehen irreal erscheint oder (noch) nicht realisiert ist:

Þat var vetri fyrr en kristni væri í lǫg tekin á Íslandi.
Das geschah in dem Winter bevor das Christentum in Island gesetzlich angenommen wurde.

Ok áðr en Oddr kœmi til Hólmgarðs, þá hafði Kvillánus lið safnat um ina næstu þrjá vetr.
Und bevor Oddr nach Hólmgarðr kam, da hatte Kvillánus innerhalb der vorausgehenden drei Jahre ein Heer gesammelt.

Konjunktiv im indirekten Fragesatz

Indirekte Fragesätze werden meist eingeleitet mit *ef* oder *hvárt*, beide in der Bedeutung 'ob':

Þá spurði Oddr þá Guðmund ok Sigurð, ef þeir hefði nǫkkut heyrt sagnir frá slíku fyrr.
Da fragte Oddr Guðmundr und Sigurðr, ob sie etwa schon früher Geschichten von so etwas gehört hätten.

Þá spurði Oddr, hvárt Grímr væri heima. Sá sagði, at hann var heima.
Da fragte Oddr, ob Grímr zu Hause wäre. Der sagte, dass er zu Hause war.

Aufgabe

Suchen Sie aus dem folgenden Text (S. 185) alle Konjunktivformen heraus, bestimmen Sie das Tempus und führen Sie die Formen auf ihren Infinitiv zurück. Erklären Sie jeweils, warum dieser Modus verwendet wurde.

III. Textteil

Originale Riddarasǫgur – isländische Märchensagas

Nach dem Vorbild der übersetzten *Riddarasǫgur* entstanden in Island bald nach den ersten Übersetzungen von Ritterromanen Neuschöpfungen, die für Akzeptanz und Rezeption der neuen, höfischen Literatur sprechen. Dass die eigentliche, zugrunde liegende Vorstellung vom Ritter und seinen Aufgaben, von *âventiure* und *minne*, den Norwegern und später auch den Isländern völlig fremd waren, zeigt sich bei der Rezeption des Stoffes allerdings deutlich. Bereits bei den übersetzten *Riddarasǫgur* legten die Übersetzer gesteigerten Wert auf die Darstellung der verfeinerten Sitten – der bäuerlichen Gesellschaft Norwegens und Islands völlig fremd –, auf die Schilderung der ungewohnten Prachtentfaltung und des vollendeten Benehmens am Hof; vieles wurde zur bloßen Äußerlichkeit.

Am Erscheinungsbild der originalen *Riddarasǫgur* wird dies noch deutlicher: Eine hochhöfische Dichtung wird zu allgemeiner Unterhaltungsepik auf Island. Alles, was dem Verfasser an Motiven und Erzähleinheiten gefiel, griff er auf und baute es aus; was ihm missfiel oder was er nicht verstand, fiel entweder weg oder wurde umgedeutet, bisweilen regelrecht sinnentleert. Strebt die *Íslendingasaga* nach einem erzählerischen Höhepunkt, so schreitet die originale *Riddarasaga* sozusagen von Höhepunkt zu Höhepunkt, indem sie Abenteuer an Abenteuer reiht; die breit angelegten Konflikte lassen sich allesamt durch Kämpfe lösen; jede Tragik oder Tiefe ist ihnen fremd.

Wie beliebt diese Sagas dennoch – oder gerade deswegen? – waren, zeigt die Tatsache, dass viele Stoffe, die sich in den originalen *Riddarasǫgur* finden, noch über Jahrhunderte in neuer Gestalt als Ballade oder in den so genannten *Rímur* weiterlebten. Dabei handelt es sich einerseits um Erzählgut aus einheimischer Literatur, vor allem aus den *Fornaldarsǫgur*, andererseits auch um fremde Stoffe wie Märchenmotive von Drachenkämpfern und Riesenbesiegern, Vergessenheitstrank und Schlafdornen, entführten Prinzessinnen und Zwergenbegegnungen. Solche volkstümlichen Erzähleinheiten sind es, die die originalen *Riddarasǫgur* prägen; viele dieser Sagas sind so genannte „Brautwerber-Sagas" nach dem gleichen Schema: Sie beginnen mit der Jugend des „Helden", begründen die Brautwerbung und den Auszug des Helden, reihen die Abenteuer zyklisch aneinander und enden mit der Rückkehr des Helden und seiner Heirat.

Auf Grund ihrer „zusammengewürfelten" Motive hat die Forschung im Laufe der Zeit eine Reihe verschiedener Namen für diese Sagas gefunden: *originale Riddarsǫgur*, *isländische Märchensagas*, *Romances*, *Lygisǫgur*, *Fornsögur Suðrlanda*. Schon die Fülle der Begriffe zeigt, dass diese nicht übersetzten *Riddarasǫgur* oder Märchensagas keine so homogene Masse darstellen, wie es den Anschein haben mag; so sind z.B. manche dieser Sagas nur schwer von einigen *Fornaldarsǫgur* abgrenzbar, vor allem von den Abenteuersagas, die häufig episodenhaft aufregende Geschehnisse und Taten aneinanderreihen.

Zum Weiterlesen. Hendrik Lambertus: Von monströsen Helden und heldenhaften Monstern. Zur Darstellung und Funktion des Fremden in den originalen Riddarasögur. Tübingen 2013. Marianne Kalinke: Riddarasögur. § 1: Indigenous. In: MS, S. 528–531. Vgl. dort die aufgelisteten Artikel zu einzelnen Riddarasögur in MS. Marianne Kalinke: Bridal-quest romance in Medieval Iceland. Ithaca, N.Y. 1990. Marianne Kalinke: Norse romance (Riddarasögur). In: Old Norse-Icelandic literature: A critical guide. Ithaca/London 1985, S. 316–363. Jürg Glauser: Isländische Märchensagas. Studien zur Prosaliteratur im spätmittelalterlichen Island. Basel/

Frankfurt 1983. Astrid van Nahl: Originale Riddarasǫgur als Teil altnordischer Sagaliteratur. Frankfurt/Bern 1981.

Diejenigen originalen *Riddarasǫgur*, die in Form von Pergamenthandschriften erhalten sind, wurden 1962–1965 von Agnete Loth in fünf Bänden ediert. Die Texte der Ausgabe sind nicht normalisiert, enthalten aber parallel eine englische Übersetzung, die auch für den folgenden Text zu Rate gezogen werden sollte.

Die *Victors saga ok Blávus* erzählt die Geschichte des Königssohnes Victor, der – nachdem er das Erbe des Vaters durchgebracht hat – das Reich verlässt und in Blávus einen Schwurbruder findet, der ihn auf seinem fliegenden Teppich mit in ferne Reiche nimmt. Sie bestehen zusammen viele Abenteuer, kämpfen gegen übernatürliche Wesen, verfügen über zwergengeschmiedete Waffen, erleben Verwandlungen in Tiergestalten. Zuletzt fährt Victor auf Brautwerbung aus, um Fulgida zu bekommen, Mädchenkönigin in Indien. Diese widersetzt sich dreimal seiner Werbung, überlistet ihn und lässt ihn peinigen, aber schließlich erkennt sie in Blávus ihren tot geglaubten Halbbruder und folgt Victor in sein Reich, um ihn, den künftigen König von Frankreich, dort zu heiraten. Die Saga enthält viele bekannte Erzählmotive, ohne dass eine direkte Vorlage auszumachen wäre.

Zum Weiterlesen. D.A.H. Evans: Viktors saga ok Blávus. In: MS, S. 701 f. Marianne Kalinke: The misogamous maiden king of Icelandic romance. In: Scripta Islandica 37, 1986, S. 47–71.

Victors saga ok Blávus. Ed. by Agnete Loth. In: Late medieval Icelandic Romances I (Editiones Arnamagnæanæ, Series B, vol. 20). Copenhagen 1962, S. 3–50. Textauszug S. 3–7.

1. <M>Arga merkiliga hlute heyrdum wer sagda af heidaʀligum herʀa Hakoni Magnussyni Norigs kongi. einkannliga ad hann hiellt mikit gaman at fogrum fra sogum. ok hann liet venda morgum ʀiddara sogum j norænu ᴜʀ girzsku ok franzeisku mali. ok þui weit ek ad goder gamler menn uilia likia sig ok sina skemtan epter hans fogrum hætum enn af leggia hlætur ok hopp danzs ok daʀaskap ok hegomligt herianskit. Enn til þess at eigi þegi huer at audrum byrium wer eina boguliga fra sogn bornum ok ofrodum monnum til skemtanar af þeim kongi er Wilhialmʀ h(et) ok styʀdi Frackландi hinu goda med sinne dyru drottningu. hans s(on) h(et) Victor. hann var bædi mikill ok sterkuʀ wænn ok wegligur ok pʀyddr morgum mentum sem til heyrdi slikum kongs syni. herra Victor vex nu upp med fodr sinum

fremiandi sik med dust ok turniment skot ok sunnd ok allar Riddarligar jþrotter. suo segizt j þessum æuentyr at þa herra Uictor var vordinn .xx. ara gamall tok Uilhialmur kongr fader hans sott ok anndadizt. hans wtferd ok erfi var med miklum heidr giort ok allt Rikisins Ræd j Fracklandi war med dyrum giofum wt leitt. tekur nu herra Wic(tor) kongdom ok Rikis stiorn yfer ollum Fracka her. þat er af honum sagt at giordizt sa ofbelldis madur at sinum auRleik at j huerium manadi hiellt hann stort hof ok dyra veizlu aullum hofþingium j Fracklandi. fuku her med dyrar giafer ok klok klenodia j gulli ok silfri er hann gaf hofþingium ok aullu landz folki af wt. Dagliga minte moder hans hann a at Rikit horfdi til eyzlu ef hann legdi æigi af ueizlurnar. enn þat giordi ecki. foro suo fram .iij. vetur var þa [suo] giorla eytt aullum kongsins innRentum skipa stoli ok aullu landz gozsi at eigi fanzt einn gripR a kongs gardinum. ok æigi gardrinn suo spizadr at orku at folk ok jdiu menn mætti næRazt vid. ok at suo fallinni eyzlu ok *heimsligu glutri kongs sonar med vondri vanstilling verdr þat hans Rad at hann lætR stefna almenniligt þing. biodandi ollum hofþingium ok hinu Rikazta Ræd<i> landzins þangat. fændi modr sinni allt Riki til forRada. biodandi *alla hofþingia hana styrkia med sinum viturligum Rædum þar til at honum yrdi aptur kuomu audit. Stigur kongss(on) nu upp æ sinn hest med ollum sinum herforum. Ridande burt af hofudborginni. var nu audsyn sorg ok swt a ollum landz lyd. gengur drottning nu j veg med sinum syni. kennandi honum morg uiturlig Rad. þuiat hon var hin uitRazta fru. ok *at endadri hennar taulu tekR hon upp einn kistil allann gulli fædan ok honum vpp lukandi sa kongs s(on) at hann var fullR af flornum hins skæRazta gullz. DRottning m(ælti) þa "þenna sama kistil son minn sæti vil ek þier gefa þuiat hann er ættar gripR allRa Fracka konga ok þinna ættmanna. hann er <med> þeirri natturu at þo at þv spenner ok sundrer ollu þessu gulli er j honum er þa geym þess at einn flvrinn liggi a botninum. þa er hann fullR næsta tima er þu honum upp lykuR med þess hætar gulli". kongs s(on) þackar modr sinni fyrer so fagra ok fasena giof ok morg fRændsamlig ok fagurlig Ræd. skiliazt þau nu med fagri fRænsemi ok þo med sorg ok swt med nætturligu edli. vender drott(ning) nu heim j borgina. en kongss(on) er nu fram Ridandi a einn storan skog wm eina | .jii. d(aga) ok fiorda degi at fogru vedri ok solu skinandi kemur hann fram a eina fagra vollu afstigandi sinu fagra essi under einni mikilli eik ok sezt nidr til matar þviat hann var þa miog hungradr. ok sem hann hafdi etid ok vel druckit geymer hann kostinn en spaceRar sialfur wm adr greinda vollv litandi vpp j loptid er solin skein fagurt j heidinu. seandi at wr landnordrs ætt lidr eitt tialld hardla glæsiligt.

a hueriu hann sa einn kong sitianda a einu huitu essi. þenna ber bratt at. lidr þetta tialld nidr yfer þratt nefnda vollu. enn Riddarinn af stigur essinu ok gangandi under eikina þangat er kongss(on) stod heilsar wpp a hann med eiginligu nafni. kongss(on) tok blidliga hans kuediu. spyriandi aptur jmot huert hans nafn væri slekt edur kynferdi edur huar hann Riki hielldi. hinn suarar "mitt nafn kallazt Blauus. enn Riki mitt edur kyn segi ek þier æigi at sinni. enn þat er *mitt erindi til þin at vid profum ockRa wtReid ok allann Riddaradom ok jþrotter". kongss(on) suarar "veit ek at þu ert heidarliga a fætur komenn ok munt vera kong borinn enn jþrotter ok Riddaradom at keppa med mik baud mer eingi mann sidan ek var .xv. ara gamall. en þo vil ek huergi a hæl hopa fyrer þier ne nockurum Riddara jþrotter at Reyna".

„en spaceRar sialfur wm adr greinda vollv litandi vpp j loptid er solin skein fagurt ...".

Die Grabhügel in Gamla Uppsala.

KAPITEL 15

I. Formenlehre und Satzlehre

Steigerung der Adjektive

Die meisten Adjektive werden durch das Anhängen bestimmter Suffixe an den Stamm gesteigert. Dabei gibt es zwei Möglichkeiten: die Steigerung auf *-ari*, *-astr* und die Steigerung auf *-ri*, *-str*; hinzu kommt eine begrenzte Anzahl unregelmäßiger Formen. Zu Komparativ und Superlativ innerhalb der Syntax vgl. ausführlich Heusler §§ 391–394.

Steigerung auf -ari, -astr

Die weitaus meisten Adjektive bilden ihren Komparativ im Nominativ durch Anhängen von *-ari*, ihren Superlativ durch Anhängen von *-astr*. Diese Endungen gehen auf urnord. **-ōR* bzw. **-ōst* zurück.

spakr — spak-ari — spak-astr (*klug*)
fastr — fast-ari — fast-astr (*fest*)

Bei Adjektiven, deren ursprüngliches Endungs-*r* assimiliert wurde, fällt dieser assimilierte Konsonant weg:

ljóss (<*ljósR) — ljós-ari — ljós-astr (*hell*, *licht*)

Adjektive, deren Stamm auf Vokal endet, verlieren das *-a* des Suffixes:

blár — blá-ri — blá-str (*blau*)

Synkope des Mittelsilbenvokals zeigen einige Adjektive auf *-ugr* sowie alle auf *-inn* (besonders wichtig für das Partizip Perfekt in adjektivischer Funktion):

gǫfugr — gǫfg-ari — gǫfg-astr (*angesehen*)
feginn — fegn-ari — fegn-astr (*froh*)

Wie im Deutschen kann jeder Superlativ auch als Elativ gebraucht werden; Elativ ist ein absoluter Superlativ ohne Vergleich, z.B. *bester* = *sehr guter*.

Steigerung auf -ri, -str

Diese altisländische Endung geht auf urnord. **-iʀ* bzw. **-ist* zurück; sie ruft auch nach dem Schwund des *-i* noch *i*-Umlaut des Wurzelvokals hervor.

lágr	læg-ri	læg-str (*niedrig*)
grannr	grenn-ri	grenn-str (*schmal*)
ungr	yng-ri	yng-str (*jung*)
rúmr	rým-ri	rým-str (*geräumig*)
stórr	stœr-ri	stœr-str (*groß*)
døkkr	dekk-ri	dekk-str (*dunkelfarbig*)
mjúkr	mýk-ri	mýk-str (*sanft*)

Endet die Wurzel auf Vokal, beginnt das Suffix im Komparativ in der Regel mit Doppel-*r*:

hár	hæ-rri	hæ-str (*hoch*)
fár	fæ-rri	fæ-str (*wenig*)

Einige Adjektive zeigen Mischformen. Adjektive auf *-ligr* (*-legr*) und einige auf *-ugr* oder *-igr* bilden den Komparativ auf *-ri*, den Superlativ auf *-astr*; sie haben keine Synkope des Mittelsilbenvokals:

falligr	fallig-ri	fallig-astr (*schön*)
merkiligr	merkilig-ri	merkilig-astr (*bemerkenswert*)
auðigr	auðig-ri	auðig-astr (*öde*)
máttugr	máttug-ri	máttug-astr (*mächtig*)

Adjektive auf *-ull* sowie Adjektive auf *-ll* und *-nn* mit langem, betontem Stammvokal oder Diphthong steigern ebenfalls mit Mischformen und assimilieren zusätzlich das *-r* der Komparativendung:

þǫgull	þǫgul-li	þǫgul-astr (*schweigsam*)
heill	heil-li	heil-astr (*heil*)
háll	hál-li	hál-astr (*glatt*)
seinn	sein-ni	sein-astr (*spät*)
hreinn	hrein-ni	hrein-astr (*rein*)

Einige Adjektive zeigen nebeneinander Formen beider Komparationsmöglichkeiten:

þungr	þungari | þyngri	þungastr | þyngstr (*schwer*)
framr	framari | fremri	framastr | fremstr (*herausragend*)

Eine Reihe Adjektive bildet wie im Deutschen Komparativ und Superlativ von einem anderen Wort:

gamall	eldri	elztr (*alt*)
góðr	betri	beztr (*gut*)
illur	verri	verztr (*schlecht*)
lítill	minni	minztr (*klein*)
margr	fleiri	flestr (*viel*)
vándr	verri	verstr (*schlecht*)

Steigerung mit meira, mest

Indeklinable Adjektive (meist auf *-i* endend) sowie das Partizip Präsens werden mit einem vorangestellten *meira* und *mest* gesteigert:

aflvani	meira aflvani	mest aflvani (*erschöpft*)
hugsi	meira hugsi	mest hugsi (*nachdenklich*)

Steigerung des Komparativs

Um einen Komparativ nochmals zu steigern – wie etwa im Deutschen „weitaus größer", „viel mehr" – wird das Adverb *miklu* davor gesetzt:

Þóttusk þeir miklu meiri menn en áðr.
Sie schienen viel bedeutendere Männer zu sein als vorher.

[...] ok hafa þeir verit miklu gǫfgari en vér.
[...] *und sie sind wesentlich angesehener gewesen als wir.*

Steigerung des Superlativs

Superlative erfahren oft eine sinngemäße Steigerung, indem ein mit *allra* verbundener Genitiv dazugesetzt wird (vgl. dt. *der allerbeste ...*):

Hon var allra kvenna skǫruligust.
Sie war die großartigste aller Frauen.

Ǫnundr var allra konunga vinsælstr.
Önundr war der beliebteste aller Könige.

Deklination von Komparativ und Superlativ

Komparative, die allesamt auf *-i* enden, flektieren ausnahmslos schwach:

		mask.	*fem.*	*neutr.*	
Sg.	*Nom.*	breiðar-i	breiðar-i	breiðar-a	(*breiter*)
	Gen.	breiðar-a	breiðar-i	breiðar-a	
	Dat.	breiðar-a	breiðar-i	breiðar-a	
	Akk.	breiðar-a	breiðar-i	breiðar-a	
Pl.	*Nom.*	→	breiðar-i	←	
	Gen.	→	breiðar-i	←	
	Dat.	→	breiður-um	←	
	Akk.	→	breiðar-i	←	

Wie die schwachen Komparative flektieren auch die Ordnungszahlen ab *þriði*. Zum Neuisländischen hin hat sich die Flexion weiter vereinheitlicht; vgl. Duppler / van Nahl 15B5.

Superlative flektieren stark und schwach, wie ein normales Adjektiv.

Vergleiche und ihre syntaktische Verwendung

Wird eine *Gleichheit* zum Ausdruck gebracht, wird das Adjektiv häufig mit *jafn- … sem* 'ebenso … wie' verbunden.

Þat var kallat at þeir Hákon konungr væru jafnsterkir.
So hieß es, dass er und König Hákon gleichstark wären.

Hundrinn [...] rak brott jafnmǫrg naut sem bóndi sagði at hann ætti.
Der Hund trieb ebenso viele Rinder weg, wie der Bauer gesagt hatte, dass er besäße.

[…] ok mælti hverr maðr at aldri hefði sét langskip jafnmikit eða jafnfrítt.
[…] *und jeder sagte, er habe nie ein gleichgroßes oder gleichschönes Langschiff gesehen.*

Var hon jafnrjóð sem þá er hon var kvik.
Sie war von ebenso rosiger Gesichtsfarbe (wörtlich: *ebenso rosig*) *wie da, als sie noch lebte.*

Bei Vergleichen, die eine *Ungleichheit* ausdrücken, steht das Adjektiv im Komparativ und schließt mit *en* 'als' an.

Ok er þeir lékusk við var Ingjaldr ósterkari en Álfr.
Und als sie aneinander ihre Kräfte erprobten, war Ingjaldr weniger stark als Álfr.

[...] at engi maðr skyldi vera á Orminum langa eldri en sextugr eða yngri en tvítugr.
[...] *dass kein Mann auf dem 'Langen Wurm' älter als 60 oder jünger als 20 sein sollte.*

Adverbien

Möglichkeiten zur Bildung von Adverbien

Adverbien bestimmen ein Verb, ein Adjektiv oder ein anderes Adverb näher. Manche Adverbien sind ererbte, eigenständige Formen, andere lassen sich von einem Adjektiv oder Substantiv ableiten. Am häufigsten erfolgt diese Ableitung durch Anfügen eines der folgenden Suffixe:

-t: Häufig wird von Adjektiven die starke, auf *-t* endende Neutrum-Singular-Form als Adverb gebraucht; *mikill* : *mikit*; *seinn* : *seint.*

Aðalsteinn konungr unni honum svá mikit, meira en ǫllum frændum sínum.
König Aðalsteinn liebte ihn so sehr, mehr als alle seine Verwandten.

Hallfreðr gekk at hauginum. Fór hann heldr seint ok stumraði mjǫk.
Hallfreðr ging zu dem Hügel. Er lief ziemlich langsam und ging schwankend.

Finnr talaði á þinginu langt ok snjallt.
Finnr sprach auf dem Thing lange und gewandt.

-a: Zahlreiche Adverbien entstehen durch Anhängen von *-a* an den Stamm des Adjektivs; *illr* : *illa*; *víðr* : *víða.*

Ingjaldr konungr fór aptr við svá búit til Uppsala ok undi illa sinni ferð.
So getan, begab sich König Ingjaldr nach Uppsala zurück, und ihm gefiel seine Reise schlecht.

Þá helt hann til Bretlands ok herjaði víða þat land.
Da steuerte er nach Britannien und verheerte das Land weit.

-u: Adverbien, die durch Anhängen des Suffixes *-u* an den Stamm des Adjektivs gebildet werden, stehen meist als Zeitangabe oder als Adverbien des Maßes. Bei umlautfähigem Vokal tritt *u*-Umlaut ein; *langr* : *lǫngu*; *mikill* : *miklu* (mit Synkope des Mittelsilbenvokals bei dreisilbigen Wörtern).

Lǫngu vissi ek þat at þér hǫfðuð opt veittan styrk Gunnhildarsonum.
Schon lange wusste ich, dass ihr oft den Söhnen der Gunnhildr Beistand geleistet habt.

[...] hann fer í móti þeim á Fýrisvǫllu ok hafði lið miklu minna.
[...] *und er zog ihnen auf den Fýrisvellir entgegen und hatte ein viel kleineres Heer.*

En litlu síðar kom Óðinn heim.
Und wenig später kam Odin heim.

-liga: Adverbien werden auch durch das an den Stamm eines Adjektivs oder anderen Wortes gehängte Suffix *-liga* (auch *-lega*) gebildet; *stór* : *stórliga*; *ágætr* : *ágætliga*.

Af þessum hlutum varð hann stórliga fróðr.
Dadurch wurde er überaus gelehrt.

En er Freyr var dauðr báru þeir hann leyniliga í hauginn.
Und als Freyr tot war, trugen sie ihn heimlich in den Hügel.

Konungr varð þessu ákafliga reiðr.
Der König wurde darüber überaus zornig.

-um: Die Endung *-um* spiegelt einen alten Dativ Plural wider. Entweder wurde das zum Adjektiv gehörige Substantiv „gedacht" (*langr* : *lǫngum*) oder es handelt sich um erstarrte Kasus von Substantiven (*stund* : *stundum*).

Hann var hermaðr mikill ok var lǫngum í víkingu.
Er war ein großer Krieger und lange auf Wikingerfahrt.

[...] ok urðu þeir af því stórum vinsælir við alþýðu ok stórmenni.
[...] *und sie wurden dadurch überaus beliebt bei den Leuten und einflussreiche Männer.*

[...] stundum hljópu þeir í heruð og rændu menn eða drápu.
[...] *bisweilen fuhren sie in die Gegend hinein und beraubten die Menschen oder erschlugen sie.*

Ketill eignaði sér einkum land milli Rangár ok Hróarslœkjar.
Ketill eignete sich besonders Land zwischen Rangá und Hróarslœkr an.

-an: Die Endung *-an* spiegelt einen Akkusativ Singular Maskulinum wider; sie findet sich auch bei Herkunftsadverbien (s.u.).

Finnar drógu saman lið mikit ok fóru til orrostu.
Die Finnen zogen ein großes Heer zusammen und zogen in den Kampf.

[...] ok áttu þeir orrostur nǫkkurar ok hafði Hálfdan jafnan sigr.
[...] *und sie hatten einige Schlachten, und Hálfdan hatte immer den Sieg.*

Ortsadverbien

*Orts*adverbien geben entweder eine Richtung an (*wohin*?), eine Herkunft (*woher*?) oder eine Lage (*wo*?). Am einheitlichsten werden die *Herkunfts*adverbien (*von*, *aus*) gebildet, nämlich durch Anhängen des Suffixes *-an*. *Richtungs*adverbien (*nach*, *zu*) haben oft die Endung *-at* oder *-r* oder sind endungslos. *Lage*adverbien enden oft auf *-i*, *-a* oder, in Verbindung mit vorangestelltem *fyrir*, auf *-an*.

Richtung nach	*Richtung von*	*Zustand*
hingat hierher	*heðan* von hier	*hér(na)* hier
þangat dorthin	*þaðan* von dort	*þar(na)* dort
fram vorwärts	*framan* von vorn	*fyrir framan* davor
		frammi vorn
heim nach Hause	*heiman* von zu Hause	*heima* zu Hause
inn hinein	*innan* von innen	*inni* innen
niðr hinunter	*neðan* von unten	*niðri* unten
upp hinauf	*ofan* von oben	*uppi* oben
út hinaus	*útan* von außen	*úti* (dr)außen
aftr zurück; wieder	*aftan* von hinten	*fyrir aftan* hinten, hinter
austr nach Osten	*austan* von Osten	*fyrir austan* im Osten
norðr nach Norden	*norðan* von Norden	*fyrir norðan* im Norden
suðr nach Süden	*sunnan* von Süden	*fyrir sunnan* im Süden
vestr nach Westen	*vestan* von Westen	*fyrir vestan* im Westen

Die Tabelle wurde unter Zugrundelegung der altisländischen Schreibweise übernommen aus Duppler / van Nahl 17B2; zu weiteren neuisländischen Adverbien vgl. Duppler / van Nahl 17B3.4; sie sind mit entsprechender Abweichung von der neuisländischen Orthographie auch für das Altisländische gültig.

Vergleiche und ihre syntaktische Verwendung

In Anlehnung an die Adjektive erfolgt der Vergleich mit *jafn … sem* ('so … wie'):

> […] ef hann vill þat gera [...] ok ráða því ríki jafnfrjálsliga sem Eiríkr konungr Svíaveldi eða Gormr konungr Danmǫrku.
> […] *wenn er das tun* [...] *und über dieses Reich ebenso uneingeschränkt herrschen will wie König Eiríkr über das Reich der Schweden oder König Gormr über Dänemark.*
>
> Sé ek þar engan mann jafnvel til fallinn fyrir allra hluta sakir sem Svein Úlfsson.
> *Ich sehe dort niemanden für all diese Dinge so geeignet wie Sveinn Úlfsson.*

Steigerung der Adverbien

Wie bei den Adjektiven gibt es auch bei den Adverbien verschiedene Möglichkeiten der Steigerung; diese Formen sind indeklinabel.

Steigerung auf -ar(r) | -ara *und* -ast

Bei vielen Adverbien wird im Komparativ *-ar(r)* oder *-ara*, im Superlativ *-ast* angehängt. Die Endung *-ara* tragen Adverbien, die von Adjektiven abgeleitet sind; sie haben im Positiv oft die Form des Nom. Akk. Sg. Neutrums des Adjektivs.

opt	optar(r)	optast (*oft*)
breitt	breiðara	breiðast (*breit*)
fljótt	fljótara	fljótast (*schnell*)
síð	síðar(r)	síða(r)st (*spät*)
aptr	aptar(r)	aptast (*zurück*)

Ist der Positiv des Adverbs bereits zweisilbig, erfolgt Synkope des Mittelsilbenvokals:

sjaldan	sjaldnar(r)	sjaldnast (*selten*)

Adverbien auf *-liga* | *-lega* hängen wegen des *-a* ihrer Endung nur *-r(r)* bzw. *-st* an:

falliga	falligar(r)	falligast (*schön*)
varliga	varligar(r)	varligast (*vorsichtig*)

Steigerung auf -r(r) | -ra *und* -st

Andere Adverbien bilden den Komparativ auf *-r(r)*, den Superlativ auf *-st*. Diese Endungen gehen auf urnord. **-ir* bzw. **-ist* zurück und lösen daher bei umlautfähigem Vokal Umlaut aus. Die Endung *-ra* haben auch hier Adverbien, die zu Adjektiven gebildet werden; sie haben im Komparativ die Form des Nom. Akk. Sg. Neutrum des Adjektivs.

lengi	lengr	lengst (*lange*)
lagt	lægra	lægst (*niedrig*)
skammt	skemmra	skemmst (*kurz*)

Einige Adverbien bilden Komparativ und Superlativ von einem anderen Stamm, haben also suppletive Formen:

vel	betr	bezt | bazt (*gut*)
illa	verr	verst (*schlecht*)
lítit	minnr | miðr	minzt (*wenig*)
mjǫk	meir(a)	mest (*sehr*)
mikit	meir(a)	mest (*sehr*)
snemma	fyrr	fyrst (*früh*)
varla	síðr	sízt (*kaum*)
gjarnan	heldr	helzt (*gern*)

Wie bei den Adjektiven ist auch das Adverb durch ein vorgesetztes *miklu* semantisch steigerbar:

Gull-Haraldr undi þá miklu verr en áðr.
Gull-Haraldr war da viel schlechter zufrieden als vorher.

Vér skulum komask miklu léttligar at Nóregi en berjask til með allan Danaher.
Wir sollten viel einfacher an Norwegen gelangen, als uns mit dem ganzen Dänenheer zu schlagen.

Aufgabe

Suchen Sie in den Texten der Kapitel 8–10 alle Adjektive und Adverbien heraus. Bestimmen Sie die Formen der Adjektive. Schlagen Sie die Bedeutung der Adjektive und Adverbien nach.

II. Textteil

Rechtstexte

In seiner *Íslendingabók* (Kap. 10; Íslenzk fornrit 1, S. 23 f.) berichtet Ari Þorgilsson, dass das Allthing im Jahr 1117 den Beschluss fasste, die Gesetze des Landes in Buchform zu bringen:

> Et fyrsta sumar, es Bergþórr sagði lǫg upp, vas nýmæli þat gǫrt, at lǫg ór skyldi skrifa á bók at Hafliða Mássonar of vetrinn eptir at sǫgu ok umbráði þeira Bergþórs ok annarra spakra manna, þeira es til þess váru teknir. Skyldu þeir gørva nýmæli þau ǫll í lǫgum, es þeim litisk þau betri en en fornu lǫg. Skyldi þau segja upp et næsta sumar eptir í lǫgréttu ok þau ǫll halda, es enn meiri hlutr manna mælti þá eigi gegn. En þat varð at framfara, at þá vas skrifaðr Vígslóði ok margt annat í lǫgum ok sagt upp í lǫgréttu af kennimǫnnum of sumarit eptir. En þat líkaði ǫllum vel, ok mælti því manngi í gegn.

Alþingi, das Allthing in den Þingvellir.
Die Fahne kennzeichnet die vermutete Position des *lǫgberg*, des Gesetzesfelsens, auf dem der *lǫgsǫgumaðr*, der Gesetzessprecher, seinen Sitz hatte.

Stimmen diese Aussagen, so stammt das erste aufgezeichnete isländische Recht – auch *Hafliðaskrá* 'Hafliðis Niederschrift' genannt – spätestens aus dem Jahr 1118; diese Niederschrift ist verloren, doch geht man allgemein davon aus, dass die erhaltenen Gesetze darauf beruhen. Es entstanden viele Abschriften und Auszüge; dabei wurden Ergänzungen vorgenommen, Altes eliminiert oder geändert, so dass die Rechtslage nach einiger Zeit einigermaßen unübersichtlich gewesen sein wird.

In der zweiten Hälfte des 13. Jahrhunderts entstanden in Island zwei große Codices einer Gesetzessammlung: die *Konungsbók* (oder *Codex Regius* 'Königsbuch') und die *Staðarhólsbók* 'Buch von Staðarhóll'. Diese Gesetze Islands sind unter dem Namen *Grágás* 'Graugans' bekannt. Sie sind differenzierter und ausführlicher als die vergleichbaren zeitgenössischen kontinentalskandinavischen Rechtstexte. Auch sind sie trotz einiger Passagen, in denen Stabreim und Rhythmisierung deutlich zu Tage tritt (z.B. in den *Tryggðamál*, 'Treuschwurformeln', in denen es formelhaft um die Sicherung des Friedens zwischen streitenden Parteien geht), sachlicher und weniger bildhaft in der Sprache.

In den Jahren 1262–1264 geriet Island in norwegische Abhängigkeit; erst nahezu 700 Jahre später, 1944, sollte das Land wieder vollständig selbstständig sein. Der Verlust der Unabhängigkeit wirkte sich auch in Form eines neuen Gesetzes aus. Auf Anregung des norwegischen Königs Magnús Hákonarson (1263–1280), der nach dem Tod seines Vaters Alleinherrscher über Norwegen und somit auch über Island wurde, kam es zu einer Revision der bestehenden Bezirksgesetze Norwegens; Magnús ließ ein national gültiges Gesetz erstellen, ein neues Stadtrecht, die *Bœjarlǫg* ('Stadtgesetze'), und Gesetze für „Staatsbeamte", die so genannte *Hirðskrá* ('Gefolgschaftsrecht', 'Recht am Königshof'). Seine vielen Gesetzeserlasse brachten ihm den Beinamen *lagabœtir* 'Gesetzesverbesserer' ein.

Für Island sollte fortan die sogenannte *Járnsíða* ('eisenbeschlagene Seite'; das Buch hatte einen Einband mit Eisenbeschlägen) gelten, doch stießen diese Gesetze auf großen Widerstand von Seiten der Isländer, hatte man ihnen doch ein eigenes, den isländischen Verhältnissen entsprechendes Gesetz versprochen, und nun glich die *Járnsíða* viel stärker dem norwegischen Recht.

So wurde das ungeliebte Gesetzbuch etwa im Jahr 1280 erneut abgelöst von der *Jónsbók* 'Buch des Jón', die auf den neuen norwegischen Landesgesetzen, der *Grágás* und auch der *Járnsíða* fußte. Árni Þorláksson, Bischof von Skálholt, wurde einer der erbittertsten Gegner dieses Gesetzbuches; in seiner Saga, der *Árna saga biskups*, wird in den Kapiteln 28–31 darüber berichtet (vgl. den Textteil in Kapitel 16). Nach einigen Verbesserungen und Kompromissen auf beiden Seiten wurde das neue Gesetz dann in Island angenommen; einige Passagen daraus sind sogar noch heute gültig. Die *Jónsbók* war eines der ersten Bücher, das in Island gedruckt wurde, und zwar 1578 in Hólar.

Zum Weiterlesen. Hans Henning Hoff: Hafliði Másson und die Einflüsse des römischen Rechts in der Grágás. Berlin/Boston 2012. Dieter Strauch: Skandinavisches Recht: Einführung und Überblick. In: Heinrich Beck et al. (Hg.), Altertumskunde – Altertumswissenschaft – Kulturwissenschaft. Erträge und Perspektiven nach 40 Jahren Reallexikon der Germanischen Altertumskunde. Berlin/Boston 2011. Dieter Strauch: Mittelalterliches nordisches Recht bis 1500. Eine Quellenkunde. Berlin/Boston 2011. Jónas Kristjánsson: Eddas und Sagas, S. 121–124 (Grágás. Frühe isländische Gesetze) und S. 377–381 (Jónsbók). Hans Fix: Grágás. Jónsbók. In: MS, S. 234 f. und S. 346 f. Andreas Heusler: Das Strafrecht der Isländer. Leipzig 1911.

Sprachuntersuchungen zu den Rechtstexten. Heinrich Beck / Astrid van Nahl et al.: Wortschatz der altisländischen Grágás (Konungsbók). Göttingen 1993. Hans Fix: Wortschatz der Jónsbók. Frankfurt/New York 1984. Heinrich Beck / Astrid van Nahl et al.: Verbwörterbuch zur altisländischen Grágás (Konungsbók). 2 Bde. Frankfurt/New York 1983. Hans-Peter Naumann: Sprachstil und Textkonstitution. Untersuchungen zur altwestnordischen Rechtssprache. Basel/Stuttgart 1979. Harald Erhardt: Der Stabreim in altnordischen Rechtstexten. Heidelberg 1977.

Grágás. Islændernes Lovbog i fristatens Tid. Udg. efter der kongelige Bibliotheks Haandskrift og oversat af Vilhjálmur Finsen. Förste Del. Kjøbenhavn 1852, repr. 1974. Textauszug Kap. 115, Trygðamál, S. 205–207.

115. trygða mal.

Sacar voro a mille þeirra N.N. oc N.N. eN nu ero þær settar oc fe bøttar sem metendr máto oc teliendr tolðo oc domr dømþi. oc þiGiendr þágo oc þaðan báro með fe fullo. oc fram komnom eyre þeim i hond sellt er hafa scyllde. Þit scolot vera menn sattir oc samvǽrir at ölðri oc at átte. aþingi oc aþioðstefno at kirkna sócn oc ikonvngs húse. oc huervetna þess er manna fundir verða þa scolot þit sva samsáttir sem aldregi høfiz þetta yckar a meðal. Þit scolot deíla kníf oc kiotstycke. oc alla lute yckar imille sem frændr eN eigi sem fiandr. Ef sacar geraz siþan amille þeirra aNat eN þat er vel er. Þat scal fe bøta eN eigi fleín rióða. En sa yckaR er gengr a gørvar sáttir eða vegr aveíttar trygðir. þa scal hann sva viða vargr rækr oc rekiɴ sem menn viðazt varga reka. cristnir menn kirkior søkia. heiðnir menn hof blóta. elldr upp breɴʀ. iorð grør. mögr moðor callar. oc moþir mög föðir. alldir ellda kyɴda. scip scriðr. scildir blícia. sol scíɴ snæ leɢʀ. fiðr scríðr fura vex. valr flygr várlangan dag. stendr honom byʀ beiɴ vndir báða vængi. himiɴ huerfr heimr er bygðr. vindr þytr. vötn til sævar falla. karlar korne sá. hann scal fiʀᴀᴢ kirkior oc cristna menn. Guðs hus oc guma. heim huern nema hælvite. Nu haldit þit báþir abóc einni enda liɢʀ nu fe aboc er ɴ.ɴ. bøtir fyrir sic oc siɴ erfingia aliɴ oc o boriɴ. getiɴ oc ogetiɴ. nefndan oc onefndan. ɴ.ɴ. tecr trygðir eɴ ɴ.ɴ. veitir ævintrygðir þar æ scolo halldaz meþan molld er oc menn lifa. Nu ero þeir ɴ.ɴ. oc ɴ.ɴ. sattir oc sammala hvar sem þeir hittaz alande eþa lege. scipi eða asciðe. ihafe eða a hestᴢ bake arar miðla eþa avstscoto. þopto eða þilio ef þarfar gervaz. iafn sáttr hvaʀ við annan sem faþir við son. eða sonr við foðor isamförum öllom. Nu leɢia þeir hendr sinar saman. ɴ.ɴ. oc ɴ.ɴ. halldit væl trygðir at vilia cristz oc allra manna þeirra er nu heyrðo trygða mal. hafe sa hylle guðs er helldr trygðir. en sa reiðe er ryfr rettar trygþir. eɴ hylle sa er helldr. hafit hæilir sǽz. eɴ ver sém váttar er við erom staddir.

Zum Weiterlesen. Astrid van Nahl: Tryggðamál. In: RGA 31. DOI: 10.1515/gao_RGA_5913.

Járnsíða. In: Norges gamle Love indtil 1387, udg. ved R. Keyser og P.A. Munch. Christiania 1848. Textauszug Abschnitte 25,1–28,6.

25. Ef maðr verðr drepinn at samkundo þa skulo þæir bera annat tueggia af eða a er næster honom ero. En ef þæir bera hann hvarke drepinn ne vdrepinn. þa ero þæir seker við konung III morkom hverr þæirra eða have fire sek lyritar eið at þæir visso eigi skaða mann hans. en ervinge sæke þa til tylftar æiðar sæm fyʀ var skilt. En þæir er æigi villdo. vitne um bera oc visso. þa skulo þæir alldregi siðan vattbærer vera oc engiz vitnis niota.

26. Ef maðr verðr hǫgginn a þinge þa skulo aller epter renna til skogs eða fiallz. en sa er eigi rennr er sekr XII aurom. en baugilldis menn oc nefgilldes menn oc namagar skulo eigi renna at logom. En hverr er biorg væiter þa er sa utlægr nema honom se u visa vargr. oc sueri hann einn firer. En ef maðr verðr særðr a ðinge oc renna aller epter þeim manne til skogs eða fiallz er vig vacte. Nu verðr hann farenn. oc ef hann vil at logom veriaz. þa legge hann niðr vapn sin oc bioðe log fire sek. En þegar hann er handlaðr

oc leggr hann vapn sin niþr. þa er hann friðheilagr meðan hinn liver hinn sare. Binnda skal þann mann oc færa soknar manne. þæim ær til soknar er tekinn i þui heraðe en hann a at varðvæita hann. oc sua vallz maðr er honom er færðr. en ef soknare þarf liðs við at gTta hans. þa skal nefna bøndr með honom sua marga sem hann þarf. En ef hann leypr fra soknar mane oc verðr hinn sare dauðr. þa er soknar maðrenn sialfr i veðe til orskurðar konungs umboðs manz. oc skipi hann epter mala vǫxtom með hinna beztu manna raðe er hann kallar til með ser. en ef soknar maðr syniar viðrtoko. þa sculo þæir hava vitne til oc setia þann mann bunnden a flet hans. þa varðar honom ø hit sama nema ofrike take af honom. En hvervitna er soknar maðr tekr utlegðar fe. þa skal hann fa mann til at refsa þæim manne er a þing kømr.

27. Ef maðr er drepinn til dauðs. þa a sa at vera bane er vigi lyser a hendr ser. en lyst skal vige samdægris innan heraðs oc nefna sek a nafn oc natstað sinn oc herað þat er hann er or. oc lysi til frials mannz oc til rætz nafns manz þa skal a orvar þinge koma fram natt manz. oc þat skal bonde sueria sa er hann var at um nattena at hann nefndiz sua. en til viglysingar skal a þinge segia. En ef maðr vil eigi viglysingar vitne bera eða eigi sueria natt stað. þa fare til baugilldes maðr veganda einnhverr oc geri honom stefno til. annattveggia a eða af fimtarþinge ef þæir bera huarke af ne a. þa ero þæir seker III morkom huaʀ þæirra. have halft sa er sæker en halft konungr. oc niote engiz vitnis siðan oc beri ekke vitni oc fare rætlauser oc sua um oll onnor vitne. Nu er skirskotat er unnder hann innan helge. en til þessarar soknar skal eigi heim stefna. þing skal stefna af fimtar þinge um sua margar nætr sem menn hava tekit. i þing a þæirri. oc skal a þui þinge annat hvartt fram koma fe. eða atfǫr oc taka halvo mæira. En ef sa maðr er viglysing kømr a henndr ma fara samdøgris til oc fra þar sem vig var vegit. þa þarf æigi nattstaðr fram at koma ef hann a heimile sua nær utan heraðs oc innan. Eigi skal hann fara um III bœi sua at eigi se vigi lyst fra þui er vigit var vegit. nema baugilldes oc nefgilldis menn eða namagar hins vegna bui a. En ef hann lyser eigi sua. þa er hann morðinge rættr oc fire gort fe oc friðe. En ef bøðe kemr fram a fyrsta þinge viglysing oc saga hins sara sua boren sem fyʀ var skilt. þa skal saga hins sara standa en eigi viglysing. oc beʀ þo morð af veganða at hann se utlTgr. En ef eigi kømr saga hinns sara fram a fyrsta þinge ne heimsoknar vittne. oc kømr viglysing oc sionar vitne fram. þa skal viglysing standa ef hon er at logom borenn en æigi sionar vitne. En erfinge hins dauða skal fara i herað. þar sem sa maðr let sek or vera. oc ef hann finnr hann. þa skal hann stefna honom þing. en a þui þinge skulo XII

frialser menn af honom bera oc eigi nefndar vitne oc føra fram þar a þingeno. En ef hann vil æigi vnndan føraz at logom. þa er hann sannr at sokinne Nu ef hann hever unndan færz at logom. þa fare erfinge hins dauða oc sæke sua marga menn sem hann vil þa sem hia voro stadder til tylftar eiða með hino fyrra skilorðe.

28. Ef maðr er særðr oc kømz sa eigi i skog er særðe eða verðr honndom tekinn oc byðr hann log fire sek. þa ero þar uppe sak bøtr konunge oc sar bætr hinom oc læknis fe. efter skynsamra manna raðe sem log bok skyrer. En hvar sem maðr særer mann þa skulo aller frialser menn epter honom renna nema baugilldes menn oc nefgilldes oc namagar. þæir skulo eigi efter renna nema þæir vile En hver annarra sa er eigi vil eptir renna er sekr XII aurom.

Blick über Þingvellir, die Thingebene.

KAPITEL 16

I. Formenlehre und Satzlehre

Numeralia

Wie alle germanischen Sprachen unterscheidet das Altisländische Kardinal- und Ordinalzahlen (Grund- und Ordnungszahlen).

Kardinalzahlen

So wie im Deutschen die Zahl „eins“ in ihren Formen „ein, eine, eines“ vom Genus bestimmt wird, werden im Alt- und Neuisländischen die Zahlen 1 bis 4 ihrem Genus entsprechend flektiert; die Zahlen 5 bis 20 sind indeklinabel, die mit 1 bis 4 zusammengesetzten Zehner- und Hunderter-Zahlen werden wieder in ihrem Letztglied jeweils dem Genus entsprechend flektiert.

1	einn, ein, eitt	11	ellefu
2	tveir, tvær, tvau	12	tólf
3	þrír, þrjár, þrjú	13	þrettán
4	fjórir, fjórar, fjǫgur	14	fjórtán
5	fimm	15	fimtán
6	sex	16	sextán
7	sjau	17	sjautján
8	átta	18	áttján
9	níu	19	nítján
10	tíu	20	tuttugu

21	tuttugu ok einn	80	átta tigir
22	tuttugu ok tveir	90	níu tigir
30	þrír tigir	100	tíu tigir
40	fjórir tigir	120	hundrað
50	fimm tigir	240	tvau hundruð
60	sex tigir	1200	þúsund
70	sjau tigir	2400	tvær þúsundir

Hundrað (n.) und seine Pluralform *hundruð* werden im Sinne eines Großhunderts (= 120) verstanden und erst später auch in der Bedeutung 100 gebraucht; demnach vertreten *þúsund* und die Pluralform *þúsundir* ein Großtausend (= 1200). Ein sich anschließendes Substantiv steht meist im Genitiv:

> Hárekr bjósk ok hafði hundrað manna.
> *Hárekr rüstete sich und hatte ein Hundert (der) Männer.*
>
> [...] en þar fell af liði hans þrjú hundruð manna.
> [...] *und da fielen von seinem Heer drei Hundert (der) Männer.*

Bei zusammengesetzten Zahlwörtern wird oft nur das letzte mit *ok* angeschlossen, manchmal auch die beiden letzten:

> En Beda prestr andaðisk sjau hundruð þrjá tigi ok fimm árum eptir holdgan dróttins várs.
> *Und Priester Beda starb 735 Jahre nach der Fleischwerdung unseres Herrn (= n. Chr.).*
>
> [...] þá var liðit frá upphafi þessa heims sex þúsundir vetra ok sjau tigir ok þrír vetr, en frá holdgan dróttins átta hundruð (ára) ok sjau tigir ok fjǫgur ár.
> [...] *da waren vergangen vom Anfang dieser Welt sechstausenddreiundsiebzig Winter (*wörtlich: *sechstausend und siebzig und drei), und von der Fleischwerdung des Herrn achthundertvierundsiebzig (*wörtlich: *achthundert und siebzig und vier).*

Im Neuisländischen hat sich die Flexion der Zahlen 30 bis 100 verändert. Statt mit *tigir* sind sie mit *-tíu* als Kompositum zusammengesetzt (vgl. Duppler / van Nahl 6B3) und indeklinabel.

Die mit *tigir* verbundenen Grundzahlen stehen im Maskulinum. Möglich ist auch eine Umstellung der Zahlenglieder *(tuttugu ok einn | einn ok tuttugu)* oder das „Auseinanderziehen" der einzelnen Zahlenteile (siehe Beispiel unten); die Kombinationsmöglichkeiten in den Handschriften sind vielfältiger als in den Grammatiken aufgelistet.

> Á Orminum langa váru fjǫgur rúm ok þrír tigir.
> *Auf der „langen Schlange" gab es 34 Schiffsräume.*

Die Ziffern 1 bis 4 und die mit ihnen zusammengesetzten Zahlen flektieren nach Genus; ihre Endungen ähneln denen des bestimmten Artikels und des Possessivpronomens.

einn 'eins'

	mask.	*fem.*	*neutr.*
Sg. Nom.	ein-n	ein	eitt
Gen.	ein-s	ein-nar	ein-s
Dat.	ein-um	ein-ni	ein-u
Akk.	ein-n	ein-a	eitt

[...] en [hann] andaðisk einum vetri eptir fall Óláfs konungs hins helga.
[...] *und* [er] *starb einen Winter nach dem Tod König Olafs des Heiligen.*

Þat var á einu sumri at Haraldr Guðinason átti ferð til Bretlands.
Das war in einem Sommer, dass Haraldr Guðinason eine Fahrt nach Britannien unternahm.

In der Bedeutung 'allein, nur' kann *einn* auch im Plural stehen:

	mask.	*fem.*	*neutr.*
Pl. Nom.	ein-ir	ein-ar	ein
Gen.	→	ein-na	←
Dat.	→	ein-um	←
Akk.	ein-a	ein-ar	ein

Þá gekk Ásgrímr inn einn ok veitti Hallsteini mikit sár.
Da ging Ásgrímr allein hinein und fügte Hallsteinn eine große Wunde zu.

Þeir einir náðu hirðvist með Haraldi konungi er afreksmenn váru.
Allein die bekamen eine Stellung als Gefolgsmänner bei König Harald, die hervorragende Männer waren.

Fimm einir bœir stóðu óbrenndir í Sogni í Læradal.
Nur fünf Höfe standen unverbrannt in Sogn im Læradalr.

[...] en Styrkárr hafði ekki klæði fleiri en skyrtu eina ok hjálm á hǫfði.
[...] *und Styrkárr hatte nicht mehr Kleidung als allein ein Hemd und einen Helm auf dem Kopf.*

tveir 'zwei'

	mask.	*fem.*	*neutr.*
Nom.	tveir	tvær	tvau
Gen.	→	tveggja	←
Dat.	→	tveim(r)	←
Akk.	tvá	tvær	tvau

Þá fór Auðun til ok tók hinn grá hestinn ok setti fyrir tveggja yxna sleða.
Da ging Auðun hin und nahm das graue Pferd und spannte es vor den Schlitten zweier Ochsen.

Haraldr konungr [...] átti þar margar orrostur tveim megin elfarinnar.
König Haraldr [...] hatte da viele Schlachten auf zwei (=beiden) Seiten des Flusses.

þrír 'drei'

	mask.	*fem.*	*neutr.*
Nom.	þrír	þrjár	þrjú
Gen.	→	þriggja	←
Dat.	→	þrim(r)	←
Akk.	þrjá	þrjár	þrjú

Ok hét hann at koma aptr á þriggja vetra fresti.
Und er versprach zurückzukommen in Dreijahresfrist.

[…] en sjálfr hann lét hǫnd sína ok hafði þrjú sár ǫnnur.
[…] *und er selbst verlor seinen Arm und hatte drei andere Wunden.*

fjórir 'vier'

	mask.	*fem.*	*neutr.*
Nom.	fjórir	fjórar	fjǫgur
Gen.	→	fjǫgurra	←
Dat.	→	fjórum	←
Akk.	fjóra	fjórar	fjǫgur

Þetta sama haust stefndi Óláfr konungr fjǫgurra fylkna þing norðr á Staði á Dragseiði.
Im gleichen Herbst berief König Olaf ein Thing für vier Gebiete in den Norden in Staðr auf Dragseiðr ein.

[…] ok váru komnir saman fjórir konungar með her sinn.
[…] *und es waren vier Könige mit ihrem Heer zusammengekommen.*

Haraldr konungr hafði þá verit í Þrándheimi fjóra vetr.
König Haraldr war da vier Winter in Trondheim gewesen.

Ordinalzahlen

1. fyrstr	11. ellefti
2. annarr	12. tólfti
3. þriði	13. þrettándi
4. fjórði	14. fjórtándi
5. fimti	15. fimtándi
6. sétti	16. sextándi
7. sjaundi	17. sjautjándi
8. áttundi	18. áttjándi
9. níundi	19. nítjándi
10. tíundi	20. tuttugundi | -andi
21. fyrsti ok tuttugundi	60. sextugundi
30. þrítugundi	70. sjautugundi
40. fertugundi	80. áttatugundi
50. fimtugundi	90. nítugundi

Neben *-undi* kommt durchweg auch die Endung *-andi* vor. Ordinalzahlen für *hundrað* und *þúsund* sind im Altisländischen nicht belegt. Flektiert werden die ersten vier sowie die damit zusammengesetzten Ordinalzahlen.

Fyrstr ('erster')

Fyrstr flektiert wie ein Adjektiv, stark und schwach (*fyrsti*).

Eptir Þjóðólfs sǫgn er fyrst rituð ævi Ynglinga.
Nach dem Bericht Þjóðólfs ist zuerst das Leben der Ynglingar aufgeschrieben.

Ari prestr hinn fróði Þorgilsson Gellissonar ritaði fyrstr manna hér á landi at norrœnu máli.
Priester Ari Þorgilsson der Gelehrte, Sohn des Gellir, schrieb als erster der Männer hier im Lande in norröner Sprache.

Var hinn fyrsti maðr Gandálfr konungr.
Der erste Mann war König Gandálfr.

Annarr ('zweiter')

Annarr 'der zweite' flektiert nur stark. Im Wechsel von *-nn* und *-ð* ist Dissimilation zu erkennen, da durch Synkope der Mittelsilbenvokal vor *-r* ausfällt:

	mask.	*fem.*	*neutr.*
Sg. Nom.	annarr	ǫnnur	annat
Gen.	annars	annarrar	annars
Dat.	ǫðrum	annarri	ǫðru
Akk.	annan	aðra	annat
Pl. Nom.	aðrir	aðrar	ǫnnur
Gen.	→	annarra	←
Dat.	→	ǫðrum	←
Akk.	aðra	aðrar	ǫnnur

Annarr wird auch als Indefinitpronomen gebraucht in der Bedeutung 'der andere'. Die Fügung *annarr ... hinn* oder *annarr ... annarr* bedeutet 'der eine ... der andere'. Oft steht *annarr* dort, wo im Deutschen 'der eine' erwartet wird.

Óðinn átti tvá brœðr. Hét annarr Vé en annarr Vílir.
Odin hatte zwei Brüder. Der eine hieß Vé, der andere Vílir.

Geirmundr brá upp hendinni annarri ok var þar af hǫggvinn hreifinn.
Geirmundr riss den einen Arm hoch und da war das Handgelenk abgeschlagen.

þá boðaði hann þar kristni sem í ǫðrum stǫðum.
Da verkündete er dort das Christentum wie an anderen Orten.

Þriði ('dritter')

Þriði 'der dritte' und *fjórði* 'der vierte' flektieren wie schwache Adjektive; *þriði* schiebt aber *-j* vor Endung auf *-a* und *-u* ein:

	mask.	*fem.*	*neutr.*
Nom.	þriði	þriðja	þriðja
Gen.	þriðja	þriðju	þriðja
Dat.	þriðja	þriðju	þriðja
Akk.	þriðja	þriðju	þriðja

Im Neuisländischen findet sich *-j-* in allen Kasus (*þriðji*).

Hét einn Hallaðr, annarr Einarr, hinn þriði Hrollaugr.
Der eine hieß Hallaðr, der zweite Einarr, der dritte Hrollaugr.

Þar átti Sigurðr konungr hina þriðju orrostu við heiðna menn.
Da hatte König Sigurðr seine dritte Schlacht mit Heiden.

[...] en hit þriðja sumar fór hann allt norðr til Snæfells.
[...] *und im dritten Sommer fuhr er ganz nördlich nach Snæfell.*

Fjórði ('vierter')

	mask.	*fem.*	*neutr.*
Nom.	fjórði	fjórða	fjórða
Gen.	fjórða	fjórðu	fjórða
Dat.	fjórða	fjórðu	fjórða
Akk.	fjórða	fjórðu	fjórða

[...] þá sáu þeir hvar sigldu þrjú skip allmikil ok hit fjórða síðast ok var þat Ormr hinn langi.
[...] *da sahen sie, wo drei sehr große Schiffe segelten und das vierte als letztes und das war die lange Schlange.*

Þorgríma skeiðarkinn var in þriðja, fjórða Arnbjǫrg, fimmta Arnleif, sétta Ásgerðr, sjaunda Þuríðr, áttunda Friðgerðr í Hvammi.
Þorgríma skeiðarkinn war die dritte, die vierte Arnbjǫrg, die fünfte Arnleif, die sechste Ásgerðr, die siebente Þuríðr, die achte Friðgerðr in Hvammr.

Aufgabe

Übersetzen Sie folgenden Text aus Kap. 64 der *Landnámabók* (zit. nach Íslenzk fornrit 1, 1968, hg. v. Jakob Benediktsson):

Þorgeirr hét annarr son Þórðar; hann átti Rjúpu dóttur Arnalds Sæmundarsonar, þeira son Halldórr at Hofi. Snorri var enn þriði; hann átti Þórhildi rjúpu, dóttur Þórðar gellis; þeirrra son var Þórðr hesthǫfði. Þorvaldr holbarki var enn fjórði; hann kom um haust eitt á Þorvarðsstaði til Smiðkels ok dvalðisk þar um hríð. Þá fór hann upp til hellisins Surts ok fœrði þar drápu þá, er hann hafði ort um jǫtuninn í hellinum. Síðan fekk hann dóttur Smiðkels, ok þeira dóttir var Jórunn, móðir Þorbrands í Skarfsnesi. Bárðr var enn fimmti son Þórðar; hann átti Þórǫrnu dóttur Þórodds hjálms; þeira son var Daði skáld. Sǫxólfr var enn sétti son Þórðar, sjaundi Þorgrímr, átti Hróarr, níundi Knǫrr, tíundi Þormóðr skalli, ellefti Steinn.

„Þá fór hann upp til hellisins Surts ...“
Surtshellir ist eine der Lavahöhlen in der Nähe des Gletschers Langjökull.

II. Textteil

Religiöse Literatur: Biskupasǫgur, Heilagramannasǫgur, Postolasǫgur

Im Jahr 1056, etwa 50 Jahre nachdem Island durch Allthing-Beschluss das Christentum angenommen hatte, wurde im Süden des Landes, in *Skálholt*, der erste Bischofssitz gegründet. 1106 entstand das Bistum *Hólar* in Nordisland. Im Laufe der folgenden Jahrzehnte festigte sich die Stellung und die Macht der Bischöfe, und sie griffen häufig in die politischen Auseinandersetzungen der Zeit ein. Von etwa 1200 an bis Mitte des 14. Jahrhunderts wurde eine Reihe von *Biskupasǫgur*, ‘Bischofssagas’, geschrieben, über die Bischöfe von Skálholt und auch von Hólar.

Biskupasǫgur werden häufig in zwei Arten eingeteilt: Die einen könnte man als ‘historische Bischofssagas’ bezeichnen; diese Sagas beschäftigen sich mit der Situation der Kirche in der Gesellschaft und mit der politischen

Lage, ähnlich wie die *Sturlunga saga*. Die anderen Sagas haben deutlich hagiographischen Charakter und hängen mit der Heiligsprechung von Bischöfen zusammen. So entstand die *Þorláks saga helga* kurz nach der Heiligsprechung (1199) von Þorlákr Þórhallsson, Bischof von Skálholt 1178–1199, die *Jóns saga helga* kurz nach der Heiligsprechung (1200) von Jón Ǫgmundarson, Bischof von Hólar 1106–1121. *Biskupasǫgur* haben ihren eigenen Quellenwert für die Kirchengeschichte Islands.

Als Überblickswerke kann man zwei Sagas bezeichnen: *Kristni saga* 'Geschichte des Christentums', relativ sicher Sturla Þórðarson zugeschrieben, und *Hungrvaka* 'Hungerweckerin', mit kurzen Biographien der ersten fünf Bischöfe von Skálholt.

Zum Weiterlesen. Sverrir Tómasson et al. (Hg.): Heilagra karla sögur. Reykjavík 2007 (Edition mit ausführlichen Vorworten). Ásdís Egilsdóttir: Um biskupasögur. In: Studia theologica islandica 9, 1994, S. 39–54. Ásdís Egilsdóttir: Biskupa sögur. In: MS, S. 45 f.; vgl. dort die Artikel zu einzelnen Bischofssagas. Peter Foote: Conversion. In: MS, S. 106 ff. Peter Foote: Bischofssaga. In: RGA 3. DOI: 10.1515/gao_RGA_585.

Vor allem in Island waren ab dem 12. Jahrhundert bis zur Reformationszeit Heiligenlegenden überaus beliebt. Diese Geschichten über Leben und Tod der Heiligen und ihre Wundertaten werden als *Heilagramannasǫgur* bezeichnet ('Sagas von heiligen Männern'); sie berühren eng die Gruppen der *Biskupasǫgur* (wenn die Heiligen das Amt eines Bischofs ausüben) und der *Konungasǫgur* (wenn es sich bei den Heiligen um Könige handelt). Die ältesten Heiligensagas wurden noch vor den ersten *Íslendingasǫgur* aufgezeichnet; über ihre gegenseitige Beeinflussung ist nicht allzu viel bekannt. Insgesamt existieren allein in Island und Norwegen mehr als 100 Werke zu Heiligenleben.

Zum Weiterlesen. Margaret Cormack: Christian biography. In: Rory McTurk (Hg.): A companion to Old Norse-Icelandic literature and culture. Malden, Mass. 2005, S. 27–42. Sigurd Kværndrup et al.: Saints' lives. In: MS, S. 362 ff.

Auch über das Leben der einzelnen Apostel existieren in Island Sagas; sie bilden die so genannten *Postolasǫgur*. Man geht davon aus, dass die lateinischen Apostelgeschichten bald nach der Christianisierung nach Island und Norwegen kamen und dort später übersetzt wurden; für diese Datierung spricht ein erhaltenes Blatt der *Matheus saga postola* aus der zweiten Hälfte des 12. Jahrhunderts. Diese Übersetzung muss vor dem Jahr 1150 erfolgt sein. Die vollständigste Sammlung der *Postolasǫgur* bietet der *Codex Scardensis* von etwa 1360 mit dreizehn Lebensbeschreibungen.

Zum Weiterlesen. Kirsten Wolf: Postola sögur. In: MS, S. 511 f.

Die *Árna saga biskups* erzählt chronologisch die Lebensgeschichte von Árni, Bischof in Skálholt von 1271–1298. Ihre Beliebtheit zeigt sich allein an 40 erhaltenen Handschriften. Die *Árna saga* ist ein wichtiges Zeugnis, nicht nur über Kirchengeschichte, sondern auch über die politische Situation Islands, da der (unbekannte) Verfasser den Auseinandersetzungen zwischen Árni und dem norwegischen König samt dessen Rechtsvertretern in seiner Darstellung viel Raum gibt. Vor allem über Schenkungen an die Kirche kam es immer wieder zu ernsthaften Konflikten zwischen weltlicher und geistlicher Macht. Was die *Árna saga* von vielen anderen Zeugnissen abhebt und zu einer so aussagekräftigen kulturgeschichtlichen Quelle für die Zeit macht, sind die insgesamt 68 eingestreuten Zitate aus zeitgenössischen Schriften.

Zum Weiterlesen. Þorleifur Hauksson: Árna saga biskups. In: MS, S. 20. Hans Bekker-Nielsen: Árna saga biskups. In: Dictionary of the Middle Ages 1, 1982, S. 537.

Árnar saga biskups. In: Sturlunga saga II, ritstjóri Örnólfur Thorsson. Reykjavík 1988, S. 771–882. (Neuisländischer) Textauszug S. 795–799.

28. Þessi misseri sat Árni biskup um kyrrt fram um þing. Síðan fór hann í sýslu sína til Austfjarða. Á þessu sumri fékk Sigurður seltjörn Sighvatsson auðga og Vilborgar dóttur Þorgeirs í Holti undir Eyjafjöllum Valgerðar systur Þórðar bónda Hallssonar og var boðið á Möðruvöllum. Kom þar til mart stórmenni: Herra Jörundur biskup, Hrafn Oddsson og Jón lögmaður. Þangað fór og herra Árni biskup austan úr fjörðum. Þar var og Runólfur ábóti af Viðey, Eyjólfur ábóti frá Þverá og fjöldi annarra manna. Var veislan nær viku eftir Bartólómeusmessu og veitt með hinu mesta kappi. Til þessarar veislu kom þá sunnan af Eyrum síra Aðalbrandur prestur með boðskap herra Magnúss konungs, þann sem fyrr var af sagt, og litu þeir formennirnir á hann allir samt. Var það þá talað í glensi að Þangbrandur væri kominn annað sinn að kristna Ísland. Þar kom og boðskapur herra Jóns erkibiskups í hverjum orðum er hann eggjaði biskupana að halda fram rétti kirkjunnar sem framast væru föng á. Fleiri hluti hafði Magnús konungur skipað um stjórn ríkisins á Íslandi og fylgdi því bréfi hin mestu sæmdarmál til hans nú sem fyrrum.

Herra Árni biskup ritaði þegar í móti öllum þessum konungsbréfum með líkum efnum og í almenningsbréfi stóðu hið fyrra sumar og þar með að hann hafði lögleiddan kristindómsbálk þann sem hann lét fram bera og sendi til Noregs undir skoðan konungs og erkibiskups og umbótar. Fóru þessi bréf þegar fyrir norðan kand í skip og svo þau er andsvöruðu erkibiskups boðskap. Sneri Árni biskup síðan í sýslu sína til Austfjarða og heim um haustið. Var síra Aðalbrandur með honum vel metinn þann vetur.

29. Þessa vetur síðan er Árni biskup kom út hafði Þorvarður Þórarinsson sýslu fyrir sunnan heiðar og sat hinn fyrsta vetur í Odda. Þaðan fór hann til Keldna og var þar til þess er hann ætlaði að sigla í Vestmannaeyjum. Knörr sá hinn mikli er þeir voru á varð afturreka. Varð nokkurt fjártjón en allir menn héldust.

Það sumar andaðist sá maður úr skipinu er Eyjólfur hét sonur Þórðar í Langaholti. Hann hafði verið í mötuneyti með þeim mönnum er annar hét Ólafur sonur Halldórs langs er þá bjó í Húsagarði en annar hét Þórður og var kallaður kuggur son Ásmundar er búið hafði á þeim bæ í Vestmannaeyjum er nú er kenndur við konu hans Vilborgu móður Þórðar því að hún lifði honum lengur. Þórður í Langaholti þóttist missa peninga þeirra sem hann hugsaði á hendur mötunautum sonar síns til eftirleitanar. Þetta mál fékk hann á hendur Þorvarði bónda til sóknar. Hann bar það á Ólaf en Ólafur synjaði alls nema matskála nokkurra þeirra sem þeir hefðu haft á borði. Það eitt kvaðst hann ei til skiptis borið hafa. Þorvarður ætlaði honum ei annað en heimta með frekju frásögn þeirra hluta.

Ólafur sótti Árna biskup að málinu en því að hann hafði séna bók spámannsins þess er svo mælir: „Leitið þér lagadóms, hjálpið þeim sem þrengdur er,“ hugleiddi hann að þessi maður mundi ofsóttur verða ef ei hylpi hann honum. Af því átti hann nokkrar stefnur við fyrrnefndan Þorvarð um þetta mál. Honum eirði illa þar sem hann hafði miklar hugarhræringar þar er biskup ógnaði honum sverði heilagrar kirkju ef hann léti ei Ólaf ná með eiðum að synja þess er á hann er borið því að Þorvarður kallaði óskylt að eiðar komi fyrir sumt en sumt væri við gengið. Biskup svarar að móti af heilögum decretalibus [kirkjulögum] að ei ætti fyrir viðgöngu lítils hlutar vítislaust að fyrir koma um allt það sem menn vildu á hann bera svo að ei næði hann undanfærslum.

Um síðir varð það með biskups trausti að Ólafur skyldi eið vinna eftir landslögum fyrir málið og eftir löglega biðstund gekk Ólafur til eiðs og sór. En þá er vottar hans skyldu sanna eið hans eftir því sem þeir höfðu heitið honum og biluðu þeir allir, sigraðir með fortölum eða ógnarmálum Þorvarðs, og kallaði hann Ólaf fallinn að máli. Biskup segir að væri unninn með ógnarmálum og óeinurð þeirra sem áður höfðu nýjátað eiðnum. Um síðir með góðra manna tillögu var málið í dóm lagið og dæmt. En á þessari stundu töldu hvorugra vinir fyrir Þorvarði að ei þyrfti hér dóm á að hafa annan en Ólafur væri sannur að sök og við gengið við málinu.

Þorvarður gekk þá til dómsmanna og segir: „Segið upp dóminn en hann mun eg að öngvu hafa nema mér getist vel að honum.“ Biskup var nær og mælti: „Eg fyrirbýð yður að segja upp þennan dóm nema Þorvarður játi að halda hann í alla staði.“ Dómsmenn þóttust vant við komnir og vildu hvorugum í móti gera ef þeir sæju að svo mætti með réttu vera. Nú því að þeir trúðu biskupi framar til sannsýni sögðu þeir ei upp dóminn. Þorvarður eirði það illa og lét Ólafi ei ohætt skyldi vera er hann legði ei þetta mál á hans vald. Biskup fyrirbauð Ólafi það og kvað Þorvarð ei mundu gera honum nokkuð mein þótt hann léti grimmlega þar sem mál voru handsöluð og dæmt að lögum. Skildust þeir biskup og Þorvarður með fullkominni óþykkt og missætti.

30. Sá hlutur bar enn um til missættis biskups og Þorvarðs að einn lítill bóndi og miðlungi orðsæll sá er Sturla hét vildi ei selja Þorvarði geldinga sína svo ódyrt sem hann vildi. Litlu síðar bar svo til að á einum litlum bæ var soðið um dag. Þeir menn koma fyrir Þorvarð og sögðu að þessi maður Sturla hefði hlaupið inn í húsin voveiflega og gripið höfuð af sauð úr katlinum og hlaupið í burt með og runnið þeim skjótt hvarf. Þorvarður bar málið á Sturlu og hét honum fjötri því að hann þrætti þessa áburðar. Hann sótti biskup að þessu máli og sagði sig ósannan að sök. Biskup spurði hvað manna að honum bar sökina. Hann sagði honum.

Biskup mælti: „Viltu eiðum fyrir standa ef þér er þess unnt?“ Hann kvað það gjarnan vilja. Biskup mælti: „Eg mun rita til hans fyrst og vita hvað að gerist.“ Síðan fékk biskup mann til að bera bréfið og svo var gert til Keldna. Þorvarður lauk upp bréfið og las yfir. En stóð þar eftir kveðjusending: „Svo er mér flutt að þú heitir þeim manni er Sturla heitir fjötri eða féláti fyrir þau kennsl er engi vitni bera að honum utan vandamenn þeir er ekki eiga um þetta mál vitni að bera. Líst mér þetta ekki þín gerð þar sem þú átt með þessum manni ei að gera utan þiggja af honum einseiði ef þér líkar það að hafa því að málið er ei svo mikið að fleiri þurfi að synja. Gerir þú ei svo þá fyrirbýð eg þér að misþyrma honum né hans eigu undir slíkri pínu sem eg á á þig að leggja.“

Og er Þorvarður hafði lesið þessi orð varð hann reiður og kvaðst ei lögum fram koma fyrir kappi biskups en þó sýndist honum ei að hætta á hversu biskup hefði í höndum.

Sá hlutur dró og til sundurþykkis með þeim að biskup tók þann mann til sín sem Ketill hét og var sonur Ketils prests Þorlákssonar og lét skipta peningum hans með skuldunautum hans. Þessi maður hafði verið ágangsmaður við bændur og voru víðast sakir til fundnar svo nokkuru löglegar sem verða máttu. Biskup setti hann niður á kirkjueign í Efstadal og lét hann þar flytjast með hyski sitt. En þegar þeir er síns misstu við Ketil tóku þá að heimta á hann skuldir og með þeim Þorvarður bóndi. Tók biskup því máli fyrir Ketil og kvað hann öngvar skuldir lúka skyldu af heilagra manna fé. Þorvarði líkaði þetta stórilla og lét þó fyrir farast að leggja hendur á Ketil né á fé það sem hann fór með og kallaðist þó lögum ræntur af þeim biskupi og Katli.

Margir bændur lögðu og mál sín undir biskup. Líkaði það Þorvarði þungt en því að biskup hafði lögunum jafnan að fylgt urðu fleiri fylgjendur þess er hann tók upp og var þungt við að skipta bæði sakir visku og valds og vinsælda.

31. Á þessu sama sumri er síra Aðalbrandur kom út með kóngs boðskap komu fyrir herra Magnús kóng bréf Þorvarðar Þórarinssonar. Var í þeim borið vitni að Sunnlendingar létu sér best fara til hans og það fór þó framast Sighvati Hálfdanarsyni, svo og Árna biskupi borið fagurt vitni hversu hann fór í öllum málum þeim sem Magnúsi kóngi vörðuðu utan um efni sjálfs Þorvarðar og honum þótti sér hann þungur og í bréfi stóð sú klausa:

> inu nema þeim sem hann leggur hendur og höfn á sem hann vill. Er og svo mikið ríki hans á landinu að yðrir menn skulu varla svo við horfa sem þeir þykjast mannan til hafa eða skaplyndi.

Þessi orð standa þar enn í:

> Þingi voru í sumar réðu þeir Hrafn og biskup, höfðu skammt og meðallagi skilvíst að því er sumum þótti, lögsögumaður var ógreiður ok skaut flestum málum undir biskups dóm og annarra manna þeirra er sýndist. Af lögréttumönnum nýttist lítið.

Þennan vetur voru kyrr ein tíðendi. Um vorið andaðist Jón páfi innan pikkisdaga. Í hans stað var kosinn Gagítanus rómverskur kardínáli og vigður nær Katrínarmessu og kallaður Nikulás tertius [þriðji]. Á þessu sama ári andaðist Askatín Björgvinjarbiskup. Þá sættust þeir við Magnús kóng um þær klausur í lögbókum er hann hafði skipaðar en þeir höfðu ei haldið þar til.

KAPITEL 17

I. Satzlehre

Präpositionen

Präpositionen stehen immer in Verbindung mit einem anderen Wort; sie bestimmen den Kasus eines Nomens oder Pronomens und bezeichnen das Verhältnis von Dingen und Personen zueinander, die Art und Weise, wie sich einzelne Teile einer Aussage aufeinander beziehen. Im Isländischen spielen Präpositionen eine besonders wichtige Rolle, da sie auch als Ersatz für nicht präfigierte Verben gebraucht werden; vgl. die folgende Gegenüberstellung:

nehmen	*taka*
etw. übernehmen	taka e-t á sér
jem. etw. wegnehmen	taka e-t frá e-m
jem. aufnehmen	taka með e-m
etw. entgegennehmen	taka með e-u | við e-u
etw. unternehmen	taka e-t til
etw. abnehmen	taka e-t ofan
etw. herausnehmen	taka e-t ór e-u

Stärker als im Deutschen modifiziert daher die Präposition die Bedeutung des Verbs. Viele Präpositionen können in mehr als einer Bedeutung gebraucht werden, grob gegliedert in eine räumliche, eine zeitliche und eine übertragene Funktion. Oft hängt die Bedeutung der Präposition auch von dem Kasus ab, den sie regiert, vor allem bei den räumlich gebrauchten. Im Folgenden kann nur ein Überblick über die wichtigsten und gebräuchlichsten Präpositionen gegeben werden, ohne jeden Anspruch auf Vollständigkeit. Die beigegebenen Fügungen und Sätze sollen dabei helfen, Gespür für die altisländische Sprache zu entwickeln. Zur Weiterentwicklung und Verwendung der Präpositionen im Neuisländischen vgl. ausführlich Duppler / van Nahl 18B2.

Präpositionen, die nur einen Kasus regieren

at + *Dativ*

lokal und übertragen: an, bei, in; hin zu; nach
temporal: bei, in, um, zu
übertragen: gegen, auf ... zu (feindlich); in Bezug auf; entsprechend, nach

En síðan er Freyr hafði heygðr verit at Uppsǫlum [...]
Und als Freyr dann bei Uppsala im Hügel beigesetzt war [...]

En at vári fór hann á brott.
Und zum Frühjahr fuhr er fort.

Gaf Hárekr konungi góðar gjafar at skilnaði.
Hárekr gab dem König gute Geschenke beim Abschied.

Teitr sonr Ísleifs byskups var með Halli í Haukadal at fóstri.
Teitr, Sohn des Bischofs Ísleifr, war bei Hallr in Haukadalr zur Erziehung.

Ari nam ok marga frœði at Þuríði dóttur Snorra goða. Hon var spǫk at viti.
Ari lernte viel Wissenswertes von Þuríðr, der Tochter des Goden Snorri. Sie war klug an Verstand.

Jafnskjótt hljópu menn at honum ok lǫgðu sumir en sumir hjuggu.
Ebenso schnell sprangen Männer auf ihn zu und einige stachen und einige hieben.

af + *Dativ*

lokal und übertragen: von; von ... her | aus; von ... weg;
übertragen: von (Teil eines Ganzen); aus; wegen

Hljópu þeir ok af skipum.
Sie sprangen auch von den Schiffen.

Þá komu ok af Íslandi gǫfgir menn er kristni hǫfðu tekit af Þangbrandi.
Da kamen auch von Island tüchtige Männer, die das Christentum von Þangbrandr angenommen hatten.

Af hans nafni eru síðan kallaðir Ynglingar.
Von seinem Namen her sind später die Ynglingar benannt worden.

Váru af þeim sǫkum vinir hans ástúðgir við hann.
Aus diesen Gründen waren seine Freunde ihm zugetan.

Hinn nyrðri hlutr Svíþjóðar liggr óbyggðr af frosti ok kulda, svá sem hinn syðri hlutr Blálands er auðr af sólarbruna.
Der nördliche Teil von Svíþjóð (Schweden) liegt unbesiedelt da wegen Frost und Kälte, so wie der südliche Teil von Bláland (bes. Äthiopien) verödet ist wegen Sonnenglut.

frá + *Dativ*

lokal und übertragen: von, aus; von … weg | her;
temporal: von ... an, ab
übertragen: von, über

Fór þá Haraldr frá herinum.
Da ging Haraldr von dem Heer fort.

[…] þá er Sveigðir gekk frá drykkju til svefnbúrs.
[…] *als Sveigðir vom Trinkgelage zur Schlafkammer ging.*

Frá því er Óðinn var hǫfðingi í Svíþjóð váru einvaldshǫfðingjar, þeir er at Uppsǫlum sátu.
Von da an, als Odin Herrscher in Svíþjóð (Schweden) war, gab es Alleinherrscher, diejenigen, die in Uppsala saßen.

Hann mun þar kunna at segja frá tíðindum.
Er wird da von Neuigkeiten berichten können.

Frá honum er ekki sagt annat en hann varð sóttdauðr at Uppsǫlum.
Von ihm ist nichts anderes berichtet, als dass er in Uppsala an einer Krankheit starb.

hjá + *Dativ*

lokal: bei, in der Nähe von; neben; vorbei an
übertragen: im Verhältnis zu

[…] ok mælti at hon skyldi ganga at sitja hjá honum.
[…] *und sagte, sie sollte hingehen und neben ihm sitzen.*

Hon sagði þat ekki víkinga sið at drekka hjá konum tvímenning.
Sie sagte, es sei nicht Wikingerart bei Frauen zu zweit aus einem Becher zu trinken.

Hávir bautasteinar standa hjá haugi Egils ullserks.
Hohe Bautasteine (Gedenksteine) stehen bei dem Hügel von Egill ullserkr.

milli + *Genitiv*

lokal, temporal, übertragen: zwischen

Ǫnundr konungr fór milli búa sinna á einu hausti.
König Önundr fuhr in einem Herbst zwischen seinen Höfen hin und her.

Af þessu varð þar mikit sundrþykki enn af nýju milli þeirra brœðra.
Dadurch kam es erneut zu großer Zwietracht zwischen den Brüdern.

til + *Genitiv*

lokal und übertragen: nach, zu, in Richtung (*til* entspricht dt. *Ziel*)
temporal: bis zu
übertragen: zwecks, um ... willen; hinsichtlich

Jarl sá til hattarmannsins ok spurði hann at nafni.
Der Jarl blickte zu dem Mann mit dem Hut und fragte ihn nach seinem Namen.

Reru sumir til landsins, sumir út til hafsins.
Einige ruderten zum Land, einige hinaus aufs Meer.

Síðan gengu þeir upp til bœjar Karls.
Dann gingen sie hinauf zu Karls Hof.

[...] ok hafði þat áratal fyrst til þess er kristni kom á Ísland, en síðan allt til sinna daga.
[...] *und (man) hatte diese Zeitrechnung zuerst, bis das Christentum nach Island kam, und danach bis zu seinen Tagen.*

En sumt er ritat eptir fornum kvæðum eða sǫguljóðum er menn hafa haft til skemmtanar sér.
Und einiges ist nach alten Liedern oder epischen Gedichten aufgeschrieben, die die Menschen für sich zur Unterhaltung hatten.

Þá gerðu margir hǫfðingjar ei síðr hauga en bautasteina til minningar eptir frændr sína.
Da errichteten viele Mächtige nicht weniger Hügel als Bautasteine (Gedenksteine) zur Erinnerung an ihre Verwandten.

um + *Akkusativ*

lokal: über; über ... hinweg | durch; über ... hinaus, an ... vorbei
temporal: während; über ... hin; zu einer Zeit
übertragen: über ... hinaus, mehr als; hinsichtlich; über
(Belege für *um* mit Dativ lassen sich in der Sagaliteratur kaum verifizieren; vgl. Baetke s.v. *um* I.)

En er þeir riðu ofan um skóginn [...]
Und als sie durch den Wald hinunter ritten [...]

Í þann tíma fóru Rómverjahǫfðingjar víða um heiminn.
In jener Zeit fuhren die Anführer der Rómverjar weit in der Welt umher.

Hann sendi menn um vetrinn norðr á Halland.
Er schickte Männer während des Winters in den Norden nach Halland.

Um kveldit var Fjǫlni fylgt til herbergis í it næsta lopt.
Am Abend wurde Fjǫlnir in den Raum in das nächste Obergemach begleitet.

Þá var mikil umrœða ok frásǫgn um orrostu þá er verit hafði um haustit fyrir.
Da gab es viele Debatten und Geschichten über die Schlacht, die im Herbst vorher stattgefunden hatte.

En er konungarnir fundusk tóku menn at rœða um sættir konunganna.
Und als die Könige sich trafen, begannen die Männer über die Vergleiche der Könige zu reden.

ór + *Dativ*

lokal und übertragen: aus; aus ... heraus; weg von
übertragen: aus (Material); infolge von, durch

Þjóðólfr inn fróði ór Hvini var skáld Haralds ins hárfagra.
Þjóðólfr der Gelehrte aus Hvin war Skalde von Haraldr Schönhaar.

Þar þótti Grélǫðu illa ilmat ór jǫrðu.
Da schien es der Grélǫð schlecht aus der Erde zu riechen.

[...] ok sagði þat [i.e. hǫfuð Mímis] honum mǫrg tíðindi ór ǫðrum heimum en stundum vakti hann upp dauða menn ór jǫrðu.
[...] *und es [das Haupt Mímirs] sagte ihm viele Neuigkeiten aus anderen Welten, und bisweilen weckte er tote Menschen aus der Erde auf.*

Aðalsteinn konungr gaf Hákoni sverð þat er hjǫltin váru ór gulli.
König Aðalsteinn gab Hákon ein Schwert, dessen Griff und Parierstange aus Gold waren.

Präpositionen, die zwei Kasus regieren

Bei Präpositionen des Ortes ist die Zuweisung des korrekten Kasus am einfachsten. Es können Dativ und Akkusativ folgen; dabei drückt der Dativ eine Lage (‘wo?’), der Akkusativ eine Richtung (‘wohin?’) aus. Anderweitig ist der richtige Kasus nicht durch eine Frage ermitteln.

á + *Dativ*

lokal: an, auf, bei, in
temporal: während, in
übertragen: in Bezug auf; über; mittels; gehörend zu (statt Genitiv)

[...] frásagnir um hǫfðingja þá er ríki hafa haft á Norðrlǫndum ok á danska tungu hafa mælt.
[...] *Erzählungen von den mächtigen Männern, die ihr Reich in den Norðrlǫnd hatten und Dänisch sprachen.*

Þat var vetri fyrr en kristni væri í lǫg tekin á Íslandi.
Das war einen Winter bevor das Christentum in Island angenommen wurde.

Á hans dögum var friðr allgóðr.
In seinen Tagen herrschte sehr guter Frieden.

En þó at vér vitum ei sannendi á því þá vitum vér dœmi til þess at gamlir frœðimenn hafa slíkt fyrir satt haft.
Und wenn wir auch die Wahrheit in Bezug darauf nicht kennen, so kennen wir doch Beispiele dafür, dass alte Gelehrte so etwas für wahr hielten.

Síðan kǫnnuðusk þau við ok vissi Ástríðr skyn á honum.
Dann erkannten sie einander, und Ástríðr wusste über ihn Bescheid.

á + *Akkusativ*

lokal und übertragen: auf, in; nach
temporal: an, in
übertragen: hinsichtlich; gegen (feindlich); auf, in (Art und Weise)

[...] til þess er kristni kom á Ísland.
[...] *bis das Christentum nach Island kam.*

Hún brá þeim í yxnalíki ok fœrði þá fyrir plóginn ok dró landit út á hafit.
Sie verwandelte sie in Ochsen und spannte sie vor den Pflug und zog das Land hinaus ins Meer.

Þá var mjǫk liðit á sumarit.
Da war der Sommer weit vorgerückt (wörtlich: *da war es weit auf den Sommer hin vergangen*).

Hann skipti litum ok líkjum á hverja lund er hann vildi.
Er wechselte Farbe und Gestalt auf welche Weise er wollte.

En vinir hans treystusk honum ok trúðu á kraft hans ok á sjálfan hann.
Und seine Freunde vertrauten ihm und glaubten an seine Kraft und ihn selbst.

fyrir + *Dativ*

lokal und übertragen: vor
temporal: vor
übertragen: (zum Nutzen | Schaden) für; gegen; auf Grund von; über

[...] í þeim kvæðum er kveðin váru fyrir sjálfum hǫfðingjunum eða sonum þeirra.
[...] *in den Gedichten, die vor den Mächtigen selbst oder ihren Söhnen vorgetragen wurden.*

Ok hann kunni þau ljóð er upp lauksk fyrir honum jǫrðin ok bjǫrg ok steinar ok haugarnir.
Und er kannte die Lieder, dass sich vor ihm aufschlossen die Erde und Felsen und Steine und die Hügel.

Svíar trúðu því at Njǫrðr réði fyrir ári ok fyrir fésælu manna.
Die Svíar glaubten, dass Njǫrðr über guten Jahresertrag und über den Wohlstand der Menschen bestimmte.

En margir hǫfðingjar flýðu fyrir þeim ófriði af sínum eignum.
Und viele Mächtige flohen vor diesem Unfrieden von ihrem Besitz.

En fyrir því at Óðinn var forspár ok fjǫlkunnigr […]
Und weil (wegen dem, dass) Odin zukunftskundig und zauberkundig war […]

Skyldu þeir ráða fyrir blótum ok dómum manna í milli.
Sie sollten entscheiden über Opfer und Urteile zwischen den Männern.

fyrir + *Akkusativ*
lokal und übertragen: vor; über ... hinaus; an ... entlang
temporal: vor
übertragen: für; zum Nutzen von; um ... willen; gegen

Ok kœmi nǫkkur vandamál fyrir hann þá svaraði hann æ inu sama.
Und kamen Probleme vor ihn, da antwortete er immer das Gleiche.

Þú skalt [...] biðja húskarla mína hafa hvert fat á skipi fyrir sólarfall.
Du sollst [...] meine Knechte bitten, dass sie jedes Gepäckstück auf dem Schiff haben vor Sonnenuntergang.

En þat er at segja fyrir hverja sǫk hann var svá mjǫk tignaðr.
Und das muss gesagt werden, wofür (für welche Sache) er so geehrt wurde.

Um alla Svíþjóð guldu menn Óðni skatt, penning fyrir nef hvert.
In ganz Schweden zahlten die Menschen Steuern an Odin, einen Penningr pro (für jede) Nase.

Griðungr stakk þá hornunum fyrir brjóst honum svá at á kafi stóð.
Der Stier stieß ihm mit den Hörnern gegen die Brust, so dass sie tief in den Körper eindrangen.

í + *Dativ*
lokal und übertragen: in, innerhalb von; bei
temporal: in, während
übertragen: in; unter; bezüglich

Í því kvæði eru nefndir þrír tigir langfeðga hans.
In diesem Gedicht werden 30 seiner Vorfahren genannt.

Hann kom út í Tyrkland ok í Svíþjóð ina miklu [...] ok var í þeirri fǫr fimm vetur.
Er kam hinaus nach Tyrkland (Land der Türken) und in das große Svíþjóð (Schweden) [...] und war fünf Winter auf dieser Fahrt.

[…] ok hófsk þar haugsǫld í Danmǫrku.
[…] und es begann da das Hügelzeitalter in Dänemark.

Kom ǫrin á boga Einars miðjan í því bili er Einarr dró it þriðja sinn bogann.
Der Pfeil traf Einars Bogen in der Mitte in dem Augenblick, als Einarr zum dritten Mal seinen Bogen spannte.

Þá grunaði Vani at Æsir mundu hafa falsat þá í mannaskiptinu.
Da dämmerte es den Wanen, dass die Asen sie beim Männeraustausch betrogen haben könnten.

í + *Akkusativ*

lokal und übertragen: in ... hinein; bei
temporal: in, während
übertragen: in; als, zum Zweck

Fór hann fyrst vestr í Garðaríki ok þá suðr í Saxland.
Erst fuhr er in den Westen nach Garðaríki (Reich der Waräger in Russland) und dann in den Süden nach Saxland (westliches Niederdeutschland).

[…] en hans menn fóru brynjulausir ok váru galnir sem hundar eða vargar, bitu í skjǫldu sína.
[…] und seine Männer liefen ohne Brünne herum und waren rasend wie Hunde oder Wölfe, bissen in ihre Schilde.

Þess skyldi hann ok njóta er hann sjálfr hafði í jǫrð grafit.
Das sollte er auch nutznießen, was er selbst in die Erde eingegraben hatte.

Í þann tíma herjuðu konungar mjǫk í Svíaveldi, bæði Danir ok Norðmenn.
In jener Zeit heerten die Könige sehr im Gebiet der Svíar, sowohl die Dänen als auch die Norweger.

En hann mælti þat í vetr fyrir mér at hann mundi drepa þik.
Und er sagte das in diesem Winter zu mir, dass er dich töten würde.

Þá sendi hann Gefjun norðr yfir sundit í landaleitan.
Da sandte er Gefjun in den Norden über den Sund auf Landsuche.

undir + *Dativ*

lokal: unter; unterhalb von
übertragen: unter der Verfügung von

Svínabœli þat var undir steini einum miklum.
Dieser Schweinekoben war unter einem großen Stein.

[…] ok lágu þeir úti um nóttina undir skjǫldum sínum.
[…] und sie lagen während der Nacht draußen unter ihren Schilden.

Þá gengu þeir einn dag svá til leiksins at þeir hǫfðu sverð undir mǫttlum en hjálma undir hǫttum.
Da begaben sie sich eines Tages so zu dem Wettkampf, dass sie Schwerter unter den Mänteln hatten und Helme unter den Kapuzen.

undir + *Akkusativ*

lokal und übertragen: unter; an den unteren Teil von; nach
übertragen: unter (die) Leitung | Gewalt von

Eptir þat sigldi hann suðr undir England.
Danach segelte er in den Süden an die Küste von England (unter England).

En Haki konungr lagði lǫnd undir sik ok gerðisk konungr yfir Svíum.
Und König Haki unterwarf sich (legte unter sich) die Länder und machte sich zum König über die Svíar.

Eptir þat gekk allt fólk undir Harald konung í Orkdœlafylki ok gerðusk hans menn.
Danach unterwarfen sich alle der Herrschaft König Haralds (gingen unter König Harald) im Orkdœlabezirk und wurden seine Gefolgsleute.

[...] ok gekk þar allt fólk undir kristni.
[...] *und alle Leute gingen unter das Christentum (nahmen es an).*

yfir + *Dativ*

lokal und übertragen: über; bei

Norðmenn munu þess ekki fýsa at fara til Englands ok herja ok hafa enskan hǫfðingja yfir sér.
Die Norweger werden keine Lust haben, nach England zu fahren und Krieg zu führen und einen englischen Häuptling über sich zu haben.

[...] en setti eptir Sigurð son sinn til hǫfðingja yfir eyjunum.
[...] *und ließ seinen Sohn Sigurðr als Herrscher über die Inseln zurück.*

Hann lét illa yfir drápi þeira Hjǫrleifs.
Er ließ sich schlecht über den Totschlag an Hjǫrleifr und seinen Leuten aus.

[...] ókunnir menn, þeir er tíguliga létu yfir sér.
[...] *unbekannte Männer, die sich vornehm benahmen.*

yfir + *Akkusativ*

lokal und übertragen: über ... hinweg; quer über
temporal: über ... hinaus (*selten*)

Konungr lét snúa fjǫl yfir ljórann ok var lítit opit á.
Der König ließ ein Brett über die Öffnung legen und es war ein bisschen offen.

En er konungr reið yfir land ok kom þar nær sem Ásmundr var [...]
Und als der König über Land ritt und in die Nähe kam, wo Ásmundr war [...]

Síðan fóru þeir yfir bryggjuna.
Danach gingen sie über die Brücke.

Bei Präpositionen, bei denen Dativ oder Akkusativ nur bedingt oder gar nicht Ort oder Richtung widerspiegeln, ist die Wahl des richtigen Kasus schwieriger. Die folgenden Beispiele können nur einen kleinen Einblick in größere Zusammenhänge geben.

eptir + *Dativ*

lokal: hinter, nach; längs, entlang
übertragen: übereinstimmend mit

En sumt er ritat eptir fornum kvæðum eða sǫguljóðum.
Und einiges ist aufgeschrieben nach alten Liedern oder epischen Berichten.

Hálfdan konungr fór þá með her sinn á Heiðmǫrk eptir honum.
König Hálfdan fuhr ihm da mit seinem Heer in die Heiðmǫrk nach.

Gerði hann sjálfr saktal ok skipaði hann bótum hverjum eptir sínum burð ok metnaði.
Er machte selbst ein Bußverzeichnis und er regelte für jeden die Bußen nach dessen Geburt und Ansehen.

Konungr ok Kálfr gerðu þá sætt sína eptir því sem konungr ok Finnr hǫfðu fyrr bundit einkamálum með sér.
Der König und Kálfr machten da ihren Vertrag gemäß dem, was der König und Finnr zuvor in einer persönlichen Absprache vereinbart hatten.

eptir + *Akkusativ*

temporal: nach

Þá gerðu margir hǫfðingjar ei síðr hauga en bautasteina til minningar eptir frændr sína.
Da errichteten viele Mächtige nicht weniger Hügel als Bautasteine (Gedenksteine) zur Erinnerung an ihre Verwandten.

Hann var fœddr næsta vetr eptir fall Haralds Sigurðarsonar.
Er wurde im Winter nach Haraldr Sigurðarsons Tod geboren.

Eptir þat sǫfnuðu þeir liði.
Danach sammelten sie ein Heer.

með + *Dativ*

lokal: entlang, längs; bei

übertragen: (zusammen) mit, in Begleitung von; einschließlich; zwischen

Snerisk þá liðit brátt á flótta, flýði sumt upp með ánni ok ofan.
Es wendete sich das Heer schnell zur Flucht, einige flohen den Fluss entlang hinauf oder hinunter.

Hon var at fóstri á Valdresi með ríkum bóanda.
Sie war zum Aufziehen in Valdres bei einem reichen Bonden.

Safnar hann her ok ferr með Haraldi konungi.
Er sammelt ein Heer und zieht (zusammen) mit König Harald los.

[…] at aldri skal skera hár mitt né kemba fyrr en ek hefi eignask allan Nóreg með skǫttum ok skyldum ok forráði.
[…] *dass man niemals mein Haar schneiden noch mich kämmen soll, bevor ich mir nicht ganz Norwegen mit Steuern und Abgaben und Befehlsgewalt angeeignet habe.*

Ok lauk með því at Gandálfr konungr fell í inni síðustu orrostu.
Und es endete damit, dass König Gandálfr in dieser letzten Schlacht fiel.

með + *Akkusativ*

übertragen: mit (bezeichnet das Mitgenommene); auf Grund von; mittels

En Eysteinssynir komusk út með sína menn ok bǫrðust um hríð.
Und die Söhne des Eysteinn gelangten hinaus mit ihren Leuten und kämpften eine Weile.

[…] ok váru komnir saman fjórir konungar með her sinn.
[…] *und es waren vier Könige zusammengekommen mit ihrem Heer.*

Eptir þat kom Berðlu-Kári til Rǫgnvalds jarls með langskip alskipat.
Danach kam Berðlu-Kári zu Jarl Rǫgnvaldr mit einem vollständig bemannten Langschiff.

Fóru menn hans til Atleyjar með hann ok þar andaðisk hann.
*Seine Männer brachten ihn (*wörtlich: *fuhren mit ihm) nach Atley und dort starb er.*

Hann hjó með handøxi til Sveins ok veitti honum sár mikit á hendi.
Er hieb mit der Handaxt nach Sveinn und fügte ihm eine große Wunde am Arm zu.

við + *Dativ*

lokal und übertragen: bei, in der Nähe;
übertragen: gegen (feindlich); zusammen mit (als Begleiter); im Blick auf; über

Ástríðr mundi vera við fǫður sínum Eiríki.
Ástríðr würde bei ihrem Vater Eiríkr sein.

En konungr brásk reiðr við þeim sendiboðum.
Und der König wurde zornig über diese Botschaften.

Eptir þat tók Ólafr við því ríki er hann hafði haft.
Danach übernahm Ólaf das Reich, das er gehabt hatte.

Hann reist ǫrn á baki honum við þeima hætti at hann lagði sverði á hol við hrygginn ok reist rifin ǫll ofan á lendar, dró þar út lungun.
Er ritzte ihm den Adler auf dem Rücken auf die Art, dass er mit dem Schwert in das Leibesinnere am Rückgrat stieß und alle Rippen von oben bis zu den Lenden abriss, zog dann die Lungen heraus.

Barðisk hann stundum við meira liði, stundum við minna.
Er kämpfte manchmal gegen eine größere Mannschaft, manchmal gegen eine kleinere.

Þórálfr skaut við honum skildinum ok stakraði Eyvindr við.
Þórálfr stieß mit dem Schild gegen ihn und Eyvindr taumelte dabei.

við + *Akkusativ*

lokal und übertragen: bei, an, zu
temporal: gegen
übertragen: gegen (feindlich); mit (in Gegenwart von); bezüglich; infolge; mittels

Kom hann fyrst við Hjaltland ok drap þar alla víkinga þá er eigi flýðu undan
Er kam zuerst nach Hjaltland und erschlug dort alle Wikinger, die nicht flohen.

Áki gekk á leið með honum ok talaði við hann.
Áki ging ein Stück mit ihm und sprach mit ihm.

[…] en hvar sem víkingar urðu varir við her hans þá flýðu allir.
[…] *und überall, wo die Wikinger seines Heeres gewahr wurden, flohen sie alle.*

[…] at hann skyldi fara við her sinn til styrks við þá Arnvið konung.
[…] *dass er mit seinem Heer zur Unterstützung für ihn und König Arnviðr ziehen sollte.*

Brátt eptir þessa rœðu talaði Gull-Haraldr við Harald konung.
Bald nach diesem Gespräch sprach Gull-Haraldr mit König Haraldr.

Präposition, die drei Kasus regiert

In nur *einer* Bedeutung, aber mit drei verschiedenen Kasus steht die Präposition *án* 'ohne'. Im Neuisländischen steht sie ausschließlich mit Genitiv.

án + *Genitiv* | *Dativ* | *Akkusativ*

En þó skal nú þetta við Þorgerði rœða, því at þat er engum manni fœri, at fá Þorgerðar án hennar vilja.
Und doch soll man das nun mit Þorgerðr bereden, denn kein Mann ist in der Lage, sie gegen (ohne) ihren Willen zu bekommen.

„Þat vil ek eigi", segir konungr, „aldri má ek þín án vera."
„Das will ich nicht", sagte der König, „niemals kann ich ohne dich sein."

[…] og treystusk menn eigi at kaupa án lofi Guðmundar.
[…] *und die Leute trauten sich nicht es ohne Erlaubnis Guðmunds zu kaufen.*

En eigi skaltu flýja ór heraðinu án mínu ráði né synir þínir.
Und du sollst nicht aus dieser Gegend fliehen ohne meine Zustimmung noch deine Söhne.

Sekundäre Präpositionen

Adverbien können zu Präpositionen werden, wenn sie sich syntaktisch mit einem Nomen im obliquen Kasus verbinden. Stehen sie dann wiederum elliptisch, können sie als Adverb oder Präpositionaladverb aufgefasst werden. Im Gegensatz zu den ererbten Präpositionen spricht man hier von sekundären Präpositionen (vgl. Beck / van Nahl, Verbwörterbuch zur Grágás I, 1.2.4); sie haben eingeschränkte Bedeutungen. Ausführlicher zu weiteren Präpositionen Heusler § 452.

gegnt + *Dativ* (gegenüber)

Fylking enskra manna var komin ofan með díkinn gegnt þeim.
Eine Schar englischer Krieger war von oben am Graben entlang ihnen gegenüber gekommen.

Hverr er hǫfðingi fyrir liði því er gegnt oss er?
Wer ist der Anführer des Heeres, das uns gegenüber ist?

En Krumr nam land á Hafranesi [...] ok þrjú lǫnd ǫðrum megin gegnt Þernunesi.
Und Krumr nahm Land auf Hafranes [...] *und drei Länder auf der anderen Seite gegenüber Þernunes.*

í gegnum + *Akkusativ* (durch)

Maðr [...] lagði kesju í gegnum þann er bar merki jarls.
Ein Mann [...] bohrte den Speer durch den, der das Banner des Jarls trug.

En annat skotit kom í auga jarlinum ok flaug aptr í gegnum hǫfuðit.
Und das andere Geschoss kam dem Jarl ins Auge und flog nach hinten durch den Kopf hindurch.

í stað + *Genitiv* (an Stelle von)

Nú fór ek á yðvarn fund af því at ek vildi bjóða mik til fylgðar ok framgǫngu í stað Álfs.
Nun habe ich euch aufgesucht, weil ich mich an Stelle von Álfr anbieten wollte zur Begleitung und zum Kampf.

Hrútr mun spyrja, hvat þú finnir helzt til þess, at eigi megi koma maðr í stað hans.
Hrútr wird fragen, was du wohl als Grund anführst, dass niemand an seine Stelle treten könne.

mót | á móti | í móti + *Dativ* (entgegen, gegen)

Rauðr œpti á móti því, segir at aldri skyldi hann á Krist trúa.
Rauðr schrie dagegen, sagt, er würde niemals an Christus glauben.

[...] ok stóðu þeir upp allir í mót honum ok fǫgnuðu honum vel.
[...] *und sie standen alle auf, ihm entgegen, und begrüßten ihn geziemend.*

Þeir halda liði því suðr í móti Óláfi konungi.
Sie ziehen mit diesem Heer in den Süden König Olaf entgegen.

Tósti jarl silgdi um várit vestr til Flæmingjalands mót liði því er honum hafði fylgt útan af Englandi.
Jarl Tósti segelte im Frühjahr westwärts nach Flæmingjaland (Flandern) der Mannschaft entgegen, die ihm aus England gefolgt war.

nærr | nærri | næst + *Dativ* (nahe | näher | am nächsten)

Þá er Haraldr konungr var nær sjaurœðum gat hann son við konu.
Als König Haraldr nahezu 70 war, zeugte er mit einer Frau einen Sohn.

Hraustliga er þetta mælt ok nær skaplyndi mínu.
Mannhaft ist das gesprochen und meiner Gesinnung nahe.

Konungr [...] hlýddi þeim er honum váru nærri.
Der König hörte denen zu, die ihm näher waren.

[...] en næst honum lagði fram Finnr jarl Árnason sitt skip.
[...] *und ihm am nächsten stieß Jarl Finnr mit seinem Schiff nach vorn.*

undan + *Dativ* (von unterhalb, heraus)

Álfr konungr [...] brá sverði undan skikkju ok lagði í gegnum Yngva bróður sinn.
König Álfr [...] zog ein Schwert unter seinem Umhang hervor und bohrte es durch seinen Bruder Yngvi.

En þeim er undan komusk fóru til Norðimbralands.
Und die, die entkamen (wörtlich: die sich heraus brachten), begaben sich nach Norðimbraland.

Präpositionen aus erstarrten Kasus

Auch erstarrte Kasus von Substantiven, die nicht mehr als Substantiv empfunden werden, können wie eine Präposition verwendet werden und einen anderen Kasus regieren.

megum (megin) + *Genitiv*

Entstanden aus dem Dat. Pl. zu *vegr* 'Weg' in der Bedeutung 'auf Seiten'. Vgl. zur Entwicklung der Wortform Heusler § 139 Anm. 3.

Danavirki er svá háttað at firðir tveir ganga í landit sínum megin landssins hvárr.
Das Danewerk ist so eingerichtet, dass zwei Fjorde ins Land gehen, jeder auf seiner Seite des Landes.

Geirrøðr gaf land Úlfari skipverja sínum tveim megin Úlfarsfells.
Geirrøðr gab seinem Besatzungsmitglied Úlfarr Land zu beiden Seiten des Úlfarfells.

vegna + *Genitiv*

Die Form ist vermutlich Gen. Pl. zu *vegr* 'Weg' in der Bedeutung 'zu beiden Seiten'; 'wegen'.

Þar fór móti honum fugl svá mikill at vængirnir tóku út fjǫllin tveggja vegna.
Da kam ihm ein so großer Vogel entgegen, dass die Flügel die Berge zu beiden Seiten berührten.

[…] ok fer ek ekki síðr þinna vegna en minna.
[…] und ich reise nicht weniger deinetwegen als meinetwegen.

Präpositionaladverbien

Typisch für das Altisländische ist der Übergang von Präposition zu Adverb, wenn ein Präpositionalsyntagma auf die Präposition reduziert wird:

Eptir um várit fór Granmar konungr til Uppsala at blóta sem siðvenja var.
Später im Frühjahr begab sich König Granmar nach Uppsala um zu opfern, wie es Brauch war.

Menn hans fóru til ok vildu hjálpa honum.
Seine Männer begaben sich hinzu und wollten ihm helfen.

Manchmal bezieht sich die Präposition auf ein stellvertretendes Adverb zurück:

Þá gengu konungsmenn at skála þeim er húskarlar Rauðs sváfu í.
Da gingen die Männer des Königs zu dem Haus, wo die Knechte des Rauðr drin schliefen.

[...] ok lauk upp hásætiskistuna, tók þar ór mǫrg sverð hvǫss.
[...] *und schloss die Hochsitzkiste auf, nahm daraus viele scharfe Schwerter.*

Jede Präposition kann im Satz aber auch ganz allein stehen; sie trägt dann die Betonung und wird zum sogenannten „Präpositionaladverb".

Hann var ok svá auðigr at gulli at engi vissi dœmi til.
Er war auch so reich an Gold, dass niemand ein Beispiel dazu wusste.

Síðan lét Óláfr konungr leiða hann í brott ok hǫggva hǫfuð af.
Dann ließ König Ólaf ihn wegführen und den Kopf abschlagen.

Eyvindr lét hǫggva í sundr dálkinn ok keypti sér bú með.
Eyvindr ließ die Spange zerschlagen und kaufte sich einen Hof damit.

[...] ok bað hann hafa mikla þǫkk fyrir.
[...] *und er bat ihn großen Dank dafür zu haben.*

Aufgabe

Gehen Sie beliebige Sagatexte aus diesem Buch durch und markieren Sie alle Präpositionen. Versuchen Sie, ihre Bedeutung so genau wie möglich zu ermitteln und listen Sie (unter Zuhilfenahme eines enstprechenden Wörterbuchs) alle Präpositionen auf, die die Bedeutung des damit verbundenen Verbs modifizieren.

II. Textteil

Skaldik

Das Wort *Skaldik* ist verwandt mit *skáld* ('Dichter') und *skáldskap* ('Dichtung'): Skaldik ist eine Form von Versdichtung, deren Reiz in einer von der üblichen Syntax abweichenden und oft genug verwirrenden Form sowie in umschreibenden Metaphern liegt, verbunden mit einer Vielzahl unterschiedlicher Reimgesetze. Diese strengen Gesetze wirkten bewahrend für ihre Form, aber auch für den Wortschatz.

Im Gegensatz zu den Eddaliedern sind die Verfasser der Skaldenstrophen meist namentlich bekannt; die Existenz von Skalden ist erstmals am Hof des Königs Haraldr hárfagri (um 900) bezeugt, bis hinein ins 14. Jahrhundert. Der älteste bekannte Skalde ist Bragi Boddason (Bragi inn gamli) um 850, mit dessen Werken skaldische Dichtkunst bereits in ihrer kompliziertesten und vollendetsten Form bezeugt ist: Bragi als Erfinder und Vollender einer Dichtkunst, deren Ursprung im Dunkel liegt. Es findet keine kontinuierliche Entwicklung statt, das komplizierte System skaldischer Metren ist von Anfang an fast vollständig ausgebildet. Die Strophen – einzeln oder in Strophenverbänden – preisen oft einen Fürsten oder König, so dass Skaldik auch als Preisdichtung bezeichnet wird.

Erhalten sind etwa 140 Strophen aus dem 9. Jahrhundert (darunter Bragi, Þorbjǫrn hornklofi, Þjóðólfr ór Hvíni), 600 aus dem 10. Jahrhundert (darunter Egill Skallagrímsson, Kormákr), 830 aus dem 11. Jahrhundert. Insgesamt sind über 400 Skalden namentlich bekannt. Produktiv ist die Skaldik nur auf Island; in Norwegen finden sich fast nur Abschriften; ab 1000 sind es fast ausschließlich Isländer, die auch an ausländischen Höfen bis ins 14. Jahrhundert hinein als Skalden beherrschend sind. Damit stellt sich die Frage, ob Skaldik allgemein altnordische, altwestnordische oder gar nur altisländische Dichtkunst ist.

Sind die Stoffe der Eddalieder zeitlos und mythologischen oder heroischen Inhalts und spielen in unbenannter Vorzeit, so ist Skaldendichtung augenblicksorientiert: Sie ist an bestimmte Personen in bestimmten Augenblicken gebunden, indem sie von Triumphen, Rache, Sieg, Freuden, Schmerzen, Hoffnungen, Tugenden und Taten eines bestimmten Herrschers berichtet. Sie zeichnet politische Zustandsbilder und kann dadurch in weiten Teilen als politische Dichtung bezeichnet werden.

Skaldenstrophen sind in vielen Handschriften erhalten; sie sind in die Sagas, besonders in die *Konungasǫgur*, eingebunden, d.h. innerhalb von

Prosa überliefert. Es gibt keine Handschrift, die nur Strophen enthielte. Allein in Snorri Sturlusons Werken werden über 1 000 Strophen vermittelt, das ist etwa ein Sechstel der erhaltenen Dichtung.

Skaldenkunst erscheint dem heutigen Leser oft schwer verständlich, unpoetisch und fremd. Dies liegt neben der bildhaften Dichtersprache zum großen Teil an ungewohnten Versmaßen, deren häufigstes das *Dróttkvætt* ist, das auf gemeingermanische Stabreimkunst zurückgeht: Die Strophe (*vísa*) hat acht Zeilen zu je seechs Silben mit trochäischem Ende; je zwei Zeilen werden mit einem streng geregelten Stabreim aneinander gebunden, wobei die erste betonte Silbe des Abverses den Hauptstab trägt. Je vier Zeilen bilden einen *helmingr*. Ausgeklügelt ist die Binnenreimtechnik mit *skothending* (Konsonant reimt auf Konsonant, z.B. *holmr – hjalmr*) und *aðalhending* (Vokal und Konsonant reimen auf Vokal und Kosonant, z.B. *haukr – auka*). Die einzelnen Strophen stehen entweder allein (*lausavísa*) oder bilden eine ungeordnete Anzahl (*flokkr*) oder fügen sich mit einem Kehrreim zu einem Gedicht (*drápa*).

Die Wortstellung ist sehr frei. Bezeichnend für den Stil ist die Verwendung von *heiti*, dichterischen Synonymen, die einen eingliedrigen Ersatz für ein Wort darstellen, z.B. *jǫfurr* 'Eber' = Fürst. Eine zwei- oder mehrgliedrige Umschreibung für ein Wort heißt *kenning*, z.B. *Odins Sohn* für Thor, *himmlischer Vater* für Gott. Diese Umschreibungen sind oft metaphorisch verdunkelt, z.B. *hildaráss* 'Kampfase' = Mann; *skálasnær* 'Schnee des Tiegels' = Silber; *hangagagl* 'Gans des Gehängten' = Rabe. Den Inhalt zu verstehen erfordert genaue Kenntnis der Mythologie; hierbei ist Snorri Sturluson mit der *Gylfaginning* seiner Edda, in der er Geschichten aus der Mythologie zusammenstellt, aus denen sich Kenningar erkennen lassen, von unschätzbarem Wert. Im zweiten Teil seiner Edda, den *Skáldskaparmál*, berichtet er über skaldischen Wortgebrauch und in Teil 3, *Háttatal*, demonstriert er 102 unterschiedliche Versmaße.

Über den Ursprung der Skaldik ist viel diskutiert worden. Es wurde auf Parallelen zwischen irischer Dichtung und nordischer Skaldik verwiesen, und eine Zeitlang glaubte man, nordische Skaldik mit keltischem Einfluss erklären zu können. Eine andere These erklärt den Ursprung der Skaldik aus der Tabusprache: Dinge dürften nicht ausgesprochen werden und erforderten daher eine Umschreibung. Schließlich wird die Skaldik verglichen mit und erklärt aus den Elementen des Tierstils in der Bildkunst, die dem syntaktischen Bau der Strophe entspräche.

Übrigens gibt es neben der Skaldik eine weitere Dichtung, deren Ursprung unbekannt ist und bei der bereits am Anfang eine vollendete Form steht: die Troubadourdichtung, die um 1100 in der Provence unter Wilhelm IX. von Aquitanien auftauchte.

Mit dem Christentum kamen neue Inhalte nach Skandinavien, die auch die Dichtung beeinflussten. Obgleich Form und mythologische Einkleidungen bestehen bleiben, ändern sich die Themen; es erwachsen neue Impulse. Statt des Fürsten wird Gott verherrlicht, der Inhalt wird reflektierter, es finden sich Auseinandersetzungen über Schuld und Sühne, Hinweise auf die Gefahren der Welt, den Weg zur Seligkeit – all dies ist neu, bezeichnet aber auch den Anfang vom Untergang der Skaldik im 14. Jahrhundert.

Zum Weiterlesen. Klaus von See: Skaldendichtung. Eine Einführung. München/Zürich 1980, knapp überarbeitet Heidelberg 2011. Else Mundal: Edda und Skaldendichtung. In: Odd Einar Haugen (Hg.), Altnordische Philologie. Norwegen und Island. Berlin 2007, S. 275–340. Russell Poole: Skaldische Dichtung. In: RGA 28. DOI: 10.1515/gao_RGA_5258. Edith Marold: Skaldische Verskunst. In: RGA 28. DOI: 10.1515/gao_RGA_5259. Vgl. zahlreiche Artikel zu einzelnen Skaldengedichten im RGA. Kari Ellen Gade: The Structure of Old Norse *Dróttkvætt*. Ithaca/London 1995. Artikel *Skáld* (Diana Whaley), *Skáldasögur* (Bjarni Einarsson), *Skaldic* Metres (Diana Whaley), *Skaldic verse* (Bjarne Fidjestøl) und *Skáldkonur* (Sandra Ballif Straubhaar) in MS, S. 587–596. Hermann Engster: Poesie einer Achsenzeit: Der Ursprung der Skaldik im gesellschaftlichen Systemwandel der Wikingerzeit. Frankfurt u.a. 1983. Thomas Krömmelbein: Skaldische Metaphorik. Studien zur Funktion der Kenningsprache in skaldischen Dichtungen des 9. und 10. Jahrhunderts. Kirchzarten 1983. Edith Marold: Kenningkunst. Ein Beitrag zu einer Poetik der Skaldendichtung. Berlin/New York 1983. Gert Kreutzer: Die Dichtungslehre der Skalden. Poetologische Terminologie und Autorenkommentare als Grundlage einer Gattungspoetik. 2. Aufl. Kronberg 1977.

Eine besondere Stellung unter den Skaldengedichten nimmt Egill Skallagrímssons *Sonatorrek* ‘Der Söhne Verlust’ ein. Als Egill nach dem Verlust seiner beiden Söhne den Entschluss fasst, sich zu Tode zu hungern, überredet ihn seine Tochter, zum Gedenken an den Toten ein Gedicht zu verfassen. *Sonatorrek* ist die Klage des trauernden Vaters, in der dieser schließlich seine Trauer überwindet und sich wieder mit Odin versöhnt.

Sonatorrek. Egils saga Skallagrímssonar. Sigurður Nordal gaf út. Íslenzk fornrit 2. Reykjavík 1933.

1. Mjǫk erum tregt
tungu at hrœra
eða loptvætt
ljóðpundara;
esa nú vænligt
of Viðurs þýfi
né hógdrœgt
ór hugar fylgsni.

2. Esa auðþeystr,
þvít ekki veldr
hǫfugligr,
ór hyggju stað
fagnafundr
Friggjar niðja,
ár borinn
ór Jǫtunheimum,

3. lastalauss
es lifnaði
á Nǫkkvers
nǫkkva bragi.
Jǫtuns hals
undir þjóta
Náins niðr
fyr naustdyrum.

4. Þvít ætt mín
á enda stendr,
hræbarnir
sem hlynir marka;
esa karskr maðr
sás kǫggla berr
frænda hrørs
af fletjum niðr.

5. Þó munk mitt
ok móður hrør
fǫður fall
fyrst of telja,
þat berk út
ór orðhofi
mærðar timbr
máli laufgat.

6. Grimmt vǫrum hlið,
þats hrǫnn of braut
fǫður míns
á frændgarði;
veitk ófullt
ok opit standa
sonar skarð,
es mér sær of vann.

7. Mjǫk hefr Rǫn
ryskt um mik,
emk ofsnauðr
at ástvinum;
sleit marr bǫnd
minnar ættar,
snaran þǫtt
af sjǫlfum mér.

8. Veizt, ef þá sǫk
sverði of rækak,
vas ǫlsmiðr
allra tíma;
hroða vágs br'ðr,
ef vega mættak,
fórk andvígr
ok Ægis mani.

9. En ek ekki
eiga þóttumk
sakar afl
við sonar bana,
þvít alþjóð
fyr augum verðr
gamals þegns
gengileysi.

10. Mik hefr marr
miklu ræntan,
grimmt es fall
frænda at telja,
síðan's minn
á munvega
ættar skjǫldr
aflífi hvarf.

11. Veitk þat sjalfr,
at í syni mínum
vasa ills þegns
efni vaxit,
ef sá randviðr
røskvask næði,
unz her-Gauts
hendr of tœki.

12. Æ lét flest
þats faðir mælti,
þótt ǫll þjóð
annat segði,
mér upp helt
of verbergi
ok mitt afl
mest of studdi.

13. Opt kømr mér
mána bjarnar
í byrvind
brœðraleysi,
hyggjumk um,
es hildr þróask,
nýsumk hins
ok hygg at því,

14. hverr mér hugaðr
á hlið standi
annarr þegn
við óðræði;
þarfk þess opt
of þvergǫrum;
verðk varfleygr,
es vinir þverra.

15. Mjǫk es torfyndr,
sás trúa knegum
of alþjóð
Elgjar galga,
þvít niflgóðr
niðja steypir
bróður hrør
við baugum selr.

16. Finn ek þat opt,
es féar beiðir – – –

17. Þat's ok mælt,
at engi geti
sonar iðgjǫld
nema sjalfr ali
enn þann nið,
es ǫðrum sé
borinn maðr
í bróður stað.

18. Erumka þekkt
þjóða sinni,
þótt sér hverr
sǫtt of haldi;
burr's Bileygs
í bœ kominn,
kvánar sonr,
kynnis leita.

19. En mér fens
í fǫstum þokk
hrosta hilmir
á hendi stendr;
máka'k upp
jǫrðu grímu,
rýnnis-reið,
réttri halda.

20. síz son minn
sóttar brími
heiptugligr
ór heimi nam,
þanns ek veit
at varnaði
vamma varr
við vámæli.

21. Þat mank enn,
es upp of hóf
í goðheim
Gauta spjalli
ættar ask,
þanns óx af mér,
ok kynvið
kvánar minnar.

22. Áttak gótt
við geirs dróttin,
gerðumk tryggr
at trúa hǫnum,
áðr vinan
vagna rúni,
sigrhǫfundr,
of sleit við mik.

23. Blœtka því
bróður Vílis,
goðjaðar,
at gjarn séak,
þó hefr Míms vinr
mér of fengnar
bǫlva bœtr,
ef et betra telk.

24. Gǫfumk íþrótt
ulfs of bági
vígi vanr
vammi firrða
ok þat geð,
es ek gerða mér
vísa fjandr
af vélǫndum.

25. Nú erum torvelt:
Tveggja bága
njǫrva nipt
á nesi stendr;
skalk þó glaðr
með góðan vilja
ok óhryggr
heljar bíða.

Zum Weiterlesen. Vésteinn Ólason: Sonatorrek. In: RGA 29. DOI: 10.1515/gao_RGA_5354. Jónas Kristjánsson: Eddas und Sagas, S. 104–106.

Indices

I. Index (Grammatik)

Ablaut 48, 96f., 111, 122, 136, 138
Ablautreihen (-klassen) 96, 98–100, 109–113, 115, 123, 136, 179
Assimilation 65, 83f., 86f., 100, 127f., 137, 169
a-Stämme 33f., 63–65, 75, 85, 101f., 126
a-Umlaut 20f., 33, 98–100, 109, 112
an-Stämme 26, 36
Brechung 23, 33f., 38, 47, 75, 96, 100f., 103, 109, 178
Dehnung 10, 34, 45, 110
Dissimilation 83, 127, 208
Dual 25, 90
Enklise 25, 63, 169
Ersatzdehnung 35, 45f., 111f., 124
Erste Lautverschiebung 72
g|*k*-Umlaut 23, 64, 111f., 124
Germanische Lautverschiebung 72
Gotonordische Schärfung 46
Grammatischer Wechsel 74, 97, 99, 101, 110–112, 124, 137f.
i|*j*-Umlaut 20
īn-Stämme 27, 36–38
iʀ-Umlaut 22, 128
i-Stämme 63, 75, 101f.
i-Umlaut 21–23, 27f., 37, 49, 50f., 65f., 98, 101f., 112f., 115, 125, 128, 138, 170, 178, 189
jan-Stämme 26, 36–38
ja-Stämme 26, 51, 63–66, 75, 85, 88, 152
ja-Verben 49f.
jō-Stämme 26, 51, 63, 75, 85, 88, 125, 152
jōn-Stämme 36–38
j-Schwund 47
Kocksche Hypothese 21–23, 49, 50
kombinatorischer Lautwandel 34, 45
Komparativ 188–192, 195–196
Konsonantengemination 46, 50, 112
konsonantische Deklination 26, 36, 63, 85, 126
Kürzung 34, 60, 83, 157
Labialumlaut 23, 110
Metathese 100f.
n-Deklination 26
nd-Stämme 27f.
n-Stämme 26–28, 35–37
ōn-Stämme 27, 36f.
ō-Stämme 34, 63, 75, 85, 102, 126f.
Palatalumlaut 21, 64
Präterito-Präsentia 5, 136, 139, 177
Proklise 63
Reduktion 3f., 60, 62f., 83, 115, 169, 230
Reduplikation 48, 122, 125
reduplizierende Verben 115, 122f., 125, 179
Rhotazismus 22
r-Stämme 28
ʀ-Umlaut 22, 99
schwache Deklination (‣ konsonantische Deklination)
Senkung 34, 45f.
Rückumlaut (sogenannter) 49, 52
starke Deklination (‣ vokalische Deklination)
Superlativ 188–191, 195f.,
Svarabhaktîvokal 97
Synkope 34f., 60–64, 66, 83f., 90, 101, 122, 154, 157, 169, 188f., 193, 195, 208
Umlaut 20–24, 27f., 33f., 36f., 46, 48–52, 61f., 64–66, 75f., 96, 100–103, 109, 127, 154, 157, 170, 178f., 189, 193, 196
u-Stämme 63, 65, 102f., 126
u-Umlaut 20f., 23, 27, 51, 64, 86, 101–103, 117, 154, 193
verba pura 122, 125
Vernersches Gesetz 73f.
Vokalische Deklination 63, 75, 101
wa-Stämme 26, 63–66, 85, 88
wan-Stämme 26, 36–38

wōn-Stämme 36–38
wō-Stämme 26, 63, 75f., 85, 88
w-Schwund 47
w-Umlaut 21, 23f., 36f., 46, 76
Wurzelnomina 28, 126f.

II. Index (Literatur)

Abenteuersagas 118, 129, 184
Ágrip 141, 159
Alexanders saga 174
Alexandreis 174
Ältere Edda (‣ Lieder-Edda)
Árna saga biskups 199, 212
Ásmundar saga kappabana 129
Barlaams saga ok Josaphats 173
Beowulf 8, 118
Biskupasǫgur 54f., 68, 210f.
Brennu-Njáls saga 54
Breta sǫgur 174
Bœjarlǫg 198
chansons de geste 174
Codex argenteus 78
Codex Regius (Grágás) 198
Codex Regius (Lieder-Edda) 79–82
Codex Scardensis 211
Egils saga einhenda ok Ásmundar berserkjabana 118
Egils saga Skallagrímssonar 42, 54, 129, 235
Eiríks saga rauða 104–106
Elis saga ok Rosamundu 173f.
Erec et Enide 174
Erex saga 174
Eyrbyggja saga 55
Fagrskinna 79f., 142
Flateyjarbók 17, 78f.
Floire et Blancheflor 174
Flóres saga ok Blankiflúr 174
Fornaldarsögur 54f., 117f., 129f., 184
Gegenwartssagas 55
Gesta Danorum 118, 130
Gísla saga Súrssonar 54
Götterlieder 80
Grágás 54, 198, 228, 236f.
Grettis saga Ásmundarsonar 56f.
Gríms saga loðinkinna 118, 129
Grœnlendinga saga 104
Gylfaginning 40f., 233
Hákonar saga Hákonarsonar 173
Hálfdanar saga Brǫnufóstra 118
Háttatal 40, 233
Hauksbók 29, 79f.
Heilagramannasǫgur 54, 210f.
Heimskringla 17, 42, 141–143, 160
Heldenlieder 80
Heldensagas 118, 129
Hervarar saga ok Heiðreks konungs 129f.
Hildebrandlied 129
Hirðskrá 198
Historia de antiquitate regum Norvagiensium 141
Historia Ecclesiastica Islandiae 40
Historia Norvegiæ 141, 159
Hrafnkels saga Freysgoða 67–69
Hrólfs saga kraka 118f.
Hryggjarstykki 142
Hungrvaka 211
Íslendinga saga 39, 43
Íslendingabók 16–18, 29, 54, 159, 197
Íslendingasǫgur 39, 54–56, 67f., 91f., 104, 117, 211
Ívens saga 173–176
Járnsíða 198, 200
Jóns saga helga 211
Jónsbók 54, 198f.
Jüngere Edda (‣ Snorra Edda)
Ketils saga hœngs 129
Konungasǫgur 54f., 68, 141–143, 159, 211, 233
Konungsbók (Grágás) 198f.
Kristni saga 211
Landnámabók 29, 54, 129, 209
Laxdœla saga 55, 91–93
Lieder-Edda 40, 79f., 85
Lygisǫgur 54, 184
Matheus saga postola 211
Morkinskinna 79f., 142

Mǫttuls saga 173
Óláfs saga helga 142, 159f.
Óláfs saga Tryggvasonar 142, 159f.
Parcevals saga 174
Perceval 174
Physiologus 54
Postolasǫgur 210f.
Prosaische Edda (‣ Snorra Edda)
Ragnars saga loðbrókar 129
Reykholtsmáldagi 40
Riddarasǫgur 54f., 173f., 183–185
romans courtois 174
romans d'aventure 174
Rómverja saga 54
Skáldskaparmál 40f., 233
Snorra Edda 40f., 80, 119
Sonatorrek 234–236
Staðarhólsbók 198
Sterbelieder 129
Sturlubók 29
Sturlunga saga 39, 43, 54f., 211f.
Sæmundar Edda (‣ Lieder-Edda)
Tristrams saga ok Ísondar 173
Trójumanna saga 174
Tryggðamál 198
Vápnfirðinga saga 55
Vergangenheitssagas 55
Vínland sagas 104
Vorzeitsagas 54f., 67
Vǫlsunga saga 80
Vǫluspá 81f.
Ynglinga saga 141, 143
Yvain 174
Þiðreks saga 174
Þingeyrabók 79
Þorgils saga ok Hafliða 39
Þorláks saga helga 211

III. Index (Personen)

Ari Þorgilsson (inn fróði) 16–18, 159, 197, 207, 217
Árni Magnússon 79
Árni Þorláksson 198
Bjarni Herjólfsson 106
Bragi Boddason (inn gamli) 8, 232
Bróðir Róbert 173
Brynjólfur Sveinsson 80
Chrétien de Troyes 174
Egill Skallagrímsson 232, 234
Eiríkr, Ladejarl 159
Eiríkr rauði 105
Galterus de Castellione 174
Hákon Hákonarson 16, 41, 173f.
Hákon Magnússon 173f.
Haukr Erlendsson 29
Hvamm-Sturla (‣ Sturla Þórðarson)
Jón Ögmundarson 211
Leifr Eiríksson 105f.
Magnús Hákonarson 174, 198
Oddr Snorrason 160
Óláfr der Heilige Haraldsson (Óláfr helgi) 159
Óláfr skötkonungr 159
Óláfr Tryggvason 105, 159f., 162
Saxo Grammaticus 118, 130
Snorri Sturluson 16, 39–41, 43f., 80, 141, 143, 160, 209, 217, 233
Sturla Þórðarson 29, 39, 59, 211
Sveinn tjúguskegg 159
Sveinn, Ladejarl 159
Sverrir (König) 17
Sæmundr Sigfússon 16f., 80
Theodoricus 141
Wulfila (Ulfila) 78
Þjóðólfr ór Hvíni 232
Þorbjǫrn hornklofi 232
Þorlákr Þórhallsson 211

Glossar

Literatur

(1) Odd Einar Haugen: Norröne Grammatik im Überblick. Altisländisch und Altnorwegisch. Aus dem Norwegischen von Astrid van Nahl. Buske 2013.

(2) Hadumod Bußmann: Lexikon der Sprachwissenschaft. 3., aktualisierte und erweiterte Aufl. Kröner 2002.

(3) Duden Online: http://www.duden.de/woerterbuch

Ablaut gesetzmäßiger Wechsel von Vokalen in der Stammsilbe etymologisch verwandter Wörter oder Wortteile; kann qualitativ (z.B. *a* : *u*) oder quantitativ (z.B. *i* : *í*) sein. Ablaut kennzeichnet auch noch in den modernen germanischen Sprachen die Flexion der starken Verben (stela : stal; *stehlen* : *stahl*), wird aber auch zur Wortbildung benutzt (vgl. dt. *graben*: *Grab* | *Grube*). Neben dem Germanischen gibt es den Ablaut auch in anderen indogermanischen Sprachen, die ihn aber unterschiedlich ausbauten

AcI Akkusativ mit Infinitiv; eine Konstruktion vor allem nach Verben des Sagens, Denkens und Wahrnehmens, bei der das Subjekt im Akkusativ steht und das folgende Verb im Infinitiv. *Hann kvazk* (*kvað sik*) *eigi vita*. (Er sagte sich nicht zu wissen = Er sagte, er wüsste es nicht.)

Adjektiv Eigenschaftswort; Wort, das jemanden oder etwas mit einer bestimmten Eigenschaft kennzeichnet. *Hann hljóp í hin litlu húsin.* (Er lief in die kleinen Häuser.)

Adverb unflektierbares Wort, das im Satz ein anderes Wort (Verb, Adjektiv, Adverb etc.) näher bestimmt. Meist bezeichnet es Ort, Zeit oder Art und Weise näher. *Vilda ek gjarna fara með ykkr.* (Ich würde gern mit euch gehen.) Adverbien können zu Präpositionen werden, wenn sie sich syntaktisch mit einem flektierten Nomen verbinden. *Hann kvað þat nær sinni ætlan.* (Er sagte, das sei nahe seiner Absicht.)

Akkusativ Wenfall, vierter Fall; ‣ Kasus, in dem z.B. das direkte Objekt eines ‣ transitiven Verbs steht; kann auch adverbial bei Zeit- oder Ortsangaben stehen. *Bolli er heima um sumarit ok hafði mikinn sóma fengit í ferð þessi.* (Bolli ist den Sommer über zu Hause und hatte auf dieser Fahrt große Ehre erworben.)

Akkusativ mit Infinitiv ‣ AcI

Aktiv Verbform, die bezeichnet, dass eine Handlung oder ein Geschehen vom Subjekt des Satzes ausgeht. *Guðrún spurði vandliga um ferðir hans.* (Guðrún fragte sorgfältig nach seinen Fahrten.); ‣ Passiv und ‣ Mediopassiv

Akzent | Akut diakritisches Zeichen, das im (normalisierten) Altisländischen die Länge eines Vokals markiert; im Neuisländischen dient der Akzent bzw. der Akut eher der Bezeichnung der Vokalqualität als seiner Quantität. *á*: altisl. [ɑ:], neuisl. [ɑʊ]

Altnordisch die nordische Sprache in der Wikingerzeit und im Mittelalter: Altschwedisch, Altdänisch, Altgutnisch, Altnorwegisch und Altisländisch. Das sogenannte Altwestnordisch umfasst Norwegisch und Isländisch; vor allem in den nordischen Ländern wird Altwestnordisch oft auch *Norrön* genannt

anaphorisch auf etwas im Satz bereits Genanntes zurückweisend; etwas bereits Gesagtes wieder aufnehmend. *Litlu síðar kemr maðr í skemmuna. Sá var í blám klæðum.* (Kurz danach kommt ein Mann in den Schuppen. Dieser trug blaue Kleidung.)

Anlaut erster Laut im Wort bzw. im Stamm oder in der Silbe. *maðr* (Mann); ▸ Auslaut, ▸ Inlaut

Antepänultima drittletzte Silbe eines Wortes. *Hrafnkelsdalr* (Eigenname eines Tals)

Apokope Wegfall eines oder mehrerer Laute am Wortende; vgl. dt. *im Jahr|e*

Aspiration stimmlose Behauchung vor oder nach einem stimmlosen Verschlusslaut (▸ Tenuis) oder Reibelaut (▸ Spirans); in der Lautschrift durch ein hochgestelltes *h* sichtbar gemacht: *heppinn* [ˈhɛʰp:in] (glücklich)

Assimilation Einfluss eines Lautes auf einen anderen, der damit dem beeinflussenden ähnlich oder mit ihm identisch wird. *Progressive* Assimilation ist die Angleichung an einen vorausgehenden Laut (**steinr* → *steinn*), *regressive* Assimilation an den nachfolgenden Laut (*góðt* → *gótt*)

***a*-Umlaut** Absenkung von *i* → *e*, *u* → *o* durch ein (meist nicht mehr vorhandenes) *a* der Folgesilbe; ▸ Umlaut

Auslaut letzter Laut im Wort, im Stamm oder in der Silbe; z.B. *barn* (Kind); ▸ Stammauslaut, ▸ Anlaut, ▸ Inlaut

Auslautverhärtung Wechsel eines stimmhaften Konsonanten im Auslaut zu einem stimmlosen, z.B. **band* → **bant* → **batt* von *binda* (binden)

backing Veränderung der Artikulationsstelle eines Lautes, hier das Nach-hinten-Schieben eines Lautes, z.B. von *a* → *o* durch *-u* der Folgesilbe

Bilabial Laut, bei dessen Bildung Ober- und Unterlippe beteiligt sind, z.B. *Bolli* (Eigenname) oder *w* in engl. *will*; ▸ Labiodental

Bindevokal | Themavokal Vokal, der bei der Bildung bestimmter Formen zwischen Stamm | Wurzel und Flexionsendung eingeschoben wird, z.B. *-a* im Präteritum der *a*-Klasse der schwachen Verben: *ætl-a-ði* ([er] wollte)

Brechung Diphthongierung des urnord. *e* zu *ja* bzw. *jǫ* vor unbetontem *a* bzw. *u*; beide brechenden Vokale können geschwunden sein; z.B. **helpan* → *hjalpa* (helfen), **gefu* → *gjǫf* (Gabe)

Dativ Wemfall, dritter Fall; Kasus, der meist das indirekte Objekt bezeichnet, aber auch Mittel, Maß etc. Im Altisländischen erfordern viele Präpositionen den Dativ. *Hon sagði Hrafnkeli, at Freyfaxi var fyrir durum úti.* (Sie sagte dem Hrafnkell, dass Freyfaxi draußen vor der Tür war.)

defektiv Wörter mit unvollständiger Flexion, z.B. *kná* (kann) von einem nicht erhaltenen Infinitiv **knega*, oder *skulu* (sollen, werden), das kein Partizip kennt

Dehnung unter dem Einfluss bestimmter Konsonanten oder in bestimmten Positionen im Wort ändern sich Vokale quantitativ oder qualitativ; ▸ Ersatzdehnung

deiktisch hinweisend

Demonstrativ(pronomen) hinweisendes Fürwort; *sá* (dieser)

Denominativ ein von einem Substantiv oder Adjektiv abgeleitetes Wort, z.B. *temja* (zähmen) von *tamr* (zahm); *telja* (zählen) von *tal* (Zahl)

Dental Laut, der mit gegen die Zähne gepresster Zungenspitze gebildet wird, z.B. *t*

Dentalsuffix ▸ Suffix, das bei den schwachen Verben vor der Flexionsendung steht; *ð*, *d* oder *t*, je nach vorausgehendem Laut, z.B. *ætlaði*, *taldi*, *keypti*

Deverbativ ein von einem Verb abgeleitetes Wort, z.B. *fœra* (führen = fahren machen) von *fara* (fahren, gehen)

Diphthong aus zwei Vokalen gebildeter Laut; Doppelvokal, z.B. *ei* oder *au*; ▸ Monophthong

Dissimilation Differenzierung von zwei Lauten in einem Wort, Änderung des einen Lautes von zwei ähnlichen, z.B. *nnr* → *ðr*: **mannr* → *maðr* (Mann); *annarr* : *aðrir* (anderer, Sg. | Pl. mask.)

Dual(is) Zweizahl, im Gegensatz zu Einzahl (Singular) und Mehrzahl (Plural), nur in der 1. und 2. Person; Kategorie des ▸ Numerus; *vit*, *þit* (wir beide, ihr beide)

Durativ Verb, das in seiner Bedeutung eine Zeitdauer oder einen Zeitablauf beinhaltet; z.B. *vaka* (wach sein); *brenna* (brennen); ▸ Inchoativ

Endungsvokal der schwachtonige Vokal einer Flexionsendung

Enklise Anlehnung eines unbetonten Wortes an ein vorausgehendes betontes; z.B. *ertu* aus *ert þú* (bist du?); vgl. dt. *siehste*; ▸ Proklise

Ersatzdehnung Verlust eines Konsonanten bewirkt „ersatzweise" die Dehnung des vorausgehenden kurzen Vokals; im Altisländischen schwinden *h*, *w*, *n*, *m* und *þ*; got. *maþl* : aisl. *mál* (Sprache); vgl. aisl. *ósk* : dt. *Wunsch*

Erste | Germanische Lautverschiebung im Indogermanischen der systematische Lautwandel der Konsonanten *p*, *t*, *k* und *b*, *d*, *g*;

grenzt das Germanische von den anderen indogermanischen Sprachen ab

Expletiv Füllwort, das für den Sinn des Satzes entbehrlich und kaum zu übersetzen ist, oft in der poetischen Sprache; z.B. *of*; vgl. dt. *da ist er ja*

final die Absicht oder den Zweck betreffend

finite Verbform Verbform mit wenigstens einer Flexionsendung für Person, ▸ Numerus, ▸ Tempus oder ▸ Modus; z.B. *hann kom* (er kam), *mik vantar* (mir fehlt); ▸ infinite Verbform

Flexion Änderung eines Wortes durch Anhängen einer Endung oder Wechsel des Wurzelvokals; zur Bezeichnung von ▸ Kasus und ▸ Numerus bei Substantiven und Adjektiven (= Deklination), ▸ Tempus und ▸ Modus bei Verben (= Konjugation)

Frontierung | fronting (auch **Palatalisierung**) Veränderung der Artikulationsstelle eines Lautes, hier das Nach-vorn-Schieben eines Lautes in Richtung harter Gaumen (Palatum); z.B. *a* → *e* durch *i*-Umlaut

g|k-Umlaut nur westnordisch; *g* und *k* werden durch folgendes *i* palatalisiert und bewirken selbst *i*-Umlaut des vorausgehenden Vokals; noch aktiver Umlaut im Neuisländischen, vgl. *aka* : *ekinn* (fahren : gefahren)

Geminate langer Konsonant, oft vor *j*; durch Doppelschreibung ausgedrückt; z.B. *leggja* (liegen)

Genitiv Wesfall, zweiter Fall; oft possessiv gebraucht, z.B. *brynja Hjálmars* (die Brünne Hjálmars), kann aber auch als direktes Objekt stehen, z.B. *ekki þurftu þeir lengi at bíða Hrólfs konungs* (sie mussten nicht lange auf König Hrólfr warten); manche Präpositionen wie *til* (hin zu) oder *án* (ohne) erfordern den Genitiv

Genus (Pl. **Genera**) grammatisches Geschlecht; Maskulinum, Femininum, Neutrum

germanische Sprachen Sprachzweig des Indogermanischen, der sich von den anderen indogermanischen Sprachen durch gemeinsame entwicklungsbedingte Veränderungen unterscheidet; hierher gehören neben dem Deutschen und Englischen alle nordischen Sprachen

Gotonordische Schärfung *i̯i̯* und *u̯u̯* zwischen Vokalen entwickeln im Norden den zusätzlichen Verschlusslaut *g*, im Gotischen *d*, z.B. **tueiio* > aisl. *tveggja* | got. *tvaddje* (zwei); **hauuan* > aisl. *hǫggva* (hauen)

Grammatischer Wechsel Bezeichnung von Jacob Grimm für einige Ausnahmen bei der ▸ Ersten Lautverschiebung, von Karl Verner als Gesetz formuliert. In Wörtern gleichen Stammes oder innerhalb ihrer Flexion wechseln einige stimmlose Spiranten mit den entsprechenden stimmhaften: *þ* : *đ* | *h* : *g* | *f* : *ƀ* | *s* : *z*. Der Wechsel hängt mit der Betonung im Indogermanischen zusammen

Halbvokal *j* und *v*. Halbvokale fungieren als Konsonanten, können aber im Gegensatz zu den echten Vokalen *i* und *u* keine separate Silbe bilden; z.B. *sjá* (sehen) oder *vita* (wissen)

Hebung ▸ Vokalhebung

Hiatus unmittelbares Aufeinandertreffen von zwei Vokalen, die zu verschiedenen Silben gehören, z.B. *búum* ([wir] wohnen)

Imperativ ▸ Modus

Inchoativ Verb, das in seiner Bedeutung den Beginn einer Handlung oder eines Geschehens markiert; z.B. *vakna* (aufwachen); *roðna* (erröten); diese Verben enden im Altisländischen auf *-na*; ▸ Durativ

Indefinitpronomen von ▸ Genus und ▸ Numerus her unbestimmtes Fürwort; z.B. *einnhverr* (jemand), *allir* (alle)

Indikativ ▸ Modus

Indogermanisch | Indoeuropäisch eine große, ca. 140 Einzelsprachen umfassende Sprachfamilie, zu der u.a. die germanischen, romanischen und slawischen Sprachen gehören

infinite Verbform *Infinitiv*, *Partizip Präsens* oder *Partizip Perfekt* eines Verbs, ohne Flexionsendung für Person, ▸ Numerus, ▸ Tempus oder ▸ Modus; z.B. *ganga* (gehen), *gangandi* (gehend), *genginn* (gegangen); ▸ finite Verbform

Infinitiv eine der ▸ infiniten Verbformen, Grundform eines Lexikon- und Wörterbucheintrags, oft mit *at* (zu); *konur váru at mjólka* (die Frauen waren dabei zu melken)

Infix in den Wortstamm eingefügtes Element, z.B. das *n*-Infix in *standa* : *stóð* (stehen : stand)

Inlaut Laut im Inneren eines Wortes, z.B. *r* in *vera* (sein); ▸ Anlaut, ▸ Auslaut

inselnordische Sprachen Isländisch und Färoisch; ▸ skandinavische Sprachen, ▸ nordische Sprachen

Interrogativpronomen Fragefürwort; die meisten beginnen im Altisländischen mit *hv-*; *hverr* (wer), *hvar* (wo), *hvat* (was)

intervokalisch zwischen Vokalen stehend, z.B. *v* in *ævi* (Leben)

intransitiv intransitive Verben haben kein direktes, d.h. Akkusativobjekt und bilden kein persönliches Passiv, z.B. *lifa* (leben), *falla* (fallen); ▸ transitiv

iR-Umlaut nur westnordisch; nach kurzer Silbe fällt das *i* in der Endung *-iR* weg, hinterlässt aber *i*-Umlaut

i-Umlaut gesamtnordisch; das *i* der Folgesilbe lautet nach festen Regeln bestimmte Vokale oder Diphthonge um; diese Vokale werden frontiert; ▸ Frontierung; z.B. *a* → *e*, *u* → *y*, *o* → *ø*|*œ*, *au* → *ey*

j-Einschub Einschub des Halbvokals *j* vor *a* und *u* in einzelnen Wörtern, meist innerhalb einer Flexion

j-Präsentien (Sg. **j-Präsens**) starke Verben der 1., 5. oder 6. Ablautreihe mit Infinitiv auf *ja*; sie behalten im Präsens ihr *j* vor Endung auf *a* und *u*; umlautfähige Vokale zeigen *i*-Umlaut, z.B. *svíkja* (verraten), *liggja* (liegen), *deyja* (sterben)

j-Schwund urnord. *j* verstummt im Anlaut immer, im Inlaut vor *i*, *y*, *e*; es ist bewahrt nach *k* und *g* sowie im Silbenanlaut

Kardinalzahl Grundzahl, natürliche Zahl; z.B. *einn* (eins), *tveir* (zwei), *þrír* (drei)

Kasus (Pl. **Kasus**) Fall; drückt bei Substantiven, Adjektiven, Pronomen und Zahlwörtern aus, welche Rolle ein Satzglied hat; das Subjekt steht z.B. immer im Nominativ. Das Altisländische kennt noch vier Kasus: ▸ Nominativ, ▸ Genitiv, ▸ Dativ und ▸ Akkusativ

Kocksche Hypothese Hypothese, nach der sich der *i*- und *u*-Umlaut in jeweils drei Zeitstufen vollzog bzw. nicht vollzog, abhängig von der Länge oder Kürze der Silbe, in der das *i* steht

kombinatorischer Lautwandel von den umgebenden Lauten abhängiger Lautwandel, z.B. ▸ Umlaut, ▸ Dehnung, ▸ Senkung; ▸ spontaner Lautwandel

Komparativ erste Steigerungsstufe im Vergleich bei Adjektiven und Adverbien, z.B. *eldri en sextugr eða yngri en tvítugr* (älter als 60 oder jünger als 20)

konditional eine Bedingung ausdrückend

Kongruenz Übereinstimmung bestimmter Satzglieder in ▸ Kasus, ▸ Numerus und | oder ▸ Genus; z.B. *af inum* (Pron. Dat. Pl.) *smærum* (Adj. Dat. Pl.) *skipum* (Subst. Dat. Pl.) (von den kleineren Schiffen)

Konjugation Verbflexion

Konjunktion Bindewort, das Wörter und Wortgruppen, Satzglieder und Sätze verbindet und ihre Beziehung zueinander ausdrückt, z.B. *ok* (und), *meðan* (während), *af því að* (weil)

Konjunktiv ▸ Modus

konsonantische Deklination auch „schwache“ Deklination; Deklination der Substantive mit einem Konsonanten als Stammauslaut, *n*, *nd* oder *r*; ▸ vokalische Deklination

konzessiv einräumend

Kürzung unter Einfluss bestimmter Konsonanten oder in bestimmten Positionen werden lange Vokale oder Diphthonge gekürzt, z.B. *mín* (meine, fem.) : *mitt* (mein, neutr.)

Labial ein mit Hilfe einer oder beider Lippen gebildeter Laut; entweder ▸ Bilabial, z.B. *p*, oder ▸ Labiodental, z.B. *f*

Labiodental ein mit Hilfe der oberen Schneidezähne und der Unterlippe gebildeter Laut, z.B. *vera* (sein); ▸ Bilabial

Lateral Laut, bei dem die Zunge gegen die Zähne drückt und die Luft an beiden Seiten der Enge entweichen kann, z.B. *l*

Lautschrift Schrift, normalerweise in eckige Klammern gesetzt, die die Aussprache eines Wortes umschreibt, am bekanntesten die IPA-Lautschrift (*The International Phonetic Alphabet*), z.B. *langur* [laʊŋgʉr] (lang)

Liquid stimmhafter Laut, der bei kontinuierlich ausströmender Luft gebildet wird, z.B. ▸ Laterale wie *l* und ▸ Vibranten wie *r*

lokal einen Ort oder eine räumliche Erstreckung bezeichnend

Mediae stimmhafte Verschlusslaute, ▸ Plosive, z.B. *b*, *d*, *g*

Mediopassiv Aktionsform, Mittelform zwischen ▸ Aktiv und ▸ Passiv; in anderen Sprachen oft durch reflexive Verbformen ersetzt; z.B. *hann settisk* (er setzte sich)

Metathese Umstellung von Lauten in einem Wort, z.B. altisl. *bresta* : dt. *bersten*

Modus (Pl. **Modi**) Verbkategorie, die die Modalität eines Satzes bestimmt und ausdrückt, wie der Sprecher zum Inhalt des Satzes steht: *Indikativ*, Wirklichkeitsform für etwas als tatsächlich und real gegeben Dargestelltes, z.B *ek tek* (ich nehme); *Imperativ*, Befehlsform für etwas Gefordertes oder Erbetenes, z.B. *tak þú!* (nimm!); *Konjunktiv*, Möglichkeitsform für etwas Wünschenswertes oder Mögliches, z.B. *ek tæki* (ich nähme)

Monophthong einfacher Vokal, z.B. *a* oder *e*; ▸ Diphthong

Morphologie Formenlehre; erklärt Flexion und Wortbildung

Nasal Laut, bei dessen Aussprache die Luft teilweise durch die Nase strömt, z.B. *m*, *n* und *ng*. Das Altisländische kannte vermutlich auch nasale Vokale

Nomen Synonym für ▸ Substantiv; manchmal auch zusammenfassend als Bezeichnung für nominale Wortarten wie Substantiv und Adjektiv

Nominativ Werfall; Kasus, der das Subjekt eines Satzes bezeichnet; übliche Form des Eintrags von ▸ Nomen in Wörterbüchern, z.B. *Hrafnkell ferr í rekkju sína* (Hrafnkell geht zu Bett)

nordische Sprachen die kontinentalskandinavischen und inselnordischen Sprachen Dänisch, Schwedisch, Norwegisch, Färöisch und Isländisch, die auf das Nordgermanische zurückgehen

Norrön Altwestnordisch, also Altnorwegisch und Altisländisch; Bezeichnung, die oft in den nordischen Ländern gebraucht wird

Numerus (Pl. **Numeri**) Kategorie, die durch Flexionsformen die Anzahl der genannten Gegenstände oder Personen angibt: *Singular* (Einzahl) oder *Plural* (Mehrzahl); bei Personalpronomen zusätzlich ▸ *Dual*(*is*)

Objekt geforderte Ergänzung zu einem ▸ transitiven Verb; als direktes Objekt steht es meist im ▸ Akkusativ, selten im ▸ Dativ oder ▸ Genitiv, als indirektes Objekt meist im Dativ. Objekte nach Präpositionen können in allen ▸ obliquen Kasus stehen

obliquer Kasus alle Kasus außer ▸ Nominativ

Ordinalzahl Zahl, die die Reihenfolge kennzeichnet, Ordnungszahl, z.B. *fyrstr* (erster), *annarr* (zweiter), *þríði* (dritter)

Orthografie Rechtschreibung, die nach bestimmten Regeln die allgemein gültige Schreibung von Wörtern festlegt; bei Texteditionen unterschieden in die geregelte, vereinheitlichte *normalisierte Orthografie*, wie sie auch in Wörterbüchern und Grammatiken benutzt wird, z.B. *mǫnnum* (Männern, Dat. Pl.) sowie in *unnormalisierte Orthografie*, wie sie in den Handschriften selbst zu finden ist, z.B. *mꜵnnom, mavnnom*

Palatal ein im vorderen Mundraum, am harten Gaumen (*palatum durum*) gebildeter Laut, z.B. dt. *ch* [ç] in *ich*, im Gegensatz zu dem ▸ Velar *ch* [χ] in *ach*

Palatalisierung ▸ Frontierung eines Lautes, z.B. *a* (hinterer Vokal) → *e* (vorderer Vokal) durch den i-Umlaut; ▸ Umlaut

Palatalumlaut Umlaut, bei dem die ▸ Velare, d.h. nicht palatale, hintere Laute – *a*, *o*, *u* – palatalisiert werden, z.B. *a* → *e*, *u* → *y*, *au* → *ey*; umfasst mehrere Einzelumlaute

Pänultima zweitletzte Silbe eines Wortes. *Hrafnkelsdalr* (Eigenname eines Tals)

Paradigma Auflistung sämtlicher Flexionsformen eines Wortes, als Musterbeispiel für Wörter, die genauso flektiert werden

Partizip ▸ infinite Verbform, entweder als *Partizip Präsens*, das eine gerade andauernde Handlung kennzeichnet, z.B. *gangandi* (gehend; auch substantiviert: der Gehende), oder als *Partizip Perfekt*, das eine abgeschlossene Handlung bezeichnet, z.B. *gengit* (gegangen)

Passiv Leideform; Verbform, die ausdrückt, dass sich eine Handlung oder ein Geschehen gegen das Subjekt richtet. *Þetta sumar var veginn Kolur hinn auðgi* (In diesem Sommer wurde Kolr der Reiche erschlagen); vgl. ▸ Aktiv und ▸ Mediopassiv

Phonologie Lehre, die sich mit der Funktion der Laute in einer Sprache und ihren Kombinationsmöglichkeiten beschäftigt

Plosiv Verschlusslaut; Laut, der durch den Verschluss des Luftstroms gebildet wird, *p*, *t*, *k*

Positiv Grundform bei der Steigerung von Adjektiven und Adverbien; die in Wörterbüchern als Stichwort aufgeführte Form; ▸ Komparativ, ▸ Superlativ

Possessivpronomen besitzanzeigendes Fürwort, z.B. *minn* (mein), *okkar* (unser)

postponierter Artikel Artikel, der an die flektierte Form des Substantivs gehängt wird, auch „suffigierter“ Artikel genannt;

z.B. *maðrinn* (der Mann), *konunni* (der Frau, Dat. Sg.), *bǫrnunum* (den Kindern, Dat. Pl.)

Präfix Vorsilbe vor einem Wort oder Wortstamm, z.B. *ó-* in *ósterkari* (weniger stark, „unstärker"), *fyrir-* in *fyrirætlan* (Vorhaben)

Präposition Verhältniswort, das Wörter zueinander in Beziehung setzt und ihr (räumliches, zeitliches etc.) Verhältnis angibt. *Hann sendi Gefjun norðr yfir sundit í landaleitan.* (Er schickte Gefjun nach Norden über den Sund auf Ländersuche.)

Präsens Tempus der Gegenwart, manchmal auch als historisches Präsens für Vergangenheit oder Zukunft gebraucht

Präsensstufe sämtliche Präsensformen eines Verbs, ‣ Infinitiv, Imperativ (‣ Modus), ‣ Präsens und ‣ Partizip Präsens

Präteritalstufe sämtliche Präteritalformen des Verbs (mit ‣ Ablaut oder ‣ Dentalsuffix), ‣ Präteritum, ‣ Infinitiv Präteritum und ‣ Partizip Perfekt

Präterito-Präsentia (Sg. **Präterito-Präsens**) Verben, die ihr Präsens wie starke Verben im Präteritum mit Ablaut bilden, ihr Präteritum dann wie schwachen Verben mit ‣ Dentalsuffix

Präteritum Tempus der Vergangenheit; oft gleichbedeutend mit Imperfekt benutzt

Primärer Berührungseffekt Lautwandel im Indogermanischen: Umwandlung (1) zweier sich berührender Dentale (Stammauslaut plus Endung) in *ss* (**vit-ti* > *vissi*), (2) eines palatalen oder velaren Konsonanten plus Dental (Stammauslaut plus Endung) in *tt* (über *ht*) (**suk-t* > **suht* > *sótt*)

progressive Assimilation ‣ Assimilation

Proklise die Anlehnung eines unbetonten Wortes an ein folgendes betontes, z.B. dt. *'n Abend*

Pronomen deklinierbares Fürwort, das ein im Kontext vorkommendes Nomen vertritt oder es näher bestimmt, z.B. *maðr* : *hann* (Mann : er); vgl. z.B. ‣ Demonstrativ(pronomen), ‣ Indefinitpronomen, ‣ Interrogativpronomen, ‣ Possessivpronomen, ‣ Relativpronomen

Reduktion Abschwächung oder kompletter Ausstoß von Vokalen oder Konsonanten, vor allem in Endungen, Vorsilben oder unbetonten Satzpartikeln; auch in der Bedeutung ‣ Synkope verwendet

Reduplikation hier: Verdoppelung bzw. Wiederholung von Teilen der anlautenden Wurzel- oder Stammsilbe, z.B. um bei einigen indogermanischen Verben das Präteritum zu bilden; ‣ reduplizierende Verben

reduplizierende Verben Verben, die einzelne Stammformen (im Präteritum) durch Wiederholung eines Teils der Stammsilbe oder der Wurzelsilbe bilden; im

Altisländischen sind nur fünf Verben erhalten, die ‣ Verba pura, die Zeichen einer Reduplikation tragen

reflexiv auf das Subjekt rückbezogen, z.B. *hann lagðisk* (er legte sich); vgl. ‣ reziprok

regressive Assimilation ‣ Assimilation

Relativpronomen bezügliches Fürwort, das einen Nebensatz einleitet und sich auf ein Satzglied des übergeordneten Satzes bezieht; im Altisländischen die nicht flektierbaren Pronomen *er* oder *sem* (der, die, das). *Þar bjó sá maðr, er Þorvaldr hét* (Dort wohnte der Mann, der Þorvaldr hieß)

Relativsatz untergeordneter Satz, der wie ein Adjektiv ein Satzglied näher beschreibt. *Þar bjó sá maðr, er Þorvaldr hét.* (Dort wohnte der Mann, der Þorvaldr hieß.)

reziprok einander; z.B. in der Reflexivform *vér hittumsk á morgun* (wir treffen einander morgen), im Unterschied zum rein reflexiven *hon klæddisk* (sie kleidete sich an); ‣ reflexiv

Rhotazismus Wechsel von urgerm. *z* (stimmhaftes *s*) zu *r*; Relikte sind z.B. erkennbar in dt. *verlieren* : *Verlust* oder in engl. *was* : *were*; aisl. *kjósa* : *korinn* (auswählen : ausgewählt, vgl. ält. dt. *erkiesen*: *erkoren*); ‣ grammatischer Wechsel

Rückumlaut (sogenannter) irrtümliche Bezeichnung von Jacob Grimm für den Wechsel von umgelautetem und nicht-umgelautetem Vokal bei den schwachen *jan*-Verben, z.B. *spyrja* : *spurða* (fragen : fragte); der Vokal wurde nicht rückumgelautet, sondern gar nicht erst umgelautet wegen des fehlenden *j* im Präteritum

R-Umlaut nur altwestnordisch; alleinstehendes *R* nach *a*, *o*, *u* bewirkt deren Umlaut: **glaRa* > *gler* (Glas); ‣ *i*-Umlaut, ‣ *iR*-Umlaut

schwache Deklination ‣ konsonantische Deklination

schwache Flexion formenarme Flexion: Substantive und Adjektive enden im Singular auf Vokal, z.B. *kona* : *konu* (Frau); *rauði* – *rauða* (rot); schwache Verben zeigen mehrsilbige Präteritumformen, z.B. *kallaði* (rief); ‣ starke Flexion

Senkung ‣ Vokalsenkung

skandinavische Sprachen Norwegisch, Dänisch, Schwedisch, zur Abgrenzung gegen Isländisch und Färöisch (‣ inselnordische Sprachen), auch festlandskandinavische oder kontinentalskandinavische Sprachen genannt; ‣ nordische Sprachen

sonantisch Silben bildend, z.B. *l̥* und *r̥* > *ul* und *ur*

Spirans, Spirant Reibelaut, der gebildet wird durch Reibung der ausströmenden Atemluft an Lippen, Zähnen oder Gaumen, z.B. *f*, *s*

spontaner Lautwandel Lautwandel, der sich spontan und unabhängig von der lautlichen Umgebung vollzieht, z.B. Ablaut; ‣ kombinatorischer Lautwandel

Stamm Teil des Wortes, immer ohne die Flexionsendung; kann mit der Wurzel identisch sein oder zusätzliche Suffixe enthalten; z.B. **gast-i-R* (< *gestr* Gast), *vin-r* (Freund)

Stammauslaut letzter Laut des Stammes vor der Endung, z.B. *t* in *gestr* (Gast)

stammbildendes Suffix ‣ Bindevokal | Themavokal

Stammformen Formen des Verbs, anhand derer sich durch Anhängen von Endungen sämtliche Formen der Verbflexion ableiten lassen; starke Verben haben eine Stammform mehr, da der Stammvokal im Singular und Plural Präteritum unterschiedlich ist; z.B. *kalla – kallaða – kallat* (rufen – rief – gerufen; schwaches Verb); *skjóta – skaut – skutum – skotinn* (schießen – schoss – schossen – geschossen)

starke Deklination ‣ vokalische Deklination

starke Flexion formenreiche Flexion; Substantive und Adjektive enden im Singular in wenigstens einem Kasus auf Konsonant, z.B. *maðr – manns* (Mann); und *rauðr – rauðs* (rot); starke Verben zeigen im Singular einsilbige Präteritumformen; z.B. *gekk* (ging); ‣ schwache Flexion

stimmhaft weich ausgesprochener, mit Schwingung der Stimmbänder gebildeter Laut, z.B. *b*, *d*, *g*; ‣ stimmlos

stimmlos hart ausgesprochener, ohne Schwingung der Stimmbänder gebildeter Laut, z.B. *p*, *t*, *k*; ‣ stimmhaft

Substantiv Hauptwort, das einen Gegenstand, ein Lebewesen, einen Begriff oder einen Sachverhalt bezeichnet, z.B. *hús* (Haus), *kona* (Frau), *ást* (Liebe), *rigning* (Regen)

suffigierter Artikel ‣ postponierter Artikel

Suffix Wortteil, das nach der Wurzel angehängt wird; Ableitungssilbe, z.B. *auð-igr* (öde)

Superlativ zweite Steigerungsstufe im Vergleich bei Adjektiven und Adverbien, höchster Grad. *Óðinn var gǫfgastr af ǫllum.* (Odin war der vorzüglichste von allen.)

Svarabhakti Sprossvokal; eingeschobener Vokal, oft vor *l*, *m*, *n* und *r*, zur Erleichterung der Aussprache, z.B. *e* oder *u*, z.B. *maðr* > *maður* (Mann); vgl. dt. *Vogel* : altisl. *fugl*

Synkope Schwund des (schwachtonigen) Vokals im Wortinneren oder Kürzung, z.B. *gamall* : *gamlir* (alt : alte, mask. Sg.|Pl.); ‣ Apokope

Syntax Satzlehre, Teilgebiet der Grammatik; korrekte Verknüpfung von Wörtern zu Sätzen

temporal eine Zeit bezeichnend

Tempus (Pl. **Tempora**) Zeitform des Verbs, die Gegenwart, Vergangenheit oder Zukunft einer Handlung oder eines Sachverhaltes ausdrückt

Tenuis (Pl. **Tenues**) stimmloser Verschlusslaut, z.B. *p*, *t*, *k*; ‣ Mediae, ‣ Plosive

Themavokal ‣ Bindevokal

transitiv transitive Verben haben ein direktes (Akkusativ)Objekt und können ein persönliches Passiv bilden, z.B. *lesa* (lesen), *slá* (schlagen); ‣ intransitiv

Ultima letzte Silbe eines Wortes. *Hrafnkels*<u>*dalr*</u> (Eigenname eines Tals)

Umlaut Assimilation; Veränderung eines (meist) betonten Vokals durch den Vokal der unbetonten Folgesilbe; auch Bezeichnung des umgelauteten Vokals selbst, z.B. der Wechsel von *a* → *ǫ* durch unbetontes *u* der Folgesilbe, *land* : *lǫndum* (Land : Ländern); der umlautende Vokal kann geschwunden sein

u-Umlaut unbetontes *u* der Folgesilbe lautet ein betontes *a* der vorausgehenen Silbe zu *ǫ* um, ein unbetontes *a* zu *u*, z.B. **kallaþum* > *k*<u>*ǫ*</u>*ll*<u>*u*</u>*ðum* ([wir] riefen)

v-Einschub Einschub des Halbvokals *v* vor *a* und *i* in manchen Wörtern, z.B. *sær* : *sævar* ([die] See, Nom. Sg. | Gen. Sg.)

Velar ein im hinteren Mundraum, am Gaumensegel gebildeter Laut, z.B. *k* und *g*; ‣ Palatal

Verb Zeitwort, Tätigkeitswort, das eine Handlung, einen Vorgang oder einen Zustand ausdrückt; z.B. *hlaupa* (springen, laufen), *búa* (wohnen)

Verba pura Verben, deren Wurzel auf Vokal endet, mit noch erkennbarer Reduplikationssilbe; ‣ reduplizierende Verben

Vernersches Gesetz ‣ Grammatischer Wechsel

Vibrant Laut, der durch mehrere Zungenschläge gebildet wird, wie das gerollte *r* [r]

Vokalhebung Lautänderung bei Veränderung der Artikulationsstelle; Anheben eines tiefen oder mittleren Vokals in eine mittlere bzw. hohe Position, z.B. von *e* zu *i*; ‣ Vokalsenkung

vokalische Deklination auch „starke" Deklination; Deklination der Substantive mit vokalischem Stammauslaut *a*, *o* oder *i*; ‣ konsonantische Deklination

Vokalismus Vokalsystem; Eigenschaften der Vokale in einer Sprache

Vokalsenkung Lautänderung durch Veränderung der Artikulationsstelle; Absenkung eines hohen oder mittelhohen Vokals in eine mittlere bzw. tiefe Position, z.B. *u* > *o* als Folge des ‣ *a*-Umlauts; ‣ Vokalhebung

w-Schwund urnord. *w* verstummt im Anlaut vor *l*, *u*, *y* und *o*, im Altisländischen auch vor *r*; im Neuisländisch noch bei der Flexion starker Verben sichtbar, z.B. *verða* : *varð* : <u>*u*</u>*rðum* (werden : wurde : wurden)

Wurzel nicht mehr zerlegbarer Teil eines Wortes, kann identisch mit dem Wortstamm sein; vgl. lat. *hort-u-s* [Wurzel – stammbildendes Suffix – Endung]

Wurzelnomen Substantiv, bei dem die Endung direkt an die Wurzel tritt, ohne stammbildendes Suffix (‣ Bindevokal), d.h. Stamm und Wurzel sind identisch, vgl. dt. *Mensch*; altisl. *maðr* (Mann), *fótr* (Fuß), *fingr* (Finger)

Wurzelvokal betonter Vokal innerhalb der Wurzel eines Wortes; in der Regel der Vokal, der von ‣ Umlaut und ‣ Ablaut betroffen ist und wechselt

Wörterbuch Isländisch–Deutsch

Mit rund 18.000 Stichwörtern sowie zahlreichen Anwendungsbeispielen und Redewendungen bietet dieses Wörterbuch einen erweiterten Grund- und Aufbauwortschatz des Isländischen.

Zu jedem Stichwort werden die wichtigsten Flexionsendungen angegeben, ergänzt durch einen Verweis auf das dazugehörige Flexionsparadigma im Anhang, wo in einer kurzgefassten Formenlehre Substantive, Adjektive, Pronomina, Zahlwörter und Verben zu nummerierten Gruppen zusammengefasst sind.

Wörterbuch
Isländisch–Deutsch
Mit einer kurzgefassten isländischen Formenlehre. Von Hans Ulrich Schmid
2., überarbeitete Auflage 2010.
XII, 376 Seiten.
978-3-87548-596-7. Gebunden

Isländisch – Ein Lehrbuch für Anfänger und Fortgeschrittene

Konzipiert für Lernende im Unterricht wie auch im Selbststudium, vermittelt dieses Lehrwerk kommunikative Kompetenz, fundierte Grammatikkenntnisse und einen soliden Grund- und Aufbauwortschatz für Alltag, Reise und Studium. In 18 Lektionen, die jeweils aus alltagsnahen Lesetexten und -dialogen, Wörterverzeichnissen, ausführlichen Grammatikerklärungen und abwechslungsreichen Übungen bestehen, wird die isländische Gegenwartssprache systematisch und praxisorientiert dargestellt. Informationen zu Landeskunde und Sprachgebrauch ergänzen die Lektionen.

Der Anhang enthält einen Lösungsschlüssel und ein umfangreiches isländisch–deutsches Verzeichnis der im Lehrbuch verwendeten Wörter. Auf der Audio-CD finden sich alle Lektionstexte und -dialoge sowie zahlreiche nützliche Wendungen für den alltäglichen Sprachgebrauch.

Isländisch – Ein Lehrbuch für Anfänger und Fortgeschrittene
Von Rita Duppler und Astrid van Nahl
2013. XXIV 264 Seiten + 1 Audio-CD.
978-3-87548-660-5. Kartoniert

buske.de

Norröne Grammatik im Überblick

Diese Grammatik führt in die Sprache ein, die im Hochmittelalter (zwischen 1050 und 1350) in Norwegen, Island und anderen nordischen Siedlungen gesprochen und geschrieben wurde. In 12 Kapiteln werden die grammatischen Charakteristika des Norrönen wissenschaftlich exakt, anschaulich und zugleich gut verständlich erklärt.

Wichtigstes Merkmal dabei ist die synchrone Perspektive, das heißt, die Sprachform wird auf Grundlage des Sprachstands im Hochmittelalter erklärt und nicht vor dem Hintergrund ihrer Entwicklung aus dem älteren Germanisch. Ein Glossar der grammatischen Termini und ein Wortregister erleichtern die Arbeit mit diesem Buch.

Norröne Grammatik im Überblick
Altisländisch und Altnorwegisch
Von Odd Einar Haugen. Aus dem Norwegischen von Astrid van Nahl.
2013. 208 Seiten.
978-3-87548-664-3. Kartoniert

Norrönes Lern- und Arbeitsbuch

zu Odd Einar Haugen
»Norröne Grammatik im Überblick«

Zielgruppe: Studienanfänger und fortgeschrittene Studierende der Nordistik oder (Alt)Skandinavistik sowie Studierende anderer Fachbereiche, die an historischer Sprachbetrachtung interessiert sind.

Lernziele: Solide Altnordischkenntnisse und die Kompetenz, aus dem Altnordischen ins Deutsche übersetzen zu können.

Konzeption: Die 10 Lektionen gliedern sich jeweils in folgende Abschnitte: Inhaltsübersicht, Übersetzungstext, Übungsteil samt Vokabeln und einem Vertiefungsteil. Alle Übungen können mithilfe der »Norröne Grammatik im Überblick« von Odd Einar Haugen gelöst werden.

Norrönes Lern- und Arbeitsbuch
zu Odd Einar Haugen »Norröne Grammatik im Überblick«
Von Juliane Egerer und Sybille Bauer
2014. 177 Seiten.
978-3-87548-701-5. Kartoniert

buske.de